Bill Donahue

Authentische Kleingruppen leiten

Das Handbuch für eine lebensverändernde Kleingruppenarbeit

Bill Donahue

Authentische Kleingruppen leiten

Das Handbuch für eine lebensverändernde Kleingruppenarbeit

WILLOW CREEK EDITION
Kirche für Distanzierte aktiv

Projektion J

Titel der Originalausgabe:
Leading Life-Changing Small Groups

Zondervan Publishing House Grand Rapids, Michigan 49530

ISBN 3-89490 185-3

Die Reihe »Willow Creek Edition-*aktiv*« erscheint in Zusammenarbeit mit DISG.

Die Bibelstellen wurden der Einheitsübersetzung entnommen.

Übersetzung: Annette Schalk
Umschlaggestaltung: Petra Louis
Satz: Projektion J Verlag
Druck und Verarbeitung: Schönbach-Druck GmbH, Erzhausen

3. Auflage 2002

Dieses Handbuch ist den ehrenamtlichen Mitarbeitern
von Willow Creek *gewidmet,*
die ihre Zeit, ihre Fähigkeiten und ihre Mittel einsetzen,
um für die Mitglieder von Kleingruppen Hirten zu sein,
sich um sie zu kümmern, sie zu Jüngern zu machen
und sie zu größerer Reife in Christus zu führen.
Möge Christus euch für euren treuen Dienst
und eure unerschütterliche Hingabe belohnen.

Inhalt

Inhalt

Inhalt

Einführung in die deutsche Ausgabe

Dieses Buch wurde zur Mitarbeiterschulung in einer großen, sehr lebendigen Gemeinde, der *Willow Creek*-Gemeinde in Chicago, geschrieben. Durch eine konsequente Durchführung der in diesem Leitfaden dargestellten Prinzipien und Arbeitsweisen konnte die Zahl der Kleingruppen in dieser Gemeinde von 300 auf über 1 200 erhöht werden. Das sind Größenordnungen, für die es in Deutschland kaum Entsprechungen gibt.

Dennoch ist dieser Leitfaden auch für die Kleingruppenarbeit in landeskirchlichen und freikirchlichen Gemeinden im deutschen Sprachraum hervorragend geeignet, denn die Grundlagen, die in diesem Heft beschrieben werden, gelten gleichermaßen für große und kleine Gemeinden.

Vieles in diesem Buch wird mitteleuropäische Leser überraschen. Dinge, die für uns ungewohnt sind, werden für ein gesundes Gemeindeleben als selbstverständlich vorausgesetzt, z. B.:

- dass Christen den Wunsch haben, **geistlich zu wachsen**, und dafür bereit sind, Zeit und Kraft zu investieren und ein diszipliniertes Leben zu führen.
- dass die Gemeindearbeit auf der Grundlage einer **Vision** und klar formulierter **Ziele und Werte** geschieht.
- dass die Gemeindeleitung die Arbeitsweise der Kleingruppen ordnet und von den Gemeindemitgliedern **Verbindlichkeit** erwartet.
- dass Hauskreise **Leiter** haben, die Hirten sind und langfristig Verantwortung für die Hauskreismitglieder übernehmen.
- dass diese Leiter geschult und von der Gemeindeleitung eingesetzt werden und dass sie einen **Coach** haben, der sie in ihrer Arbeit begleitet und unterstützt.
- dass **Evangelisation** eine regelmäßige und ganz natürliche Lebensäußerung einer Gemeinde sein soll und dass Kleingruppen dabei eine wichtige Rolle spielen.
- Und vieles andere mehr.

Es lohnt, sich auf diese Herausforderung einzulassen. Prüfen Sie alle Aussagen anhand der Bibel. Sie werden erkennen, dass es hier um einen biblischen Lebensstil geht und dass alles zu den Lebensäußerungen einer neutestamentlichen Gemeinde und ihrer Glieder gehört.

Sie werden aber auch erschreckt feststellen, wie weit wir uns in vielen unserer Gemeinden von dem entfernt haben, was Jesus von seinen Nachfolgern erwartet. Lassen Sie sich trotzdem oder gerade deshalb auf die Herausforderung ein, die dieses Buch bietet!

Einführung
in die deutsche Ausgabe

»Authentische Kleingruppen leiten« wendet Gemeindeaufbauprinzipien an, die in dem Buch von Carl F. George: *Gemeindemodell für die Zukunft: Die Meta-Gemeinde*, Frankfurt/M.: Aquila Verlag 1994, ausführlich beschrieben werden. Vieles kann besser eingeordnet werden, wenn diese Prinzipien verstanden sind. Deshalb empfehlen wir den Lesern dieses Buch als Ergänzung zu der in diesem Leitfaden aufgeführten Literatur.

Es ist verständlich, dass die Kleingruppen, die in solchen Gemeinden nach den oben genannten Grundsätzen arbeiten, sich deutlich von der Mehrzahl der bei uns üblichen Hauskreise unterscheiden. Sie sind evangelistisch und wachsen dadurch zahlenmäßig. Ihre Mitglieder werden herausgefordert und dabei unterstützt, rasch geistlich zu wachsen und Verantwortung zu übernehmen. Um diesen Unterschied deutlich zu machen, trägt dieses Buch den Titel »Authentische Kleingruppen leiten«. »Authentisch« bedeutet »echt« im umfassenden Sinne. Menschen werden authentisch, das heißt sie legen ihre Masken und frommen Fassaden ab, sie stehen zu ihren Schwächen und Unzulänglichkeiten. Sie begegnen und akzeptieren sich als Persönlichkeiten in ihrer Verschiedenheit. So kann echte Gemeinschaft entstehen. »Authentisch« bedeutet auch »originalgetreu«, denn diese Gruppen versuchen, die biblischen Weisungen für Christen möglichst getreu zu befolgen.

Wenn Sie in einer Gemeinde leben, der die hier beschriebenen Gedanken und Verhaltensweisen weitgehend fremd sind, versuchen Sie nicht, sie mit aller Gewalt durchzusetzen. Es kann sein, dass Sie auf Unverständnis und Ablehnung stoßen. Gehen Sie weise und unter der Leitung des Heiligen Geistes vor.

Sprechen Sie mit anderen Christen, mit denen Sie geistliche Einheit haben und die sich auch nach geistlichem Leben sehnen. Gründen Sie mit ihnen und einigen anderen eine Kleingruppe, die nach den Grundsätzen diese Buches arbeitet. Sie werden erleben, dass Sie dadurch in eine neue Dimension des Glaubens hineinwachsen. Das wird Sie überzeugen. Das wird aber auch auf andere ansteckend wirken. Nach und nach werden Sie mehr Menschen finden, die sich diese Art von Gemeindeleben wünschen.

Die Umgestaltung einer traditionellen Gemeinde in eine Kleingruppengemeinde kann nur gelingen, wenn die Gemeindeleitung hinter diesem Konzept steht. Wie diese Gedanken behutsam eingeführt und eine Gemeinde dadurch schrittweise in eine Kleingruppengemeinde umgewandelt werden kann, wird in Einheit 8 dieses Leitfadens beschrieben.

Am Ende jeder Einheit sind ergänzende Literaturangaben aufgeführt. Wo es möglich war, wurden die im Original zitierten Bücher in deutscher Übersetzung aufgeführt. Außerdem wurden Titel genannt, die im deutschen Sprachraum bekannt sind.

Dr. Heiko Hörnicke, Münsingen

Einführung in die amerikanische Ausgabe

Willkommen! Dieses Handbuch wurde von Kleingruppen für Kleingruppen geschrieben. In Ihren Händen halten Sie ein Nachschlagewerk, das Ihnen alle Informationen und Materialien bietet, die Sie für Ihren Dienst benötigen, um eine authentische und dynamische Kleingruppe zu leiten. Eine Kleingruppe, in der Lebensveränderung die Norm, nicht die Ausnahme ist.

Sie werden feststellen, dass *Authentische Kleingruppen leiten* so strukturiert ist, dass Sie die Informationen, die Sie benötigen, dank des übersichtlichen Aufbaus und des Index problemlos finden. Außerdem steckt in diesem Buch eine gehörige Portion gesunder Menschenverstand. Jeder Abschnitt leitet ganz natürlich in den nächsten über.

Zum Aufbau dieses Leiter-Handbuches

In der Einführung »Eine Struktur, die den Menschen dient« werden einige grundlegende Funktionsweisen einer Kleingruppenstrategie beschrieben, die auf dem Metagemeinde-Modell von Carl F. George basiert und nach meiner Erfahrung sehr erfolgreich ist. Sie werden sehen, wie dieses Modell funktioniert, wie es verwendet wird und warum es effektiv ist. Bitte nehmen Sie sich die Zeit, um diese Einführung zu lesen, da sie die Grundlage für den Rest dieses Buches darstellt.

Einheit 1 beginnt mit den biblischen Prinzipien und Werten, die einem erfolgreichen Kleingruppendienst zu Grunde liegen. Was Menschen glauben – was sie wirklich glauben! –, läßt sie handeln. Was Sie von christlicher Gemeinschaft, Evangelisation, Jüngerschaft und der Rolle von Kleingruppen im Rahmen der Gemeinde Christi halten, bestimmt den Einfluß Ihres Dienstes. Dieser Abschnitt macht Sie mit dem vertraut, was wesentlich für die Entwicklung eines mitreißenden und aufregenden Dienstes ist.

Einheit 2 beschäftigt sich mit dem Kern einer erfolgreichen Kleingruppe: der Leitung. Regelmäßig geschulte, begabte und hingebungsvolle Leiter bilden das Rückgrat einer Kleingruppenarbeit, die darauf abzielt, Menschen zu engagierten und ganz hingegebenen Nachfolgern Christi zu machen. Das geistliche Leben eines Kleingruppenleiters, eine Aufgabenbeschreibung für Kleingruppenleiter und der Charakter des Hirten einer kleinen Herde werden in diesem Abschnitt behandelt.

Einführung in die amerikanische Ausgabe

Einheit 3 konzentriert sich auf die erfolgreiche Multiplikation von Leitern durch die Ausbildung von »Azubis« (Auszubildende). Es ist das Privileg eines jedes Kleingruppenleiters, Menschen zu finden, herauszufordern, zu ermutigen und auszubilden, die dann allmählich zu Leitern von lebensverändernden Kleingruppen werden.

Einheit 4 lenkt Ihre Aufmerksamkeit auf das Leben und die Dynamik einer Kleingruppe. Wenn Sie erst einmal Vision und Werte für Ihren Dienst entwickelt, daraus ein klares Verständnis für Ihre Rolle als Leiter in der Gemeinde Christi abgeleitet und sich der Identifikation und der Begleitung anderer potentieller Leiter verpflichtet haben, dann können Sie sich daran machen, eine dynamische Gruppe zusammenzustellen. Wie man Gruppen bildet, eine Vision für die Gruppe festlegt und ein gewisses Maß an Verpflichtung auf der Grundlage der gemeinsamen Werte eingeht, damit beschäftigt sich dieser Abschnitt.

Einheit 5 stellt Ihnen die Fähigkeiten und Informationen vor, die Sie benötigen, um Treffen abhalten zu können, die das Leben von Menschen verändern – von der Planung eines Treffens über den Gebrauch guter Fragen, den Umgang mit Konflikten, den Aufbau von Beziehungen, die Leitung dynamischer Diskussionen bis hin zu Feed-back über die Gruppe und Ihre Leitung.

Einheit 6 gibt Ihnen Tips, wie Sie von einem Leiter zu einem Hirten werden können. Denn genau das sind Sie: ein Hirte, jemand, der der Gruppe Visionen und Richtung gibt, der die Mitglieder ermutigt, Christus ähnlicher zu werden, und der die Treffen lebendig leitet, in denen man über das Wort Gottes nachdenkt und ihm gehorcht. Aber ein Leiter hilft der Gruppe auch, zu einer fürsorglichen Gemeinschaft zu werden, in der die Mitglieder Ruhe für ihre Seelen, Gebet für ihre Nöte und Heilung für ihre Wunden finden. Da Sie ihr Hirte sind, verdient Ihre kleine Herde Ihre Aufmerksamkeit und Ihr Wissen.

Einheit 7 wurde geschrieben, um Ihnen zu helfen, Ihren Dienst zu multiplizieren. Als Leiter haben Sie das Vorrecht, das Reich Gottes über die Gruppe hinaus auszuweiten und die Menschen zu erreichen, die die Fülle und die wahre Gemeinschaft in Christus noch erleben dürfen. Sie werden lernen, wie Sie andere Menschen einladen können, wie Sie sie in das lebenspendende Klima Ihrer Gruppe bringen und Ihre Nachwuchsleiter dabei unterstützen können, den Schritt hinaus zu wagen und eine eigene Gruppen zu leiten.

Einheit 8 zeigt Ihnen, wie Sie Kleingruppen in Ihrer Gemeinde ins Leben rufen können, und gibt Ihnen eine Methode an die Hand, mit der Sie die Effektivität eines Kleingruppendienstes auswerten können. Die Prozesse und Schritte, die hier aufgeführt sind, werden Ihnen dabei helfen, neuen Diensten einen guten Start zu verschaffen und bestehende Dienste auszuweiten, die nötigen Veränderungen und Verbesserungen vorzunehmen und ihre Leistung auf ein neues und aufregendes Niveau an Wachstum und Nachfolge anzuheben.

Einführung in die amerikanische Ausgabe

Ich schätze die harte Arbeit all derer, die an der Gestaltung dieses Handbuches beteiligt waren, aber mein besonderer Dank gilt Debbie Beise, Cindi Salazar, Judson Poling und Todd Wendorff für ihre Beiträge. Ohne ihre harte Arbeit und ihre Hingabe würde es dieses wertvolle Material für Leiter nicht geben.

Mein Dank gilt auch Carl F. George, der ein Dienstmodell entwickelt hat, das Leben spendet und tatsächlich funktioniert! Dieser Beitrag zum Reich Gottes wird in den nächsten Generationen Frucht bringen.

Bill Donahue

Einleitung

Eine Struktur, die Menschen dient

Unabhängig von der Größe einer Gruppe können Strukturen die Bemühungen dieser Gruppe fördern oder behindern. Gemeinden und Kleingruppen scheitern oft daran, weil sie Ideale und Begeisterung für lebendige christliche Dienste mit einer ungeeigneten Organisationsform verbinden. Aber wie erkennt eine Gemeinde, ob die von ihr gewählte Organisationsform zum Dienst ermutigt oder eher frustriert? Ich möchte diese Frage mit einer Gegenfrage beantworten: Dient die Struktur den Menschen, oder dienen die Menschen der Struktur?

Viele Organisationen (und Kleingruppen) schaffen unwissentlich ein System, das Menschen als Brennmaterial betrachtet, das sie für die Organisation verheizen können. Traurigerweise motivieren manche Gemeinden ihre Mitglieder durch Schuldgefühle oder geistliche Manipulation, um Mitarbeiterlücken in der Organisation zu füllen. »Unsere Kinder werden ohne Sinn und Ziel durchs Leben wanken, sie werden gefährlich nahe am Abgrund fleischlicher Begierden wandern, wenn Sie sich nicht heute melden, um in der Kinderarbeit mitzuarbeiten!«

Kleingruppen – und Kleingruppenleiter – verfallen demselben Irrtum. Leiter protestieren: »Ich habe sieben Stunden damit verbracht, um diese Einheit auszuarbeiten. Es ist mir gegenüber nicht fair, wenn ihr nicht mitmachen wollt.« Übersetzung: »Ich habe hart gearbeitet, um etwas zu schaffen, das ihr unbedingt hören solltet. Und weil ich es gemacht habe, solltet ihr auch zuhören. Ihr seid dazu da, um ein Publikum für meine Lehr- und Leitungsfähigkeiten abzugeben. Wenn ihr euren Teil nicht übernehmt, wie werde ich dann jemals einen Dienst haben?«

Solche Appelle mögen ein Körnchen Wahrheit beinhalten, aber in beiden Fällen dienen die Leute dazu, den Bedürfnissen der Organisation zu genügen. Da eine Organisation im Allgemeinen aber so aufgebaut sein sollte, dass sie den Menschen dient, sind ihre Leiter dazu berufen, Menschen Hirte zu sein und diese zu Jüngern zu machen. Das Metagemeinde-Modell, das wir ausgewählt haben und im Verlauf dieses Handbuches ausführlich darstellen werden, präsentiert eine Organisationsstrategie, die einen Blick für die Bevollmächtigung und Weiterentwicklung von Menschen hat. Kleingruppenleiter, die den Teilnehmern helfen wollen, treue Diener und erfolgreiche Verwalter der Gaben, die Gott ihnen gegeben hat, zu sein, werden entdecken, dass diese Dienststruktur ihre Leitung sehr gut unterstützt. Währenddessen werden die Teilnehmer ihrer Kleingruppe wirkungsvoll zum Dienst in der Gemeinde Christi befähigt werden.

Eine Struktur, die den Menschen dient

Schlüsselelemente der Meta-Gemeinden-Strategie

Der Begriff »meta« bedeutet in übertragenem Sinn soviel wie »Umwandlung«. Eine Metagemeinde ist eine Gemeinde, die die Art und Weise verändert, mit der sie sich um die Ausweitung des Reiches Gottes bemüht. Eine Metagemeinde ist um Zellgruppen organisiert, in denen Menschen Freundschaft erleben, im Glauben begleitet werden, die Wahrheiten der Bibel verstehen und diskutieren, ihre geistlichen Gaben entdecken und einsetzen und sich umeinander kümmern können. (Für weitere Informationen darüber, wie solche Gemeinden organisiert sind, sei hier auf folgende Bücher von Carl George verwiesen: »Gemeindemodelle für die Zukunft: Die Meta-Gemeinde« und »The Coming Church Revolution«.)

Reichweite der persönlichen Fürsorge

Es ist für einen Pastor unmöglich, großen Gruppen die nötige Aufmerksamkeit und Fürsorge zu widmen und sie zu Jüngern zu machen. Kein Menschen hat die Zeit und Energie, um Hirte für eine Herde von 80, 200 oder sogar 500 Leuten zu sein. Um wie viele Personen kann sich aber ein Leiter wirklich intensiv kümmern? Wir schlagen ein Verhältnis von 1:10 vor – jeder Leiter kann für bis zu zehn Mitglieder sorgen. Als ehrenamtlicher Mitarbeiter in Ihrer Gemeinde ist Ihre Zeit eingeschränkt. Wenn Sie Hirte für eine Herde von 6 bis zehn Leuten sind, ist das zwar herausfordernd, aber realistisch.

Wenn eine Gemeinde wächst, geht ihr oft die Fähigkeit verloren, eine persönliche Atmosphäre zu schaffen. Eine kleine Gemeinde mit 65 Mitgliedern, die 30 Menschen für Christus erreicht, steht nun vor der Aufgabe, diese Menschen zu integrieren, ihnen dabei zu helfen, im Glauben zu wachsen, und sich um ihre Bedürfnisse zu kümmern. Vielleicht konnten der Pastor und ein paar ehrenamtliche Mitarbeiter diese Aufgabe bei einer Gemeindegröße von 65 Mitgliedern noch bewältigen. Aber jetzt ist es notwendig, dass diese Aufgabe auf weitere Leute verteilt wird. zehn Kleingruppen mit »Azubi«-Leitern würden diese Gemeinde zu einem Ort machen, der lebendig, fürsorglich und persönlich ist. Wenn sich niemand um mehr als zehn Personen kümmern muß (einschließlich des Pastors, der in erster Linie die Leiter schulen, für sie Hirte sein und mehr Zeit investieren sollte, um zu predigen und zu beten, wie es Paulus fordert [vgl. Apg 6,4]), hätte jeder in der Gemeinde das Gefühl, dass man sich um ihn kümmert.

Eine Struktur, die Menschen dient

Ausbildung von Leitern

Engagierte Nachfolger Christi zu ausgebildeten Leitern zu machen, ist zwar schwierig, aber auch lohnend. Es ist schwierig, weil es Zielstrebigkeit, Energie und Ausdauer erfordert. Wirklich wichtige Aufgaben, wie das Ausbilden der Leiter, werden oft von dringenden Pflichten, wie Predigtvorbereitungen, den Musikproben, Mitarbeiterkonflikten, Bauprojekten, Treffen des Finanzausschusses oder Seelsorgeverpflichtungen, überlagert. Wir alle wissen, dass wir weit mehr qualifizierte Leiter benötigen, aber wir schieben die Ausbildung von Leitern immer gerne bis zur nächsten Woche oder zumindest, bis »wir noch diesen Berg geschafft haben« oder bis die Mitarbeiter mal mehr Zeit haben. Mit anderen Worten, nie.

Ihre Gruppe und die Kleingruppenarbeit Ihrer Gemeinde leben von der Fähigkeit, qualifizierte Leiter ausfindig zu machen und ausbilden zu können. Ohne diesen Dienst wird die Kirche sterben. Im Meta-Gemeinde-Modell bemühen sich die Kleingruppenleiter und pastoralen Mitarbeiter nachdrücklich um die Ausbildung von Leitern. Diese wiederum machen mit Unterstützung der Gemeindeleitung potenzielle Leiter ausfindig und schulen diese in Richtung Kleingruppenleitung. Jede Gruppe besteht aus einem aktiven Leiter, einem oder mehreren Azubi-Leitern, der/die die Fertigkeiten für die Kleingruppenleitung »on the job« lernen, und aus einem Gastgeber/einer Gastgeberin, der/die eine Atmosphäre schafft, die für eine dynamische Gruppenerfahrung förderlich ist.

Keine Gruppe sollte ohne ein Leitungsteam beginnen. Dies garantiert, dass Leitungsaufgaben geteilt und Leiter ausgebildet werden, und zeigt, wie ernst die Gemeinde die Zukunft des Dienstes nimmt. Gruppen, die ohne Leiter und Azubi-Leiter beginnen, werden nicht wachsen und sind nicht in der Lage, neue Gruppen ins Leben zu rufen. Die Kleingruppe ist für Azubis ein idealer Ort, um mit ihren geistlichen Gaben zu experimentieren, Feed-back von der Gruppe zu bekommen, vom Leiter gecoacht zu werden und in die Leitung hineinzuwachsen.

Gruppenmultiplikation

Sprechen Sie mit Ihren Kleingruppenleitern über eine mögliche Multiplikation, ist die Reaktion oft Angst vor einer Aufteilung der bestehenden Gruppen. Wir sind jedoch dazu berufen, unseren Dienst zu multiplizieren, das Reich Gottes auszuweiten und Menschen ein geistliches Zuhause zu geben. Die Praxis des leeren Stuhls, um gleichmäßiges Gruppenwachstum mit einer gesunden Geschwindigkeit zu erlauben, wird es neuen Christen oder interessierten Suchenden ermöglichen, eine eigene Gruppe zu finden. Und die gezielte Ausbildung von Azubi-Leitern garantiert, dass jemand bereit sein wird, neue Gruppen zu leiten, wenn die bestehenden Gruppen zu groß geworden sind. Wenn aus bestehenden Gruppen neue erwachsen, können auch die erlernten Werte und Prinzipien multipliziert werden.

Eine Struktur, die Menschen dient

Jeder Mensch braucht einen Ort, an dem er Gemeinschaft erlebt. Es ist begeisternd zu sehen, wenn sich Leben verändern und Menschen herzliche und tragfähige Beziehungen eingehen und zur Gemeinschaft stoßen. Es ist ganz natürlich, dass sich in Gruppen Untergruppen bilden, die aus jeweils drei oder vier Leuten bestehen. Diese Untergruppen können intern Leiter ausbilden, neue Mitglieder einladen und schließlich in ihre eigene gesunde Gruppe sprossen. Dieser Prozess läuft so lange ab, bis jeder, der Gemeinschaft sucht, seine kleine Heimat gefunden hat, die ihn aufnimmt, ihn aufzieht und schließlich zum Dienst freisetzt.

Jüngerschaft auf der Basis von Beziehungen

Die beste Art von Jüngerschaft ist Jüngerschaft in einer Gruppe. Jesus praktizierte sie, indem er sehr viel Zeit mit mindestens dreien seiner zwölf Jünger verbrachte. Das Lernen in der Gruppe und gemeinsame Diensterfahrungen haben große Vorteile. Menschen, die im Rahmen einer Kleingruppe Jüngerschaft erfahren, ziehen den Nutzen aus der Weisheit und den Erfahrungen vieler Gruppenmitglieder; sie können ihre Gaben in einer sicheren und ermutigenden Umgebung ausprobieren. Sie haben Freunde um sich, die sich um ihre Bedürfnisse kümmern, für sie beten und zum Dienst im Team ermutigen. Persönliche Treffen und Berater-Beziehungen werden durch die umfassende Gruppenerfahrung ergänzt und der Leiter wird davor bewahrt, die gesamte Verantwortung für diesen Prozess tragen zu müssen. So »trägt einer des anderen Last« und beteiligt sich am gegenseitigen Dienst an der Gemeinde Christi.

Kirchendistanzierte Menschen zu ganz hingegebenen Nachfolgern Christi zu machen, war schon immer ein Herzensanliegen Gottes. Jesus hat uns den Auftrag gegeben, zu reden, zu lieben und anderen zu dienen, wie er es getan hatte, und ein Leben zu leben, das an Liebe, Freude und den anderen Früchten des Geistes zunimmt. Jünger sind nicht einfach nur Menschen, die mehr Antworten auf Fragen zur Bibel haben, mehr Veranstaltungen besuchen oder mehr christliche Radiosendungen hören. Jünger sind Menschen, die wie Christus handeln, die bereit sind zu trainieren, um so zu sein wie er, und geistliche Disziplinen wie Gebet, Einsamkeit, Anbetung, Bibelstudium, Gemeinschaft und Dienst praktizieren. Kleingruppen, die danach streben, werden sehen, wie diese Arbeit Früchte bringt.

Dienstkoordination

Unabhängig von ihrer Größe sind Gemeinden oft eine Sammlung von Diensten, die rein zufällig dieselbe Adresse haben. Sie teilen sich die Räumlichkeiten, die Mitarbeiter, die Finanzen und den biblischen Auftrag, aber man muss sich schon sehr anstrengen, wenn man erleben will, wie sie wirklich auf gemeinsame Ziele hin zusammenarbeiten. Das Metagemeinde-Modell ist das Modell einer »ganzen Gemeinde«, die Teamwork und Koordination fördert. Da alle Dienste der Gemeinde so gestaltet und koordiniert sein sollten, dass sie Kleingruppen einsetzen, ist es entscheidend, dass alle diese Gruppen so funktionieren, dass sie zusammen den Missionsauftrag der Kirche erfüllen können. Da das Meta-Gemeinde-Modell dieselbe Kleingruppenstruktur für alle Dienste der Gemeinde verwendet (Jugendarbeit, Kinderarbeit, Chor, Erwachsenenarbeit, Evangelisation etc.), bietet ihnen diese Struktur ein gemeinsames Funktionssystem für alle Bereiche.

Neben Predigten und herausfordernden, ermahnenden Lehren können Kleingruppen zu einem Ort werden, an dem evangelistische Fertigkeiten vorgelebt und geübt werden, in denen man Gebet und Unterstützung findet, die persönliche Verantwortlichkeit gefördert wird und die Eingliederung von Neubekehrten geschieht. Kleingruppenleiter in der ganzen Gemeinde können zu Training, Feed-back, Visionsvermittlung und Gebet zusammenkommen. Unabhängig von der Größe und Reichweite ihrer jeweiligen Dienste kann jeder Einzelne sich den Auftrag, beispielsweise die Stadt zu erreichen, zu Eigen machen und ihn an die Mitglieder seiner Kleingruppe weitergeben. Diese Strategie ist in Gemeinden mit achtzig, achthundert oder achttausend Mitgliedern effektiv umsetzbar.

Fragen, die Sie beantworten sollten, wenn Sie eine Dienststruktur aufbauen

1. Wollen wir eine Gemeinde sein, die Kleingruppen hat, oder eine Gemeinde, die aus Kleingruppen besteht?

Stellen Sie sicher, dass Sie diese Frage eindeutig beantworten können, da Ihre Antwort Ihren Dienst für die nächsten Jahre bestimmen wird! Wenn Ihre Gemeinde Kleingruppen hat, aber ihren Dienst nicht um Kleingruppen organisieren möchte, dann sind »Kleingruppen« ein Programm oder ein Arbeitsbereich der Gemeinde.

Wenn Sie sich aber entschieden haben, Ihren Dienst in kleinen Gemeinschaften zu erfüllen, dann bilden »Kleingruppen« *die* Gemeinde. Gruppen bieten ein System von Wahrheit, Jüngerschaft und Fürsorge. Sie tragen viel vom eigentlichen Leben der Gemeinde, denn alle Mitarbeiter engagieren sich und arbeiten intensiv in der Gruppe mit. Es liegt also nicht in der Verantwortung eines einzigen Mitarbeiters, einen gruppenorientierten Dienst aufzubauen und dafür verantwortlich zu sein.

2. Wie wollen wir den Zuständigkeitsbereich für unsere ehren- und hauptamtlichen Mitarbeiter festlegen?

Die Dienststruktur einer Gemeinde bestimmt, wer dafür verantwortlich ist, andere in der Struktur zu begleiten, zu versorgen und zu fördern, vom Pastor über die Mitarbeiter bis hin zu den Mitgliedern einer Gemeinde. Nachdem Sie

Eine Struktur, die Menschen dient

Prioritäten gesetzt, einen Zeitplan erstellt und den Aufwand an Mitteln und Energie überschlagen haben, legen Sie fest, was eine Kleingruppe zu leisten vermag. Denken Sie daran, dass der Leistung von Mitarbeitern Grenzen gesetzt sind. Wenn jeder versorgt sein soll, aber keiner sich um mehr als um zehn Leute kümmern sollte, dann müssen Sie die Zuständigkeitsbereiche entsprechend bemessen, indem Sie alles tun, was in Ihrer Macht steht, um diese Einschränkungen zu respektieren.

3. Sind die Strukturen flexibel?

Veränderungen in den Bedürfnissen eines Dienstes, in der Mitgliederzahl, Beschränkungen bei den Räumlichkeiten und den Parkmöglichkeiten, den Lehrprioritäten und der Gemeindestrategie sind unvermeidlich. Deswegen ist es wichtig, dass Ihre Struktur nicht starr ist. Sie muss den Einsatz von Mitteln und Menschen auf eine Weise erlauben, dass bei der Dynamik des Dienstes nie Zugeständnisse gemacht werden müssen. Die Struktur einer Kleingruppe muss immer den Dienst fördern, nicht seinen Fortschritt verhindern.

4. Welche Aufgaben haben haupt- und ehrenamtliche Mitarbeiter?

Werden die Dienste der Hauptamtlichen höher geschätzt als die der Ehrenamtlichen? Beschäftigen sich die hauptamtlichen Mitarbeiter mit der geistlichen Basis, dem Training und der Weiterentwicklung der Gemeinde? Strukturen müssen den Dienst der Mitglieder stärken und unterstützen. Kleingruppen, die Menschen für den Dienst freisetzen, aber daran scheitern, diese zu bestärken oder zu unterstützen, bringen den Dienst ins Stocken. Mitarbeiter, die sich schlecht unterstützt oder alleine gelassen fühlen, werden bald am Ende ihrer Kraft sein und aufgeben. Nur wenn die richtige Struktur mit der richtigen Dienstphilosophie gepaart ist, wird sie die ersehnten Erfolge bringen.

Die Metagemeinde-Strategie beschäftigt sich mit all diesen Fragen und wird Sie dabei unterstützen, einen Dienst zu schaffen, der effektiv und verständlich ist. Sicherlich hat sie auch ihre Schwächen – keine Strategie oder Struktur ist perfekt. Aber weil die Metagemeinde-Strategie so klar definiert und beschrieben ist, sind Gemeindeleiter in der Lage, ihre Stärken auszunutzen und ihren Schwächen angemessen Rechnung zu tragen.

Nach der Darstellung dieser Strategie werden einige Kapitel folgen, die Ihnen helfen werden, diese im Leben Ihrer Ortsgemeinde umzusetzen.

Kleingruppen-Philosophie

Einheit 1

Vision und Werte

Zielvorgabe und Dienstphilosophie für Kleingruppen

Die Festlegung Ihrer Zielvorgabe und Ihrer Dienstphilosophie sind der Schlüssel zum Erfolg des Dienstes, weil diese als Navigationsinstrumente fungieren, die Sie benötigen, um auf geradem Kurs zu Ihrem gesteckten Ziel zu segeln. Zielvorgabe und Dienstphilosophie, die in der *Willow Creek-Gemeinde* in South Barrington, Illinois, verwendet wurden, um die dortige Kleingruppenarbeit aufzubauen, sollen hier als Beispiel dienen. Auf den folgenden Seiten finden Sie unsere Zielvorgabe und Dienstphilosophie abgedruckt und erläutert. Überlegen Sie sich bitte beim Lesen dieser Darstellung, wie Sie die Vision und die Werte Ihrer Gemeinde formulieren würden.

> Das über allem stehende Ziel von *Willow Creek* ist, »dazu beizutragen, dass kirchendistanzierte Menschen zu hingegebenen Nachfolgern Christi verwandelt werden«.

Um dieses Ziel zu erreichen, wurden in *Willow Creek* eine Vielzahl von Diensten eingesetzt. Sie alle, seien es der »Offene Gottesdienst« am Wochenende, der Gemeindegottesdienst in der Woche oder die verschiedenen Hilfsdienste quer durch die Gemeinde, verfolgen nur das eine Ziel: Menschen zu helfen, Chistus ähnlicher zu werden. Kleingruppen erweisen sich dabei als besonders geeignet, um solche Dienste auszuüben und damit das Gesamtziel zu erreichen.

Nachfolgend finden Sie die Aussage über Ziele und Arbeitsweise der Kleingruppen in Willow Creek. Die Fragen »Warum gibt es Kleingruppen?« und »Zu welchem Zweck existieren Kleingruppen?« werden damit beantwortet.

> ### Ziele der Kleingruppen
> *»Menschen in Gruppen (von vier bis zehn Mitgliedern) durch Beziehungen zu verbinden, mit dem Ziel, Christus immer ähnlicher zu werden, einander zu lieben und einen Beitrag zur Arbeit der Gemeinde zu leisten, um Gott zu verherrlichen und alle Nationen zu Jüngern zu machen.«*

Wir glauben, dass diese Schlüsselaussagen den Dienst von *Willow Creek* in den nächsten Jahren bestimmen werden. Es sind auf der Bibel basierende Grundaussagen, die unsere Dienstphilosophie untermauern.

Vision und Werte

➡ Unser Auftrag

Jesus Christus als Haupt der Kirche will, dass seine Nachfolger werden wie er.

»Ich habe euch ein Beispiel gegeben, damit auch ihr so handelt, wie ich an euch gehandelt habe« (Joh 13,15)

Weitere Bibelstellen:
Joh 14,15; Röm 6,12-13.17-19; 8,29; Phil 1,6; Kol 1,28; 2,6-7; 1 Joh 2,6

Es ist Gottes Plan, dass diejenigen, die seinen Namen anrufen, in ihrer Haltung und ihrem Verhalten werden wie er. Die Kirche existiert nicht nur, um die Heiligen zu sammeln, sondern auch um sie zu verwandeln.

Das Leben der Gemeinde ist die Summe aller Aktivitäten, die dieses Werk der Verwandlung fördern. Programme und Dienste in einer Gemeinde sollten so gestaltet sein, dass sie Jesu Ziel, Leben zu verändern, dienen. Sie sollten als überholt aufgegeben werden, wenn sie daran scheitern, dieses Ziel zu erreichen.

Wir beschreiben die Lebensveränderung, die die Gemeinde bewirken soll, mit den »fünf G«: Gnade (die Erfahrung von Vergebung und Erlösung allein aus Gnade); Gedeihen/Wachstum (das nicht enden wollende Werk des Heiligen Geistes in uns, das in einem veränderten Leben offenbar wird); Gruppe (verbindliche Gemeinschaft mit anderen Christen in einer Kleingruppe); Gaben (sich einbringen in einen Dienst entsprechend den eigenen Gaben und Neigungen) und Geben (Gott mit den uns zur Verfügung stehenden Mitteln ehren durch das, was wir der Gemeinde geben, und das, was wir sparen).

Die fünf G

Gnade *Gedeihen* *Gruppe* *Gaben* *Geben*

➡ Unsere Vorgehensweise

Eine Kleingruppe bietet das optimale Umfeld für die Lebensveränderung, die Jesus Christus in jedem Gläubigen bewirken möchte.

»Und er setzte zwölf ein, die er bei sich haben wollte« (Mk 3,14).

Weitere Bibelstellen:
Ex 18,17-27; Apg 2,46

Tragende persönliche Beziehungen entstehen am besten im Kontext einer Kleingruppe. Menschen in Kleingruppen zu versammeln ist kein möglicher Dienst der Gemeinde – es ist die Gemeinde in ihrer kleinsten Einheit. Ohne diese Verbindung können Menschen – bestenfalls – Veranstaltungen besuchen, aber sie nehmen nicht wirklich am Leben der Gemeinde teil.

Vision und Werte

Eine kleine Gruppe von Christen, die einander mit der Liebe Gottes lieben, werden das Leben, das Christus versprochen hat, auf dem tiefstmöglichen Level erfahren. Diese Liebe wird sie radikal verändern und ihnen Gottes Macht zeigen. Eine Gruppe, die sich nicht aus das Ziel gesteckt hat, geistlich zu wachsen, ist vielleicht eine Sammlung von Christen, aber keinesfalls eine Kleingruppe, in der Menschen verändert werden.

Um den individuellen Bedürfnissen der einzelnen Christen und den verschiedenen Ansprüchen der übergeordneten Gemeinde zu begegnen, ist eine Vielfalt an unterschiedlichen Kleingruppen nötig. Menschen können darin wachsen, Christus immer ähnlicher zu werden, sie können füreinander sorgen und ihren Beitrag zu jeder Gruppe leisten, ungeachtet, ob es sich um eine Jüngerschaftsgruppe, eine Dienstgruppe, eine Studiengruppe, eine Gruppe, die das Zwölf-Schritte-Programm durchführt, eine Selbsthilfegruppe oder jede beliebige andere Gruppe handelt. Es wird also deutlich, dass Gemeindedienste, die in ihrer Struktur keine Kleingruppen vorgesehen haben, im Allgemeinen auch keine optimale Lebensveränderung für Menschen ermöglichen, die sich in diesem Dienst nach Chancen für persönliches Wachstum und Mitarbeit umschauen.

➡ Unser Modell

Die strategisch wichtigste Person für den Prozess der Lebensveränderung in einer Gemeinde ist der Kleingruppenleiter.

Die Gemeindeleitung sollte sich das primäre Ziel setzen, den Kleingruppenleitern durch Unterstützung und Training zum Erfolg zu verhelfen. Um dies zu ermöglichen, sollten die besten Mittel der Gemeinde zur Verfügung gestellt werden, sodass die Kleingruppenleiter alles haben, was sie benötigen, um effektiv arbeiten zu können.

Kleingruppenleiter können nicht im luftleeren Raum gedeihen. Leiter müssen von Zeit zu Zeit mit anderen Leitern zusammenkommen, um ermutigt zu werden und sich austauschen zu können. Außerdem sollten die Mitarbeiter der Gemeindeleitung Training in den Fertigkeiten anbieten, die wichtig für den Erfolg einer Kleingruppe sind (Fertigkeitstraining), und regelmäßig an Absicht und Ziel des Dienstes erinnern (Visionsvermittlung). Die grundlegenden Fertigkeiten für effektive Leitung sind für alle Arten von Gruppen dieselben. Es spielt keine Rolle, ob man eine Gruppe von ehrenamtlichen Mitarbeitern, eine Jugendgruppe oder eine Jüngerschaftsgruppe leitet.

Leiter benötigen die Unterstützung von Coaches, die sie ermutigen und die sie immer wieder an ihre Verantwortung erinnern. Auch Coaches sollten wiederum nicht mehr als zehn Kleingruppenleiter betreuen. Das Verhältnis 1:10 gilt für die gesamte Gemeinde – jeder sollte versorgt sein und keiner sollte sich um mehr als zehn Leute kümmern müssen.

»Und er gab den einen das Apostelamt, andere setzte er als Propheten ein, andere als Evangelisten, andere als Hirten und Lehrer, um die Heiligen für die Erfüllung des Dienstes zu rüsten, für den Aufbau des Leibes Christi« (Eph 4,11-12).

Weitere Bibelstellen:
1 Kor 16,15-16;
1 Thess 5,12-13;
Hebr 13,7.17

Einheit 1

Vision und Werte

Das eigentliche Ziel für einen Leiter ist die Lebensveränderung: Indem er die Mitglieder seiner Gruppe zu gegenseitiger Liebe und (materieller und persönlicher) Unterstützung ermahnt, hilft er ihnen gleichsam, Christus immer ähnlicher zu werden. Leiter müssen ihre Gruppe aber auch dabei unterstützen, in der Größe zu wachsen und schließlich neue Gruppen hervorzubringen (Wir akzeptieren, dass manche Gruppen, während sie ein bestimmtes Thema durcharbeiten, keine neuen Mitglieder aufnehmen.). Der Leiter übernimmt die Verantwortung für das Wachstum seiner Gruppe, indem er Nachfolger ausbildet, an Trainingsangeboten teilnimmt und sich um die Entstehung einer neuen Gruppe bemüht.

➡ Unsere Vorgehensweise

Gruppen müssen wachsen und expandieren, damit schließlich jeder Christ mit anderen Christen Gemeinschaft haben kann.

»Was du vor vielen Zeugen von mir gehört hast, das vertrau zuverlässigen Menschen an, die fähig sind, auch andere zu lehren« (2 Tim 2,2).

Weitere Bibelstellen: Mt 9,36-38; 29,19-20 Apg 1,8

Eine Kleingruppe existiert nicht zum Selbstzweck. Menschen, die Christus ähnlich sind, widerstehen der Versuchung, egoistisch zu sein – sie haben vielmehr den Wunsch, andere Menschen, die außerhalb dieser Gemeinschaft stehen, so zu integrieren, dass auch sie Anteil am Leben der Gruppe haben. Aus diesem Grund sollten Kleingruppen eine solide Strategie für Wachstum und Vervielfältigung haben, damit eines Tages jeder, der ein Teil der Gemeinde ist, in persönlichen Beziehungen eingebunden ist.

Fester Bestandteil des Gruppenlebens muß auch ein Programm zur Förderung neuer Leiter sein, damit solche nachwachsenden Leiter regelmäßig »on-the-Job«-Erfahrungen machen und, sobald sie persönlich bereit sind, eine eigene Gruppe leiten können.

Wenn eine Gruppe zu groß wird, kann der Leiter sich nicht mehr in ausreichendem Maß darum kümmern, dass das Leben jedes einzelnen Mitglieds verändert wird. Auch wenn Gruppen wachsen müssen, gilt trotzdem weiterhin, dass sich ein Leiter nur um zehn Leute kümmern sollte. Deshalb besteht der nächste Schritt für Gruppen, die auf eine Größe über zehn Mitglieder angewachsen sind, darin, neue Gruppen ins Leben zu rufen.

Eine erfolgreiche Kleingruppenleitung läßt sich letztlich an der Lebensfähigkeit der Tochtergruppen ablesen. Das Ziel besteht nicht darin, einfach eine neue Gruppe zu gründen, sondern eine Gruppe zu gründen, die gesund ist und ihrerseits Lebensveränderung fördern kann. Die neue Gruppe kann nur dann als lebensfähig bezeichnet werden, wenn auch sie schließlich eine neue Gruppe hervorbringt. In diesem Modell ist ein Leiter jemand, der weitere Gruppen ins Leben gerufen hat, die wiederum neue Gruppen hervorgebracht haben – in anderen Worten, ein Leiter mit »Kleingruppenenkeln«.

➡ Unsere Werkzeuge

Effektiver Dienst geschieht in einer Atmosphäre von Gebet und Feiern.

Die Autoren der Bibel erklären uns, dass wir beten sollen, um Gottes Willen zu erfahren. Großen Diensten geht intensives Gebet voraus – Christen, die mit ihrem himmlischen Vater reden, bekommen, weil sie darum bitten; wenn sie anklopfen, öffnet er. Leiter sollen so beten, wie Jesus gebetet hat: öffentlich und privat, echt und kraftvoll, präzise und beständig. Wer Gottes Segen für seine Arbeit sucht, der muss im Gebet Gottes Gegenwart suchen.

Gottes Handeln muss zur Kenntnis genommen, weitererzählt, wertgeschätzt und gefeiert werden. Freude und Feststimmung sollten die Treffen prägen, die mit Diensten zusammenhängen.

Fortschritte und positive Erfahrungen von Leitern sollten Anlass für private und auch öffentliche Freude sein. Kleingruppentreffen ersetzen nicht die Versammlung vieler Menschen, die zusammenkommen, um Gott öffentlich zu loben, sein Wort zu hören, diesem zu folgen und zu sehen, was Gott bei den Mitgliedern der Gemeinde in Kleingruppen tut. Was auf der Ebene der Kleingruppen geschieht, sollte auch in den großen Versammlungen geschehen – und umgekehrt.

»Und die Jünger waren voll Freude und erfüllt vom Heiligen Geist« (Apg 13,52).

Weitere Bibelstellen:
Neh 8,9-12
Apg 2,46-47; 8,4-8
Lk 10,17.21

Jüngerschaft begleiten

Das eigentliche Ziel von Kleingruppen ist es, Menschen zu einer tieferen Beziehung zu Christus zu führen und sie mehr und mehr nach seinem Vorbild zu verwandeln. Aber oft stellt sich die Frage, was es eigentlich bedeutet, »so wie Jesus zu sein«. Im Folgenden finden Sie ein paar Hinweise zum Thema »Jüngerschaft«. Danach werden Sie erfahren, wie wir einen Nachfolger Christi im Kontext einer Gemeinde definieren. Wenn Sie diese Hinweise lesen, denken Sie bitte zunächst darüber nach, wie Ihre eigene Entwicklung als Nachfolger Christi ausgesehen hat. Danach sollten Sie sich überlegen, welche Funktion Sie als Nachfolger Christi in Ihrer Gemeinde einnehmen wollen.

»Ein Jünger steht nicht über seinem Meister und ein Sklave nicht über seinem Herrn. Der Jünger muß sich damit begnügen, dass es ihm geht wie seinem Meister, und der Sklave, dass es ihm geht wie seinem Herrn« (Mt 10,24-25).

Vision und Werte

➡ Was ist ein Jünger?

In der einfachsten Form ist ein Jünger jemand, der Jesus Christus nachfolgt und von ihm lernt.

In *Willow Creek* definieren wir Jüngerschaft als »leben, wie Christus gelebt hätte, wenn er an meiner Stelle wäre«. Jüngerschaft – in diesem weiten Sinne – impliziert also Lebensumwandlung und Gehorsam gegenüber dem Wort Gottes.

➡ Welche Funktion nimmt ein Jünger in der Ortsgemeinde ein?

Wenn jemand als Christusnachfolger einer Gemeinde lebt, wird er ein aktives Mitglied des Leibes Christi. Ein aktives Mitglied in *Willow Creek* (also ein Nachfolger Christi oder ein Jünger) lässt sich als ein Mensch beschreiben, der in den folgenden fünf Bereichen an Reife zunimmt:

Gnade

Das Opfer vertrauensvoll annehmen.
Eph 2,8-9

Nachfolger Christi haben die Gnade der Erlösung verstanden und persönlich empfangen. Sie haben alle Versuche aufgegeben, Gottes Gunst durch eigene Anstrengungen zu gewinnen, und wissen, dass Jesus am Kreuz für sie gestorben ist und dass sie aus diesem Grund seine Gunst bereits besitzen. Äußeres Zeugnis für diese innere Erneuerung ist die Taufe.

Gedeihen

Die Veränderungen im Menschen sollen in seinem Lebensstil sichtbar werden.
2 Petr 3,18

Christen wissen, dass die Gnade Gottes, die sie erlöst hat, nur der Anfang seines Werkes in ihnen ist. Sie reagieren dankbar darauf, indem sie sich nach seinem Vorbild aktiv auf einen lebenslangen Prozess von geistlichem Wachstum in Christus einlassen. Zu diesem Zweck fördern sie ihre geistliche Entwicklung durch Gebet, Anbetung und Bibelstudium.

Sie betrachten die Bibel als die höchste Autorität in allen Bereichen, über die diese etwas lehrt, und wollen ihr gegenüber völlig gehorsam sein. Christen setzen sich ehrlich mit Bereichen auseinander, in denen sie gesündigt haben, und versuchen, von der Sünde loszukommen.

Christen wollen außerdem die Gnade, die sie empfangen haben, an andere weitergeben. Deshalb ist ihnen persönliche Evangelisation und aktives Engagement in den Diensten der Gemeinde in ihrer Stadt, ihrem Land und auf der ganzen Welt ein Anliegen.

Vision und Werte

Gruppe

Ein Christ folgt dem Gebot Gottes, Teil einer Gemeinschaft zu sein, um Christus nachzufolgen, Liebe zu geben und zu empfangen und sich auch am Dienst der Gemeinde zu beteiligen.

Liebevolle Beziehungen zu anderen Christen prägen das Gemeindeleben.
vgl. Apg 2,46

Aus diesem Grund ist für Christus-Nachfolger die Teilnahme an Gemeindeveranstaltungen sehr wichtig, um mit anderen Gottesdienst zu feiern, Predigten zu hören und am Abendmahl teilzunehmen. Außerdem sind sie Mitglied einer kleinen Gruppe von Christen, die sich gegenseitig ermutigen, unterstützen und Rechenschaft abgeben.

Christus-Nachfolger

- pflegen Beziehungen, die Christus ehren, zu Hause, in der Gemeinde und im Alltagsleben und bemühen sich um Versöhnung, wenn Konflikte auftreten,
- unterstützen die Leiter der Gemeinde und ordnen sich ihnen im Sinne der Bibel unter,
- bestärken und verteidigen die grundlegenden Wahrheiten der Bibel.

Gaben

Christus-Nachfolger sind davon überzeugt, dass die Gemeinde eine Gemeinschaft von Dienern ist, die ihre geistlichen Gaben vereint zum Dienst an der Welt einsetzt. Deswegen bemühen sie sich darum, diese von Gott gegebenen Gaben zu entdecken und einen Platz in der Gemeinde zu finden, an dem sie diese Gaben im Dienst zur Unterstützung und Stärkung der Gemeinde einsetzen können.

Dienst in der Gemeinde im Einklang mit geistlichen Gaben und Neigungen.
vgl. Röm 12,6-8

Geben

Christus-Nachfolger wissen, dass Jesus für ihre Sünden gestorben ist. Aus diesem Grund setzen sie ihre (geistlichen und materiellen) Gaben vereint zum Dienst an der Welt ein. Sie erkennen den Zehnten (zehn Prozent ihres Einkommens) als Standard der Bibel an. Aber als Reaktion darauf, dass Christus im Überfluss gegeben hat und gibt, unterstellen sie ihre Finanzen zunehmend seiner Herrschaft und entwickeln einen Geist der Großzügigkeit und der Fröhlichkeit, wenn sie die Arbeit der Gemeinde unterstützen.

Gott mit unseren Finanzen ehren, durch das, was wir der Gemeinde spenden und das, was wir behalten.
vgl. Phil 4,11-19; Mal 3,10 ff.

Kleingruppen im Neuen Testament

Gemeinschaft ist ein Thema, das sich durch die ganze Bibel zieht. Gott hat immer wieder Menschen für sich berufen, angefangen mit Israel bis hin zur Gemeinde. Sogar als die Juden in den Zeiten der Gefangenschaft in feindliche Nationen versprengt waren, organisierten sie sich in Gruppen und bildeten schließlich Synagogen, in denen sie einander dienten und ihren Glauben leben konnten. Es war deshalb für Jesus ganz natürlich, eine Gemeinschaft von Nachfolgern zu bilden, und für Paulus und Petrus und andere Gemeindegründer, überall dort das Evangelium zu verkünden und neue Gemeinschaften ins Leben zu rufen, wo sie hinkamen. Diese neuen Gemeinschaften fingen als kleine Gruppen an, so wie Jesus es mit seinen 12 Jüngern vorgelebt hatte (vgl. Mk 3,14; Lk 6,12-19).

Kleingruppen waren wesentlicher Bestandteil der Struktur der frühen Kirche. Es gab genügend solcher Gruppen, um allen einzelnen Mitgliedern zu ermöglichen, einander zu dienen, ihre geistlichen Gaben einzusetzen und in den Lehren Christi unterwiesen zu werden. Außerdem waren es lebendige und lebenspendende Gemeinschaften, in denen Evangelisation stattfand, weil kirchendistanzierte Menschen eine liebevolle und hingegebene Gemeinschaft in Aktion erlebten. Kleingruppen bauen nicht nur die Kirche auf, sondern sind auch ein geeignetes Mittel, um eine Welt, die Christus noch nicht kennt, für ihn zu erreichen (vgl. Joh 17).

Wie sieht biblische Gemeinschaft aus?

»Tag für Tag verharrten sie einmütig im Tempel, brachen in ihren Häusern das Brot und hielten miteinander Mahl in Freude und Einfalt des Herzens. Sie lobten Gott und waren beim ganzen Volk beliebt« (Apg 2,46-47).

Menschen, die an Christus glauben, sind dazu berufen in liebevollen Beziehungen zu leben, denn die Veränderung des Lebens durch den Glauben vollzieht sich am besten in Kleingruppen, da man dort eine Intimität erlebt, die Offenheit und Vertrautheit ermöglicht. Die Mitglieder dieser Gruppen können sich stets unterstützen, motivieren und sich gegenseitig an ihre gesellschaftliche Verantwortung erinnern.

Definition von biblischer Gemeinschaft:

»Christliche Gemeinschaft ist der Leib Christi, der das Leben und die Botschaft Christi zum Ausdruck bringt, zur gegenseitigen Auferbauung und zur Erlösung der Welt zu Gottes Ehre.«

➡ Schlüsselverse zum Thema »Gemeinschaft« im Neuen Testament

Die Urgemeinde, die am Pfingsttag entstand, begann sofort, sich in Kleingruppen zu organisieren. Diese Gruppen widmeten sich von ganzem Herzen der Lehre der Apostel, hatten Gemeinschaft untereinander, feierten das Abendmahl und beteten füreinander. Diese neuen Gemeinschaften zeichneten sich durch gegenseitige Unterstützung, Verantwortlichkeit, Dienst, Liebe und Evangelisation aus.

Kleingruppen sind ein Ort, an dem sich die Mitglieder gegenseitig dienen. Jedes Mitglied setzt seine geistlichen Gaben ein, um die anderen Mitglieder zu unterstützen, damit letztlich die Gemeinde einen Einfluss auf die Gesellschaft haben kann. Gegenseitiger Dienst ist ein Markenzeichen einer Gemeinschaft von Christus-Nachfolgern.

Die Aufgabe der Kleingruppen besteht darin, die Wahrheit zu lehren und zukünftige Leiter hervorzubringen, die andere Gruppen leiten und sie im Glauben unterweisen können. Zu diesem Zweck hat jeder Leiter einen »Azubi«, den er oder sie ausbildet mit dem Ziel, größere Verantwortung und Leitung zu übernehmen.

»Jedem aber wird die Offenbarung des Geistes geschenkt, damit sie anderen nützt« (1 Kor 12,7).

»Laßt uns aufeinander achten und uns zur Liebe und zu guten Taten anspornen. Laßt uns nicht unseren Zusammenkünften fernbleiben, wie es einigen zur Gewohnheit geworden ist, sondern ermuntert einander, und das um so mehr, als ihr seht, das der Tag naht« (Hebr 10,24-25).

»Was du vor vielen Zeugen von mir gehört hast, das vertrau zuverlässigen Menschen an, die fähig sind, auch andere zu lehren« (2 Tim 2,2).

Einheit 1

Struktur

Struktur von Kleingruppen

Es gibt eine Vielfalt von Kleingruppen, die sich entwickelt haben, um den verschiedenen Bedürfnissen und den unterschiedlichen Reifegraden der Besucher einer Ortsgemeinde entgegenzukommen. Gruppen bilden sich normalerweise aufgrund von Gemeinsamkeiten wie Ehestand, Dienst, Aufgabe, persönliche Bedürfnisse, Lebensabschnitt etc. Auch wenn wir die Eigenständigkeit und Besonderheit jeder einzelnen Kleingruppe anerkennen, lassen sich die meisten Gruppen einem Gruppentyp der folgenden Tabelle zuordnen.

Fünf Haupttypen von Gruppen

	Jüngerschaftsgruppen	*Gemeinschaftsgruppen*	*Dienstgruppen*	*Gruppen für Suchende*	*Selbsthilfegruppen*
Mitglieder	Christen, die einen strukturierten Jüngerschaftsprozess suchen	Christen und Nichtchristen	Christen und Nichtchristen	Überwiegend Nichtchristen	Christen und Nichtchristen
Inhalte	Festes Programm, beispielsweise das Durcharbeiten von thematischen Arbeitsheften	Leiter arbeiten die Inhalte mit ihrem Coach aus	Leiter arbeiten die Inhalte mit ihrem Coach aus	Abhängig von den Fragen der Teilnehmer	Von den Gemeindeleitern festgelegt
Prinzip des »leeren Stuhls«	Wird eingesetzt, wenn das feste Programm Pausen einlegt	Wird regelmäßig verwendet, um neue Mitglieder einzuladen	Wird regelmäßig eingesetzt, um neue Mitglieder einzuladen	Hat immer einen »leeren« Stuhl«	Wird in erster Linie eingesetzt, um neue Gruppen zu bilden
Schwerpunkt	Geistliche Disziplinen, Bibelstudium, Jüngerschaft	Gemeinschaft, Einladung neuer Mitglieder	Verrichtung einer Aufgabe, Einladung neuer Mitglieder	Menschen zu Christus führen, Neubekehrte zu Jüngern machen	Unterstützung von Mitgliedern, wenn sie persönliche Probleme durchleben
Multiplikation	Azubi-Leiter leitet neue Gruppe	Gruppe wächst und teilt sich nach 24-36 Treffen	Gruppe wächst und teilt sich, je nachdem es die Aufgabe zulässt	Azubi-Leiter leitet neue Gruppe für Suchende oder für Neubekehrte	Azubi-Leiter werden geschult, um neue Gruppen bilden zu können
Lebensdauer	18-24 Monate	Wächst und teilt sich beständig	Wächst und teilt sich beständig	Durchschnittlich etwa ein Jahr	Kommt auf persönliche Bedürfnisse und das Ziel der Gruppe an

Eine typische Gemeinschaftsgruppe

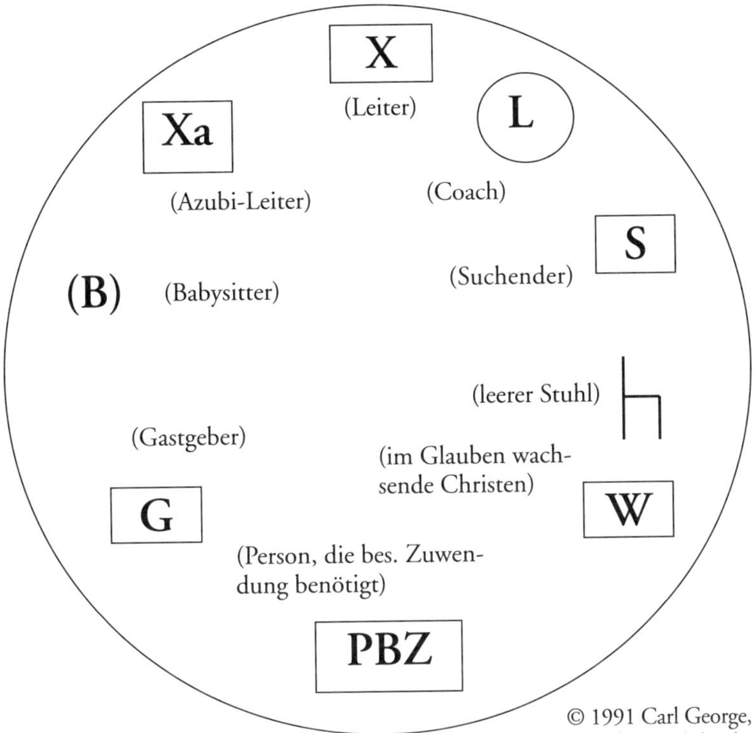

Das oben dargestellte Schaubild zeigt eine typische Kleingruppe im Modell von Carl George. Sicher sind nicht alle Gruppen so zusammengesetzt wie die Beispielgruppe. Gemeinden haben dieses Modell verschiedenfach abgewandelt, entsprechend ihrem Dienst und den Bedürfnissen der Mitglieder. Aber diese Darstellung soll Ihnen einen allgemeinen Eindruck davon vermitteln, wie eine durchschnittliche Kleingruppe für Erwachsene aussieht, die das Prinzip des freien Stuhls praktiziert und während ihrer Lebensdauer Azubi-Leiter hervorbringt.

Carl George bedient sich folgender Terminologie, um die verschiedenen Rollen innerhalb einer Kleingruppe zu beschreiben. Diese Terminologie wurde gewählt, damit verschiedene Gemeinden über Kleingruppen reden und dabei dieselbe Sprache sprechen können. Gewöhnlich hat jede Gemeinde ihre eigenen Bezeichnungen für die Rollen, die oben aufgezeichnet sind. Zum Beispiel werden die Personen, die mit einem »X« (Leiter über zehn Personen) bezeichnet wurden, »Kleingruppenleiter« genannt. Ein »L« ist eine Person, die die Verantwortung für 50 Leute trägt, d. h. für 5 Kleingruppen. Das »L« bedeutet soviel wie »Coach«.

Einheit 1

Struktur

Während der folgenden Darstellungen der einzelnen Bereiche können Sie immer wieder einen Blick auf dieses Diagramm werfen. Dies erleichtert Ihnen das Verständnis der Abbildung.

X: Ein Kleingruppenleiter für eine Gruppe mit bis zu zehn Mitgliedern. Das römische Zahlzeichen »X« (zehn) beschreibt, um wie viele Personen sich der durchschnittliche Kleingruppenleiter in einer Gemeinde kümmert. Um der Kapazität eines Leiters Rechnung zu tragen, sollte kein Leiter sich um mehr als zehn Personen kümmern müssen.

Xa: Bezeichnet den Azubi-Leiter. Diese lernen Leiterschaft, indem sie aktiv an einer Gruppe teilnehmen, die von einem erfahrenen Leiter geführt wird. Weiterhin kann es in einer Gruppe zukünftige Azubis (ZXa) geben.

B: Babysitter. Manche Gruppen haben einen Babysitter, der während der Treffen die Kinder der Gruppenmitglieder betreut.

G: Die Rolle des Gastgebers (Diese Rolle kann jedes Mal eine andere Person übernehmen.) besteht darin, für die Kleingruppentreffen eine angenehme und fürsorgliche Umgebung zu schaffen.

PBZ: Diese Abkürzung steht für eine Person, die besondere Zuwendung benötigt. Dies kann von Zeit zu Zeit jeder Teilnehmer der Gruppe sein. Ungeachtet des familiären Hintergrundes, früherer Erfahrungen oder gegenwärtiger Krisen braucht diese Person eine besondere Dosis an Liebe und Fürsorge von Gott und der Gruppe. Die meisten Gruppen haben immer eine oder zwei PBZs.

W: Diese Abkürzung steht für die Christen einer Kleingruppe, die im Glauben wachsen und reifer werden.

h: Das Bild des »leeren Stuhls« symbolisiert den Wunsch der Gemeinde, neue Leute zu integrieren und in die Gruppenstruktur einzubinden. Von Zeit zu Zeit laden Gruppen neue Mitglieder ein und integrieren sie, sodass diejenigen, die Jüngerschaft und Fürsorge benötigen und wünschen, in das Leben der Gruppe aufgenommen werden können.

S: Manche Gruppen sind darauf vorbereitet, Suchende aufzunehmen. In solchen Fällen müssen Gruppenleiter und Mitglieder sensibel für die Bedürfnisse und den geistlichen Reifegrad eines Suchenden sein.

L: Der »Coach«. Dieser ist gewöhnlich für drei bis fünf Kleingruppenleiter zuständig und ist für eine Kleingruppenstruktur verantwortlich, die etwa fünfzig Kleingruppenmitglieder umfasst. Ein Coach besucht von Zeit zu Zeit seine Gruppen, um sie zu ermutigen, zu unterstützen, bei der Lösung von Problemen zu helfen und für sie zu beten.

Arbeitsbereich »Kleingruppe«

Kleingruppenleiter und Coach sollten nicht auf sich allein gestellt arbeiten. Wir haben eine Struktur entworfen, in der für Leiter und Coach genauso gesorgt wird, wie sie für andere sorgen. Diese Struktur bildet eine Abteilung innerhalb der Gemeinde. Innerhalb eines Dienstbereiches (z. B. Singlearbeit, Ehepaare, etc.) kann es verschiedene Kleingruppendivisionen geben. Jede Division wird von einem hauptamtlichen Mitarbeiter von *Willow Creek* geleitet, dessen Aufgabe darin besteht, die ehrenamtlichen Coaches und Kleingruppenleiter in seiner Division zu betreuen.

Wie das folgende Diagramm zeigt, wurde diese ganze Betreuungsstruktur eingeführt, um sicherzustellen, dass die Kleingruppenleiter genügend Unterstützung für ihren Dienst erfahren. Jeder Kleingruppenleiter hat einen Coach, der ihn unterstützt. Jeder Coach hat wiederum einen Bereichsleiter (einen hauptamtlichen Mitarbeiter), der ihn unterstützt. In größeren Gemeinden hat ein Bereichsleiter möglicherweise einen Leiter des Dienstes oder des Arbeitsbereiches, der ihn unterstützt. Im Idealfall sollte kein Coach mehr als fünf Kleingruppen haben, mit denen er zusammenarbeitet; kein Bereichsleiter sollte mehr als zehn Coaches haben, die er betreut.

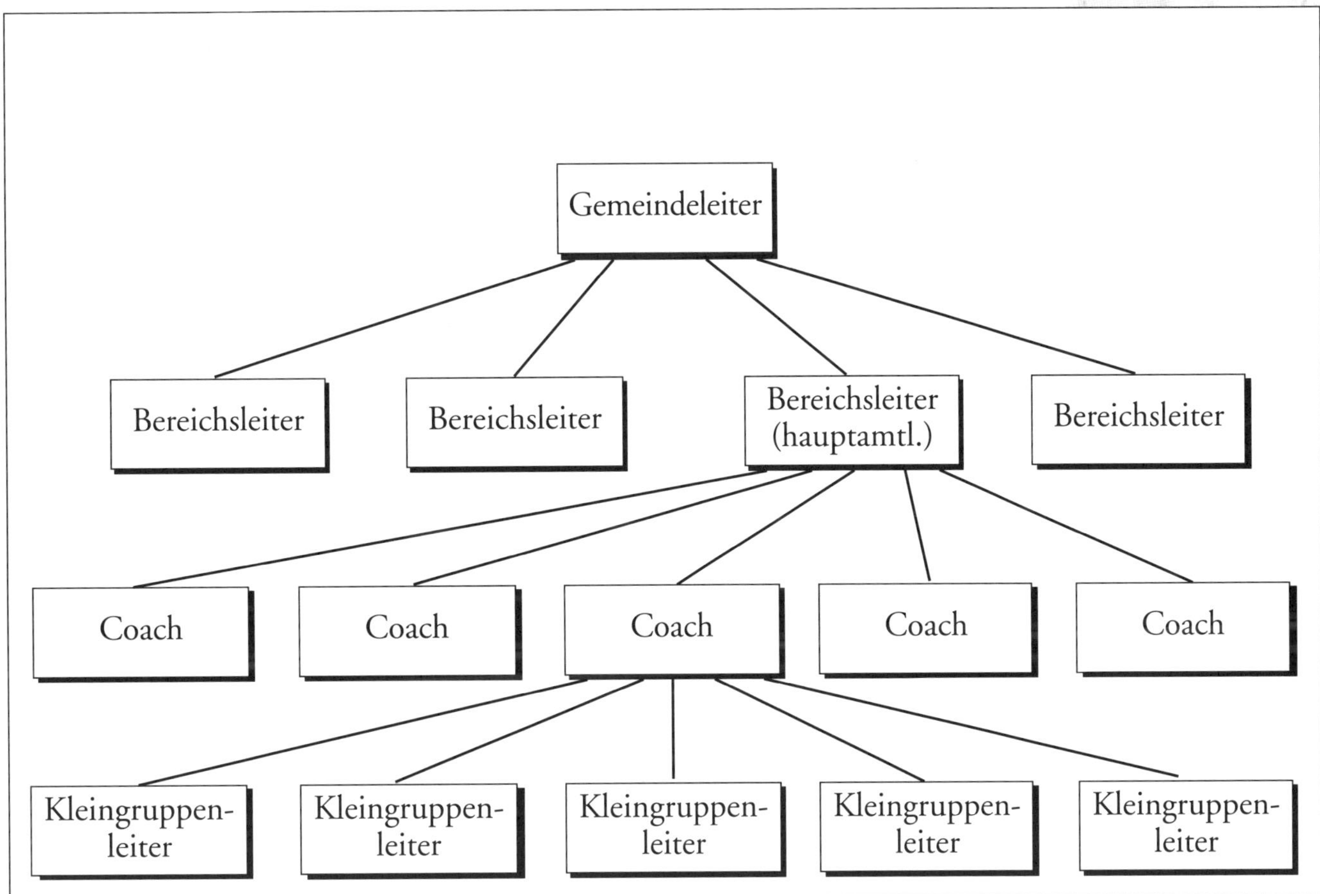

Einheit 1

Anhang

Die häufigsten Fragen zum Thema »Kleingruppen«

Frage: ***Warum sollte man gerade dieses Kleingruppenmodell verwenden?***

Antwort: Dieses Modell kann eingesetzt werden, um viele wesentliche Bedürfnisse in der Gemeinde abzudecken: um sich um die wachsende Zahl von Besuchern zu kümmern, um Menschen intensiver von Gott zu berichten, um neue Leute in die Gemeinde zu integrieren, um Leiter auszubilden und für den Dienst auszurüsten und um »Kirche« zu sein in kleinen Gemeinschaften, in denen Menschen einander in Christus ermutigen.

Frage: ***Wer ist die wichtigste Person in dieser Struktur?***

Antwort: Wer die wichtigste Person in der Gemeinde ist, hängt von Ihren persönlichen Bedürfnissen zu einer bestimmten Zeit ab. Die wichtigste Person in der Gemeinde könnte beispielsweise der Jugendleiter für Ihren Sohn oder Ihre Tochter sein. Oder vielleicht ein Berater für ein bestimmtes persönliches Problem. Aus diesem Grund sprechen wir lieber von den strategisch wichtigsten Leuten in der Gemeinde. Die *strategisch* wichtigsten Leute sind die Kleingruppenleiter und Coaches, die den Missionsauftrag der Gemeinde erfüllen, indem sie sich um die Mitglieder kümmern und zukünftige Leiter ausbilden. Sie sind quasi die Leute, die in vorderster Front für den Prozess der Lebensveränderung kämpfen und die größte Möglichkeit haben, die Leute über einen längeren Zeitraum hinweg zu beeinflussen.

Frage: ***Worauf liegt die größere Betonung: auf Jüngerschaft oder auf Fürsorge?***

Antwort: Die Balance zwischen Jüngerschaft und Fürsorge variiert von Dienst zu Dienst. Aber es ist unser Wunsch, beiden Bereichen angemessen Rechnung zu tragen. Wir möchten Menschen zu Jüngern machen – ihnen biblisches Wissen vermitteln, ihnen helfen, geistliche Disziplinen zu entwickeln, den christlichen Glauben zu verstehen und sie so weit bringen, dass sie auch andere zu Jüngern machen können. Aber wir wollen auch für sie sorgen – für sie beten, sie ermutigen, ihr Bedürfnis nach Bestätigung und Angenommensein befriedigen. In diesem Sinne erfüllen wir sowohl den Missionsbefehl (alle Nationen zu Jüngern zu machen; Mt 28,18-20) als auch das Liebesgebot (einander zu lieben; Joh 13,34-35).

Literaturhinweise

Jeff Arnold, *The Big Book on Small Groups* (Downers Grove, Il.: InterVarsity Press 1995)
Ein umfassendes Handbuch, das nicht nur Anweisungen gibt, sondern diese auch eingehend biblisch begründet.

George Barna, *The Power of Vision* (Ventura, Ca.: Regal Books 1994)
Ein hervorragendes Buch, das Prinzipien für jeden Leiter enthält, der eine Vision für sein Leben und seinen Dienst entwickeln möchte.

Carl George, *Gemeindemodell für die Zukunft: Die Meta-Gemeinde. Wie eine Gemeinde wächst und doch familiär bleibt* (Frankfurt/M.: Aquila-Verlag 1994)
George entwickelt ein Modell, das unabhängig von der Gemeindegröße ist. Dies stellt sicher, dass jedes Gemeindeglied persönliche Zuwendung und intensive geistliche Versorgung in einer Kleingruppe findet.

Robert Logan, *Mehr als Gemeindewachstum. Prinzipien und Aktionspläne zur Gemeindeentwicklung* (Frankfurt/M.: Aquila-Verlag 1992)
Dieser Autor misst dem Gemeindeaufbau durch Kleingruppen und der Heranbildung von Leitern besondere Bedeutung zu.

Der Werdegang eines Leiters

Einheit 2

Biblische Leiterschaft

Die Grundlagen biblischer Leiterschaft

Als Leiter ist es Ihre Aufgabe, Gottes Gemeinde für den Dienst aneinander und füreinander zuzurüsten, sie zu Wachstum zu führen und sie dabei zu unterstützen, mit ihrer Botschaft die ganze Welt zu erreichen (Eph 4,11-13; Mt 28,18-20). Um diese Aufgabe erfüllen zu können, müssen Leiter:

- eine wachsende und reife Beziehung zu Gott aufbauen (Joh 15,5)
- eine Berufung von Gott erkennen oder eine Neigung spüren, Menschen zu leiten (Ex 3,1-10; Joh 21,15-17)
- eine Vision für die Ausbildung zukünftiger Leiter haben (2 Tim 2,2)

Das herausforderndste Modell eines Leiters in der Bibel finden wir natürlich in der Person Jesu. Jesus sagte: »Folgt mir nach« (Mt 4,19) und erwartete, dass Männer und Frauen ihren egoistischen Lebensstil aufgeben und ihm folgen würden. Im Gegenzug gab er ihrem Leben Sinn und Ziel. Er förderte sie, schulte sie und rüstete sie für einen Auftrag aus, der viel größer war als alles, was sie sich für ihr Leben hätten vorstellen können. Was veranlasste die Menschen, Christus zu folgen? Zwei Dinge sind hier in erster Linie zu nennen: seine *Vision* und sein *Vorbild.*

Jesus hatte eine herausfordernde *Vision.* Er suchte Männer und Frauen, die bereit waren, seine Jünger zu werden und in seinem Namen in die Welt hinaus zu gehen (Mt 28,18-20; Apg 1,8). Im Matthäusevangelium Kapitel 9, Verse 36-38 finden wir einen Bericht darüber, wie Jesus den Jüngern seine Vision vermittelt. »Als er die vielen Menschen sah, hatte er Mitleid mit ihnen; denn sie waren müde und erschöpft wie Schafe, die keinen Hirten haben. Da sagte er seinen Jüngern: Die Ernte ist groß, aber es gibt nur wenig Arbeiter. Bittet also den Herrn der Ernte, Arbeiter für seine Ernte auszusenden.« Jesus sah tausende von vernachlässigten Menschen in den Städten und Gemeinden, die dringend Führung benötigten. Leiter sind Hirten, die eine Vision und einen Plan entwickeln, um in angemessener Weise für Menschen zu sorgen und sie zu anzuleiten.

Aber Jesus *hatte* nicht nur eine Vision – er *verkörperte* die Vision, indem er selbst zum *Vorbild* wurde. In der Bibel finden wir dafür ein anschauliches Beispiel: »Er stand vom Mahl auf, legte sein Gewand ab und umgürtete sich mit einem Leinentuch. Dann goß er Wasser in eine Schüssel und begann, den Jüngern die Füße zu waschen und mit dem Leinentuch abzutrocknen, mit dem er umgürtet war« (Joh 13,4-5). Das war eigentlich die Rolle eines Dieners.

Biblische Leiterschaft

Warum übernahm Jesus diese erniedrigende Aufgabe? Dadurch zeigt er, dass Leiter durch ihr Vorbild leiten. Leiter dienen denen, die sie leiten; keine Aufgabe ist »unter der Würde« eines Leiters. Jesus erklärt seinen Jüngern, dass er nicht gekommen ist, um sich bedienen zu lassen, sondern um zu dienen. Das macht einen wahren Hirten aus. Als Kleingruppenleiter sind auch Sie Hirte. Ein Hirte sorgt für seine Herde, als ob sie seine eigenen Kinder wären (1 Thess 2,5-12).

Ein Leiter ist auch ein Vorbild für seine Kleingruppe und sollte ein Modell für Christusähnlichkeit sein. Paulus forderte seine Jünger auf, in ihrem Handeln seinem Beispiel zu folgen (1 Kor 11,1; Phil 3,17). Wenn Sie in Ihrer Beziehung zu Gott wachsen und reifen und Jesus hingebungsvoll nachfolgen (2 Kor 11,3), werden die Mitglieder Ihrer Gruppe mit Ihnen wachsen. Jesus erklärte seinen Jüngern, dass ein Schüler so werde wie sein Lehrer (Mt 10,24-25). Die Entscheidungen, die Sie treffen, die Sprache, die Sie verwenden, Ihre Handlungen, Ihr Verhalten, Ihre Einstellungen und Haltungen, die guten und die schlechten, werden sich im Leben derer widerspiegeln, die Sie leiten (1 Thess 1,6).

Biblische Leiterschaft ist das Resultat von Hingabe an Christus. Sie vermitteln anderen, was Ihnen vermittelt wurde. Deshalb erfordert biblische Leiterschaft sowohl Charaktertiefe als auch Kompetenz zu leiten. Und denken Sie daran: Sie können die Mitglieder Ihrer Gruppe nicht täuschen. Menschen können erkennen, ob Kompetenz und Charaktertiefe in Ihrem Leben wirklich vorhanden sind. Zeigen Sie sich als Leiter ebenso charakterstark wie kompetent. Die Kompetenz wird sich einstellen, wenn Sie an Ihren Fertigkeiten arbeiten; Charakter bildet sich in der Beziehung zu Gott. Und: Es kommt nicht auf die Größe Ihrer Gruppe an, sondern auf die Begeisterung und das Engagement, das Sie in den Mitgliedern wecken.

Bitten Sie Gott, dass er Ihnen die Fähigkeit gibt, eine mitreißende Vision zu vermitteln und ein Vorbild an Christusähnlichkeit zu sein.

Die wichtigsten Ziele eines biblischen Leiters

- Seien Sie ein guter Leiter, indem Sie ein guter Diener sind.
- Vervielfältigen Sie Ihren Dienst in das Leben anderer.
- Bleiben Sie glaubwürdig.

Qualifikationen für die Kleingruppenleitung

Leiter sind Diener, die Gottes Wahrheit vermitteln und ihre Gruppen in Gebet, Dienst und geistlichem Wachstum begleiten. Als Leiter sind Sie darüber hinaus anderen ein Modell für christlichen Lebensstil. Lesen Sie sich die folgenden Charakteristika eines idealen Leiters durch, und nehmen Sie diese Qualifikationen als Leitfaden für Ihre geistliche Entwicklung. Widmen Sie sich weiterhin dem Gebet, Bibellesen, Gemeinschaft und echtem Dienst. Lassen Sie sich vom Geist Gottes leiten, damit Sie sich als Leiter weiterentwickeln.

➡ *Nachfolger Christi* – völlige Hingabe an Christus und seine »Sache«

Unser Ziel als Christen ist es, durch die Verbindung mit Jesus vollkommen zu werden (Kol 1,28). Auch wenn von einem Leiter nicht erwartet wird, dass er perfekt ist, sollte er sich dennoch bemühen, reifer zu werden. Dies rät auch Paulus der Gemeinde in Ephesus: »So sollen wir alle zur Einheit im Glauben und in der Erkenntnis des Sohnes Gottes gelangen, damit wir zum vollkommenen Menschen werden und Christus in seiner vollendeten Gestalt darstellen« (Eph 4,13). Hier sind einige Bereiche, in denen Sie sich um Reife bemühen sollten:

- Wenden Sie sich von der Sünde in Ihrem Leben ab (1 Joh 1,9; Röm 6,6).
- Verbringen Sie Zeit mit Bibelstudium und Gebet (Kol 3,16; 1 Petr 2,2).
- Lassen Sie sich vom Heiligen Geist leiten (Röm 7,6; Eph 5,18).
- Gebrauchen Sie Ihre Ihnen von Gott gegebenen Gaben (Röm 12,3; 1 Petr 4,10-11).
- Lernen Sie, Versuchungen nicht zu erliegen (Röm 5,3-5; Phil 1,29; 1 Petr 4,12-14).

➡ *Charakter* – auf das Herz achten

Charaktertiefe heißt, dass man sich nicht den Maßstäben der Welt anpasst, sondern denen der Bibel. Dazu gehören auch die folgenden geistlichen Charaktermerkmale:

- Lassen Sie Christus Ihr Vorbild sein, anstatt sich nach den Idolen der Welt zu richten (Röm 8,28-30; 12,1-2; Phil 1,9-10).

- Bitten Sie Gott, dass er Ihnen bei der Entwicklung eines Charakters hilft, der den Anforderungen der Leiterschaft angemessen ist (1 Thess 1,3; 1 Tim 1,5; 3,1-15; 6,11; Tit 1,5-9).

➡ *Berufung* – berufen, Hirte für das Volk Gottes zu sein

Leiter haben ein Herz dafür, sich um andere Menschen zu kümmern. Wie Christus sehen auch sie diese voller Mitleid an (Mt 9,36-38) – bekümmert und niedergeschlagen, auf der Suche nach einem guten Hirten, der sie schützt und ihnen die Fürsorge gibt, die sie benötigen. Tief in ihrem Herzen sind Leiter davon überzeugt, wie wichtig ihr Dienst und der Einsatz ihrer Gaben sind, um Hirte für andere zu sein (Phil 1,8; 1 Thess 2,7-8; 1 Petr 5,1-4).

➡ *Kompetenz* – fähig, eine Gruppe zu leiten und zu führen

Leiter geben die Richtung an, halten die Gruppe auf dem richtigen Kurs und behalten das Ziel im Auge. Leiter nehmen sich auch die Zeit, die Fertigkeiten zu entwickeln, die für die effektive Leitung einer Kleingruppe unerläßlich sind (Mt 4,19; 9,36-38; Apg 6,1-7).

➡ *Begabung* – besitzt Talent und Neigung für Leiterschaft

Leiter sind gute Führer, weil die Fähigkeit zum Leiten Teil der Grundausstattung ist, die der Heilige Geist ihnen gegeben hat. Diese Grundausstattung ist im Einklang mit dem Dienst, zu dem sie berufen sind, und mit den Menschen, mit denen sie zusammenarbeiten müssen. Teamwork ist für Leitungsaufgaben wesentlich. Der Einsatz von geistlichen Gaben, um mit anderen gemeinsam zu leiten, entspricht der Vorstellung Gottes von Dienst (Apg 6,2; Röm 12,8; Hebr 13,7.17).

➡ *Hingabe* – bereit, vollen Einsatz zu geben

Wahre Leiter haben sich der Vision des Dienstes, Christus und ihrer Berufung verschrieben. Sie haben den Wunsch, den Mitgliedern ihrer Gruppe bei ihrer Weiterentwicklung zu helfen. Sie erkennen, dass Leiterschaft volle Hingabe und nicht Bequemlichkeit erfordert. Leiter sind daran interessiert, dass Menschen geistlich wachsen und möglichst viele andere Menschen für Christus erreichen (Mt 28,18-20; Röm 16,3-4; 2 Tim 2,2).

➡ *Kapazität* – die Fähigkeit, Menschen zu dienen und für sie zu sorgen

Leiterschaft heißt, anderen zu dienen und alles zu tun, was nötig ist, um diesen Dienst zu erfüllen. Gewöhnlich bedeutet dies, dass sie Zeit, Energie und Mittel investieren müssen. Dies heißt aber auch, dass sich Leiter von unnötigen Verpflichtungen und Ablenkungen freimachen müssen, damit sie die Kapazität (geistlich, emotional und physisch) haben, um das zu tun, wozu Gott sie berufen hat (1 Tim 3,4-5.12).

Der Kleingruppenleiter, der sich darum bemüht, sich in den oben aufgeführten 7 Bereichen weiterzuentwickeln und zu wachsen, erfüllt so den Auftrag, den Christus seiner Kirche gegeben hat.

Motive für einen Leiter

Angemessene Motive

Verherrlichung Gottes

»Tut eure Arbeit gern, als wäre sie für den Herrn und nicht für Menschen; ihr wißt, dass ihr vom Herrn euer Erbe als Lohn empfangen werdet. Dient Christus, dem Herrn!« (Kol 3,23-24).

Frucht im Leben bringen

»Mein Vater wird dadurch verherrlicht, daß ihr reiche Frucht bringt und meine Jünger werdet« (Joh 15,8).

Hirte sein

»Gebt acht auf euch und auf die ganze Herde, in der der Heilige Geist euch zu Bischöfen bestellt hat, damit ihr als Hirten für die Kirche Gottes sorgt, die er sich durch das Blut seines eigenen Sohnes erworben hat« (Apg 20,28).

»Der geistliche Leiter wird eher den verborgenen Weg des aufopfernden Dienstes und das Einverständnis seines Herrn wählen als den großartigsten Auftrag und die Verherrlichung durch die ungeistlichen Massen.«

J. Oswald Sanders

Biblische Leiterschaft

Vorbild sein

»Sorgt als Hirten für die euch anvertraute Herde Gottes, nicht aus Zwang, sondern freiwillig, wie Gott es will; auch nicht aus Gewinnsucht, sondern aus Neigung; seid nicht Beherrscher eurer Gemeinden, sondern Vorbilder für die Herde! Wenn dann der oberste Hirte erscheint, werdet ihr den nie verwelkenden Kranz der Herrlichkeit empfangen« (1 Petr 5,2-4).

Gaben zum Dienst an anderen einsetzen

»Und er gab den einen das Apostelamt, andere setzte er als Propheten ein, andere als Evangelisten, andere als Hirten und Lehrer, um die Heiligen für die Erfüllung ihres Dienstes zu rüsten, für den Aufbau des Leibes Christi. So sollen wir alle zur Einheit im Glauben und in der Erkenntnis des Sohnes Gottes gelangen, damit wir zum vollkommenen Menschen werden und Christus in seiner vollendeten Gestalt darstellen« (Eph 4,11-13).

Gottes Botschaft der Versöhnung weitergeben

»Ja, Gott war es, der in Christus die Welt mit sich versöhnt hat, indem er den Menschen ihre Verfehlungen nicht anrechnete und uns das Wort von der Versöhnung zur Verkündigung anvertraute. Wir sind also Gesandte an Christi Statt, und Gott ist es, der durch uns mahnt. Wir bitten an Christi Statt: Laßt euch mit Gott versöhnen! Er hat den, der keine Sünde kannte, für uns zur Sünde gemacht, damit wir in ihm Gerechtigkeit Gottes würden« (2 Kor 5,19-21).

Falsche Motive/Hindernisse für Leiterschaft

Selbstbeweihräucherung

»Rühmen soll dich ein anderer, nicht dein eigener Mund, ein Fremder, nicht deine eigenen Lippen« (Spr 27,2).

»Ich glaube, es kann als ziemlich zuverlässige Faustregel gelten, dass derjenige, der seinen ganzen Ehrgeiz daran setzt zu leiten, sich als Leiter disqualifiziert hat.«
A. W. Tozer

Sich wichtig fühlen oder nach Ansehen streben

»… sondern wir tun es, weil Gott uns geprüft und uns das Evangelium anvertraut hat, nicht also um den Menschen, sondern um Gott zu gefallen, der unsere Herzen prüft. Nie haben wir mit unseren Worten zu schmeicheln versucht, das wißt ihr, und nie haben wir aus versteckter Habgier gehandelt, dafür ist Gott Zeuge. Wir haben auch keine Ehre gesucht, weder bei euch noch bei anderen« (1 Thess 2,4-6).

Biblische Leiterschaft

Von anderen zur Leitung gedrängt werden

»Sorgt als Hirten für die euch anvertraute Herde Gottes, nicht aus Zwang, sondern freiwillig, wie Gott es will« (1 Petr 5,2).

Wenig Geduld oder Neigung zu Wutausbrüchen

Jakobus schreibt, dass ein zorniger Mensch nicht das tut, was vor Gott richtig ist (Jak 1,19-20). Gottes Werk vollendet sich in einem Menschen, der aufmerksam zuhört, nur spricht, wenn es nötig ist, und nicht leicht in Zorn gerät. Leiter haben ihren Zorn im Griff oder leiten ihn angemessen um. Zorn muss entweder begraben oder auf die richtige Weise gehandhabt werden (Gal 5,20; Eph 4,31; Kol 3,8).

Nicht bekannte Sünden

Bekennen Sie ehrlich Ihre Sünden. Johannes schreibt: »Wenn wir unsere Sünden bekennen, ist er treu und gerecht; er vergibt uns die Sünden und reinigt uns von allem Unrecht« (1 Joh 1,9). Jede Sünde, die Kontrolle über uns hat (Röm 6,16), muss bekannt und unter die Herrschaft Christi gebracht werden (Apg 2,38). Wenn im Leben eines Leiters eine Sünde offenbar wird und er nicht in der Lage ist, damit in angemessener Weise umzugehen, verliert er seine Glaubwürdigkeit.

Falsches Bibelverständnis oder falsche Lehre

Paulus schrieb an Timotheus und warnte ihn vor Irrlehrern, die die Menschen von den Worten des Glaubens und der wahren Lehre entfernen: »Denn es wird eine Zeit kommen, in der man die gesunde Lehre nicht erträgt, sondern sich nach eigenen Wünschen immer neue Lehrer sucht, die den Ohren schmeicheln; und man wird der Wahrheit nicht mehr Gehör schenken, sondern sich Fabeleien zuwenden« (2 Tim 4,3-4).

Leiter sind von Gott berufen und mit den notwendigen Gaben ausgestattet worden, um sich in das Leben anderer Menschen zu investieren, deren Wachstum zu fördern und diese durch eigenes Vorbild an Gehorsam und Charakter zu leiten. Die Qualität eines Dienstes ist direkt proportional zur Qualität der Leitung.

Einheit 2

Verantwortungsbereich des Leiters

Aufgabenbeschreibung eines Kleingruppenleiters

Bevor jemand darüber nachdenken kann, Leiterfunktion zu übernehmen, muss er einige Bedingungen erfüllen. Eine »Bewerbung« für die Leitung einer Kleingruppe muss von Ihrem Bereichsleiter oder Pastor bestätigt werden. Wer in *Willow Creek* eine Kleingruppe leiten will, muss den folgenden Aussagen voll und ganz zustimmen können:

- Ich bekenne, dass Jesus Christus mir meine Sünden vergeben hat und mich leitet.
- Ich betrachte die Bibel als verbindlichen Leitfaden für meinen Glauben und mein Leben.
- Ich bin aktives Mitglied meiner Gemeinde (oder bemühe mich aktiv um Mitgliedschaft).
- Ich bin damit einverstanden, mich in die Kleingruppenstruktur einzuordnen und die Anforderungen zu erfüllen, die von einem Leiter erwartet werden.

Pflichten eines Kleingruppenleiters

Sie müssen bereit sein, die folgenden vier Hauptaufgaben zu erfüllen:

➡ Aufbau eines Leitungsteams

Ihr Leiterteam sollte aus Ihnen, einem Azubi-Leiter, den Sie begleiten und schulen, und einem Gastgeber oder einer Gastgeberin für die Treffen Ihrer Kleingruppe bestehen.

So bauen Sie ein Leitungsteam auf:

1. Prüfen Sie, ob Sie dazu berufen sind, eine Kleingruppe zu leiten
    a. Haben Sie eine Neigung dazu, andere Menschen in ihrem Glauben zu fördern? (Joh 21,15-17; 1 Petr 5,1-4)
    b. Macht es Ihnen Freude, Menschen in kleinen Gruppen zusammenzubringen? (Hebr 10,24-25)

c. Haben Sie das Gefühl, durch die Art, wie Sie Ihren Glauben leben, ein Vorbild für andere sein zu können? (1 Thess 2,10-13)

2. Suchen Sie sich eine Person aus, die Sie anleiten können, wenn Sie Ihre Gruppe führen (einen Azubi).

a. Wählen Sie jemanden aus, der den Wunsch besitzt, sich in eine Kleingruppe zu investieren und anderen zu helfen, geistlich zu wachsen. (2 Tim 2,2)

b. Beziehen Sie Ihren Azubi in möglichst viele Ihrer Aktivitäten als Leiter ein. Verbringen Sie Zeit mit ihm oder ihr, um ihn oder sie zum Jünger zu machen. (Mt 4,18-22; Mk 3,13-15; 2 Tim 3,10)

3. Finden Sie für Ihre Gruppe einen Gastgeber/eine Gastgeberin (einen Ort, an dem Sie sich treffen, und eine Person, die dafür verantwortlich ist).

a. Sprechen Sie mit dem Gastgeber den Ablauf der Treffen ab, und denken Sie auch an andere wichtige Details wie Erfrischungen oder Kinderbetreuung, falls erforderlich.

b. Denken Sie daran, den Ablaufplan regelmäßig mit dem Gastgeber auf den neuesten Stand zu bringen.

4. Nehmen Sie Schulungsangebote für die Leitung von Kleingruppen wahr, und bemühen Sie sich darum, als Leiter ständig weiter geistlich zu wachsen.

a. Nehmen Sie teil an:

- Leitertreffen mit Ihrem Coach, um Informationen zu bekommen, Probleme zu lösen, Unterstützung zu erfahren, sich mit anderen Leitern zu treffen und zu feiern.
- Trainingsveranstaltungen, wenn Sie Bedarf haben oder wenn Ihr Coach es möchte.
- einer jährlichen Freizeit für Kleingruppenleiter.

b. Stellen Sie sicher, dass Sie regelmäßig eine bestimmte Zeit mit Bibellesen und Gebet verbringen (Ps 1,1-3; Apg 1,13-14). Sie können geistlich nichts an andere weitergeben, was Sie selbst nicht besitzen. Nur Leiter, die nie aufhören, geistlich zu wachsen, fördern geistlich wachsende Christen. Lesen Sie Ihre Bibel, bitten Sie Gott, Sie zu lehren und Ihnen eine Vision für Ihre Gruppe zu geben.

c. Arbeiten Sie dieses Buch mit der Person durch, die für Sie verantwortlich ist (Coach, Divisions- oder Bereichsleiter).

»Was du vor vielen Zeugen von mir gehört hast, das vertrau zuverlässigen Menschen an, die fähig sind, auch andere zu lehren.« Paulus an Timotheus (2 Tim 2,2)

Verantwortungsbereich des Leiters

➡ Lebensverändernde Gruppentreffen durchführen

Als Kleingruppenleiter gehört es zu Ihrer Verantwortung, die Gruppe zu versammeln und die gemeinsamen Treffen so zu leiten, dass gegenseitige Offenheit, Austausch und Anwendung des Wortes Gottes und Fürsorge und Unterstützung innerhalb der Gruppe möglich sind.

So leiten Sie Ihre Kleingruppe

1. Überlegen Sie sich, wer in Ihrer Gruppe sein wird, und fordern Sie diese Personen dazu heraus, sich für eine bestimmte Zeit für die Gruppe zu verpflichten. Es ist am besten, sich mit jedem Teilnehmer (oder jedem Ehepaar) einzeln zu treffen, um jeden kennenzulernen, bevor Sie ihn einladen, Teil Ihrer Gruppe zu werden. Eine Gruppe kann bis zu einer Größe von acht bis zwölf Teilnehmern gewinnbringende Diskussionen und sehr persönlichen Austausch ermöglichen.
   a. Nutzen Sie die natürlichen Verbindungen oder Beziehungen, die Sie bereits besitzen, um Teilnehmer für Ihre Gruppe zu finden. Dazu können Leute in Ihrem Dienst, aus Ihrer Nachbarschaft, vom Arbeitsplatz oder Verwandte gehören. Denken Sie daran, dass die Gemeinde Christi vielfältig ist, also können auch in Ihrer Gruppe verschiedene Typen von Menschen sein.
   b. Setzen Sie die Zeit, den Ort und die Häufigkeit Ihrer Treffen fest. Wir empfehlen, mindestens zweimal pro Monat ein Gruppentreffen abzuhalten (Stimmen Sie das mit Ihrem Dienst ab).

2. Verwenden Sie die Studienmaterialien für Kleingruppen, die am besten für die individuellen Bedürfnisse Ihrer Gruppe geeignet sind. Wir empfehlen Materialien, die auf der Bibel basieren, benutzerfreundlich, anwendungsorientiert und für Gruppendiskussionen geeignet sind.

3. Teilen Sie sich mit begabten Mitgliedern Ihrer Gruppe die Verantwortung für Lehre, Gesprächsleitung, Gemeinschaftszeit, Gebet und Dienst. Haben Sie nicht das Gefühl, alles allein machen zu müssen. Beziehen Sie Ihren Azubi mit ein! Es ist möglich, dass Teilnehmer Ihrer Gruppe in manchen Bereichen begabter sind als Sie selbst. Ermöglichen Sie ihnen, ihre Gaben in der Gruppe einzusetzen, zum Beispiel Lehren, Lobpreis oder Gebetszeiten leiten, füreinander sorgen etc.
4. Einmal im Monat sollten Sie die Fortschritte Ihrer Gruppe schriftlich festhalten. Verwenden Sie hierzu die Formulare, die Ihnen Ihr Coach gibt.

Einheit 2

Verantwortungsbereich des Leiters

➡ Hirte für Ihre Gruppe sein

Es liegt in Ihrer geistlichen Verantwortung, für die Mitglieder Ihrer Kleingruppe zu sorgen und sie zu fördern, damit sie zu ganz hingegebenen Nachfolgern Christi und zu aktiven Mitgliedern der Gemeinde werden können.

So werden Sie zum Hirten für die Mitglieder Ihrer Kleingruppe:

1. Beten Sie vor jedem Treffen für die gemeinsame Zeit und für jedes Mitglied Ihrer Gruppe. (Phil 1,3-11; Kol 1,9-12)

2. Behalten Sie den Überblick über die Mitglieder Ihrer Gruppe (1 Petr 5,1-3). Mit anderen Worten: Kümmern Sie sich um sie und seien Sie ihr Hirte. Das heißt, dass Sie am Wohlbefinden jedes einzelnen Gruppenmitgliedes genauso interessiert sind wie an Ihrem eigenen. (Phil 2,4.20-21)

3. Seien Sie Ihrer Gruppe ein Vorbild. Dienen Sie ihnen, wie Christus seinen Jüngern mit kleinen Taten der Freundlichkeit gedient hat (Joh 13,1-5). Helfen Sie ihnen, in Christus zu wachsen. Ermutigen Sie einander, jeden Moment ihres Lebens so zu leben, wie Christus gelebt hätte.

4. Schaffen Sie einen sicheren Ort, an dem man seine Gefühle, Verletzungen, Schmerzen und Bedenken miteinander teilen kann. Andere Menschen werden sich nur so verletzlich zeigen, wie Sie sich selbst zeigen. Geben Sie Ihre Schwächen vor der Gruppe zu, und zwar so, dass die anderen ermutigt werden, sich selbst so zu sehen, wie sie wirklich sind (2 Kor 4,7; 12,10).

➡ Ausweitung des Dienstes

Wenn Gott die Gruppe wachsen läßt, wird es nötig, sich darüber Gedanken zu machen, eine neue Gruppe ins Leben zu rufen, um jedem angemessene Fürsorge zu garantieren und anderen Gemeindemitgliedern die Erfahrung von lebensverändernden Kleingruppen zu ermöglichen. Diesen Schritt sollten Sie erst gehen, wenn Sie das Gefühl haben, dass Ihre Gruppe dazu bereit und Ihr Azubi ausreichend geschult ist.

So weiten Sie Ihren Dienst aus:

1. Nutzen Sie das System des leeren Stuhls, um andere in Ihre Gruppe einzuladen. Es gibt viele Menschen, die in Beziehungen zu Mitgliedern Ihrer Gruppe stehen, aber keine Verbindung zu Ihrer Gemeinde haben.

Verantwortungsbereich des Leiters

a. Laden Sie potenzielle neue Mitglieder zu einem geselligen Beisammensein mit Ihrer Gruppe ein.

b. Versuchen Sie, ein Gefühl dafür zu bekommen, ob diese neuen Mitglieder in Ihre Gruppe passen würden. Es kann sein, dass Sie die Vision vermitteln müssen, dass Wachstum gesund und normal für eine gute Gruppe ist.

2. Ermutigen Sie jedes Gruppenmitglied, eine gesunde Beziehung zur Gemeinde zu entwickeln. Mitglieder sollten danach streben, ganz hingegebene Nachfolger Christi zu werden, die aktiv am Leben der Gemeinde teilnehmen. Das geht am leichtesten, wenn Sie es selbst vorleben.

3. Fördern Sie Ihren Azubi, indem Sie ihm Verantwortung übertragen und die Fürsorge für einige Leute anvertrauen. Wahrscheinlich werden diese Personen ihn begleiten, um den Kern einer neuen Gruppe zu bilden.

Wichtige Fertigkeiten für Kleingruppenleiter

Hier finden Sie vier Kategorien, in denen Kleingruppenleiter ihre Fertigkeiten weiterentwickeln können. Jede Kategorie enthält Beispiele wichtiger Fertigkeiten. Wie Sie sehen, stimmen die Kategorien mit den Verantwortungsbereichen in der Aufgabenbeschreibung überein.

Leiterschaft entwickeln

- Charakterentwicklung
- Visionsvermittlung
- Wissen, warum und wie man einen Azubi ausbildet
- Beraterdienst
- Organisatorisches rund um die Gruppe
- Verbindlichkeit vorleben

Treffen durchführen

- Planung der Treffen
- Krisenintervention
- Gute Fragen stellen
- Diskussionsleitung
- Bibelarbeit in Gruppen
- Inhalte auswählen
- Kreativer Beginn eines Treffens
- Kreativ mit der Gruppe beten
- Fortschritte auswerten

Hirtendienst an den Mitgliedern

- Fürsorge
- Beziehungen aufbauen
- Gebet in der Gruppe
- Konflikte lösen
- Besonderen Bedürfnissen begegnen
- Gemeinsam dienen
- Zuhören üben

Multiplikation des Dienstes

- Den »leeren« Stuhl besetzen
- Aktivitäten, um neue Mitglieder zu finden
- Der Geburtsprozess
- Minimierung des Geburtstraumas
- Untergruppen bilden

Einheit 2

Persönliches Wachstum

Anleitung zum Bibelstudium

Die meisten Bibelstudienmethoden legen ihren Schwerpunkt darauf, was die Bibel sagt und was die Bibel meint. Aber der Großteil der biblischen Aussagen, im Kontext gelesen, besteht aus offensichtlichen Prinzipien, die man auf das Leben anwenden muss. Verwenden Sie einen Großteil der Zeit auf die Anwendung. Mit anderen Worten: Beschränken Sie Ihre Studienzeit auf einen vernünftigen Umfang, und denken Sie lieber darüber nach, wie Sie das Gelesene leben können. Diskutieren Sie Ihre Erkenntnisse mit anderen, wie diese Sie zu Liebe und guten Taten anspornen können (Hebr 10,24-25).

➡ Wahrnehmen (Was sagt der Text?)

Übersetzung

Lesen Sie die ausgewählte Textpassage mehrere Male durch. Versuchen Sie, verschiedene Übersetzungen zu verwenden (Einheitsübersetzung, Luther, Elberfelder, Gute Nachricht etc.), um eine neue Sichtweise des Textes zu bekommen. Dadurch können Sie Schlüsselworte leichter identifizieren und Einsichten in den Text gewinnen.

»Das Wort Gottes macht hell. Es durchdringt unsere Wolken der Selbsttäuschung und zeigt die Dinge so, wie sie wirklich sind. Es braucht Mut, um auf diesem Weg ins Licht zu treten.«

Jim Peterson
Lifestyle Discipleship

Textzusammenhang (Kontext)

Beantworten Sie die folgenden Fragen schriftlich:

1. Wer schreibt/spricht zu wem? In welcher Beziehung stehen sie zueinander?
2. Um was geht es? Was passiert?
3. Wo findet das Ereignis/das Gespräch statt?
4. Steht es in Beziehung zu anderen bedeutenden Ereignissen?
5. Was ist die Ursache dieses Gespräches? (Welchen Problemen sehen sich die Angeredeten gegenüber?)
6. Wie paßt diese Passage in den Kontext? (Was steht davor und danach? Wie spricht Gott dadurch zu mir?)

Struktur

Untersuchen Sie die Struktur des Textabschnittes, und achten Sie dabei auf wichtige Bindewörter, die Ihnen helfen, die Argumentation des Autors zu verstehen (z. B. »deswegen«, »aber«, »und« etc.). Versuchen Sie, den Abschnitt mit

Ihren eigenen Worten zusammenzufassen. Gibt es Schlüsselworte, die Ihnen helfen, das Ziel des Autors zu verstehen?

Wortstudien

Machen Sie eine Liste aller Schlüsselworte in diesem Textabschnitt und verwenden Sie ein gutes Bibellexikon oder eine gute Studienbibel, um ihre Bedeutung zu verstehen.

Fragen

Beantworten Sie die folgenden Fragen schriftlich, wenn Sie den Text lesen:

1. Welchen Anweisungen muss ich gehorchen?
2. Welchen Verheißungen Gottes kann ich vertrauen?
3. Was lerne ich über Gott? Über Jesus? Über den Heiligen Geist? Über die anderen Gemeindemitglieder?
4. Werden Worte, Gedanken, Themen wiederholt?
5. Gibt es Vergleiche/Gegenüberstellungen (z. B. »Fleisch« im Gegensatz zu »Geist« in Römer 8)?
6. Gibt es Aufzählungen (wie die Früchte des Geistes in Gal 5,22-23)?
7. Gibt es Ursache-Wirkung-Beziehungen (Röm 10,14-18)?

➡ Interpretation (Welche Botschaft vermittelt der Text?)

Prinzipien

Notieren Sie, welche Prinzipien Sie in dieser Textpassage wahrnehmen. Untersuchen Sie die Bedeutung des Textes. Gehen Sie Vers für Vers durch, überprüfen Sie Ihr Verständnis, indem Sie sich selbst Fragen stellen wie: »Was bedeutet das? Warum ist es wichtig, das zu verstehen? In welcher Beziehung steht es zur ursprünglichen Zuhörerschaft? Wann sollten diese Wahrheiten angewendet werden? Wie sollte ich sie in meinem Leben umsetzen?«

Schlagen Sie Querverweise nach, die Ihnen bei der Interpretation des Textes helfen. Und vertrauen Sie auf den Heiligen Geist als Ihrem Lehrer. Bitten Sie ihn im Gebet, Ihnen Gottes Wahrheit für Sie zu offenbaren.

Kommentare

Konsultieren Sie alle erhältlichen Kommentare und schreiben Sie sich die Erkenntnisse auf, die Sie sonst vielleicht übersehen hätten. Fragen Sie Lehrer oder Leiter Ihrer Gemeinde, um deren Sichtweise zu hören. Bitten Sie Leute aus Ihrer Kleingruppe, diesen Text mit Ihnen zusammen anzuschauen.

Thema

Formulieren Sie in einem Satz den Hauptgedanken oder den Punkt, den der Autor Ihrer Meinung nach vermitteln möchte. Vielleicht möchten Sie sich auch die zwei oder drei Hauptprinzipien aufschreiben, die Sie entdeckt haben und die das Thema entwickeln.

➡ Anwendung (Wie kann ich es dem Heiligen Geist ermöglichen, mein Leben zu verändern?)

Lehre

Fragen Sie sich: »Wie werden diese Aussagen mein Leben, meine Gemeinde, meine Familie, meine Arbeit verändern?«

Tadel

Fragen Sie sich: »Wo scheitere ich? Warum scheitere ich? Wie können wir uns als Gruppe bewerten?«

Korrektur

Fragen Sie sich: »Was will ich in dieser Beziehung tun? Was will ich korrigieren? Wie können mir andere dabei helfen?«

Training in Rechtschaffenheit

Fragen Sie sich: »Welche Übungen, Beziehungen und Erfahrungen will ich verfolgen, um mich darin zu schulen, Christus immer ähnlicher zu werden?«

»Jede von Gott eingegebene Schrift ist auch nützlich zur Belehrung, zur Widerlegung, zur Besserung, zur Erziehung in der Gerechtigkeit; so wird der Mensch Gottes zu jedem guten Werk bereit und gerüstet sein« (2 Tim 3,16-17).

Geistliche Übungen

Warum sind geistliche Übungen so wichtig?

Der Apostel Paulus vergleicht das Leben eines Christen mit einem Marathonlauf. Wir rennen, um zu gewinnen, strecken uns aus nach dem, was vor uns liegt, immer den Siegerpreis im Auge, den Gott durch Jesus Christus ausgesetzt hat. Läufer und Christ haben beide ein Ziel, eine Strategie und eine Ziellinie (1 Kor 9,24-27; Phil 3,12-14). Ein Wettlauf erfordert Durchhaltevermögen, Sorgfalt, Vorbereitung und Disziplin. Wenn wir Läufer wären, würden wir nie versuchen, ohne angemessenes Training in ein Rennen zu gehen. Im Training lernen wir, bestimmte Übungen durchzuführen, die uns in die Lage versetzen, das Rennen durchzuhalten.

Ähnliches schreibt Paulus an die Gemeinde in Korinth: »Wißt ihr nicht, daß die Läufer im Stadion zwar alle laufen, aber daß nur einer den Siegespreis gewinnt? Lauft so, daß ihr ihn gewinnt. Jeder Wettkämpfer lebt aber völlig enthaltsam, jene tun dies, um einen vergänglichen, wir aber, um einen unvergänglichen Siegeskranz zu gewinnen. Darum laufe ich nicht wie einer, der ziellos läuft, und kämpfe mit der Faust nicht wie einer, der in die Luft schlägt; vielmehr züchtige und unterwerfe ich meinen Leib, damit ich nicht anderen predige und selbst verworfen werde« (1 Kor 9,24-27).

Geistliche »Disziplinen« oder Übungen werden Ihnen dabei helfen, Ihr Leben als Christ mit Stehvermögen und Ausdauer zu leben. Diese Übungen dienen als Vorbereitung, um Gottes Stimme zu hören. Sie bereiten Sie auf das Wettrennen vor, das wir laufen sollen. Paulus berichtet, dass auch Jesus »durch Leiden den Gehorsam gelernt« hat (vgl. Hebr 5,8). Geistliche Disziplinen bereiten Sie darauf vor, Gott zu begegnen und seinen Willen zu verstehen, gegen Begierden zu kämpfen, sich in liebevolle Beziehungen zu investieren, kluge Entscheidungen zu treffen, die auf biblischen Maßstäben basieren, Ihre Familie zu lieben und Leiter in Ihrem Dienstbereich zu sein. Wenn man diszipliniert genug ist, um das Rennen erfolgreich zu beenden, ist das ein Grund zur Freude. Paulus schrieb am Ende seines Lebens: »Ich habe den guten Kampf gekämpft, den Lauf vollendet, die Treue gehalten. Schon jetzt liegt für mich der Kranz der Gerechtigkeit bereit, den mir der Herr, der gerechte Richter, an jenem Tag geben wird, aber nicht nur mir, sondern allen, die sehnsüchtig auf sein Erscheinen warten« (2 Tim 4,7-8). Wie Paulus sollen auch Sie ein Leiter sein, der seinen Lauf gut vollendet.

Welche geistlichen Disziplinen gibt es?

Eine Liste geistlicher Übungen finden Sie in Dallas Willards Buch *The Spirit of the Disciplines* und in Richard Foster: *Nachfolge feiern.* Beide Autoren haben Übungen zusammengestellt, von denen sie glauben, dass Jesu sie vorbildhaft lebte. Diese Disziplinen sind in zwei Kategorien unterteilt: Abstinenz (oder »Loslassen«) und Aktivität.

»[… geistliche Disziplinen] *dienen dazu, die Fülle Gottes in unser Leben zu bringen. Es ist aber möglich, sie zu einem weiteren Packen von seelentötenden Gesetzen zu machen. An Gesetze gebundene Disziplinen atmen den Tod.*«
Richard Foster
Nachfolge feiern

Lernen Sie loszulassen!

Mit Hilfe dieser Übungen lernen wir, mit bestimmten schädlichen Gewohnheiten zu brechen oder Versuchungen zu widerstehen, um im Gegenzug etwas anderes dafür zu erhalten. Wir lernen, in Dienst, Familienleben und Arbeit weniger geschäftig und ruhiger zu sein, um stattdessen auf Gott zu hören. Wir kaufen uns keinen weiteren materiellen Besitz, sondern erleben mehr von Gottes Fülle. In einem seiner Briefe warnt Petrus davor, »irdischen Begierden nachzugeben, die gegen die Seele kämpfen« (1 Petr 2,11). Finden Sie heraus, was Sie davon abhält, mehr Kraft und Perspektive zu erleben. Reden Sie zu viel? Sind Sie zu materialistisch? Ist Ihnen die Meinung anderer zu wichtig? Dann sollten Sie sich mit Übungen beschäftigen, die Ihnen helfen, stärker auf Gott zu vertrauen.

Einsamkeit – Verbringen Sie Zeit allein, um Gemeinschaft mit Gott zu haben. Suchen Sie sich einen ruhigen Ort, an dem Sie eine Zeit lang mit Gott allein sein können. Verwenden Sie die Bibel als Quelle der Gemeinschaft mit Gott. Hören Sie auf ihn. Bleiben Sie allein und ruhig.

Schweigen – Verbannen Sie geräuschvolle Störungen, um Gott zu hören. Finden Sie einen ruhigen Ort, weit weg von allem Lärm, und hören Sie auf Gott. Schreiben Sie Ihre Gedanken und Eindrücke auf, wenn Gott Ihr Herz anspricht. Schweigen kann sogar mitten in Lärm und Ablenkung funktionieren. Aber Sie müssen Ihre Aufmerksamkeit auf Ihre Seele richten. Das kann bedeuten, dass Sie weniger reden oder nur reden, wenn es nötig ist. Und es kann bedeuten, dass Sie Ihr Radio und den Fernseher ausschalten müssen.

Fasten – Auf Mahlzeiten verzichten, um mehr Nahrung von Gott zu bekommen. Nehmen Sie sich vor, während eines bestimmten Zeitraumes ohne Essen auszukommen. Trinken Sie Wasser und, wenn nötig, Vitaminergänzungen. Machen Sie Bekanntschaft mit dem Gefühl, wirklich hungrig zu sein, erleben Sie, wie schmerzhaft es ist, einen leeren Magen zu haben, und verlassen Sie sich auf Gott, der Sie mit seiner Gnade füllen wird.

Genügsamkeit – Lernen, mit weniger Geld zu leben und doch die Grundbedürfnisse zu befriedigen. Bevor Sie etwas Neues kaufen, entscheiden Sie sich dafür, ohne es auszukommen, oder wählen Sie eine billigere Alternative, die Ihre Grundbedürfnisse genauso erfüllt. Leben Sie ein einfaches, zielgerichtetes Leben.

Keuschheit – Freiwilliger Verzicht auf die Freuden der Sexualität (die moralisch richtigen Freuden innerhalb einer Ehe) für eine bestimmte Zeit, um größere Erfüllung in Gott zu finden. Beschließen Sie als Ehepaar gemeinsam, eine festgelegte Zeit ohne die Freuden der Sexualität auszukommen, um im Gebet eine tiefere Gemeinschaft mit Gott zu erfahren.

Heimlichkeit – Verzicht auf »Werbung in eigener Sache«; Dienst für Gott, ohne dass andere davon wissen. Geben Sie im Verborgenen. Dienen Sie »hinter der Bühne« in einem Dienst, von dem Sie sicher sind, dass nur wenige davon wissen.

Opfer – Mehr von unseren Mitteln geben, als vernünftig erscheint, um uns an unsere Abhängigkeit von Christus zu erinnern. Entscheiden Sie sich dafür, Gott mehr von Ihrer Zeit oder Ihren Finanzen zu geben als gewöhnlich.

Werden Sie aktiv!

Dallas Willard schreibt in seinem Buch: »Die Verzichtsübungen müssen ausgeglichen und ergänzt werden durch Engagements oder Aktivitäten.« Es geht darum, bestimmte Aktivitäten in Angriff zu nehmen, die Nahrung für unsere Seele sind und uns für das bevorstehende Rennen stärken.

Studium – Zeit mit Bibellesen verbringen und darüber nachdenken, was das Gelesene für unser Leben bedeutet. Wir werden durch das Wort Gottes genährt, weil es die Quelle unserer geistlichen Kraft ist. Suchen Sie sich eine Zeit und einen Ort, um regelmäßig die Bibel zu studieren.

Anbetung – Gott Lobpreis und Anbetung darbringen. Sein Lob sollte ständig auf unseren Lippen und in unseren Gedanken sein. Lesen Sie Psalmen oder geistliche Lieder, und danken Sie Gott, wenn Sie an die großen Dinge denken, die er in Ihrem Leben getan hat.

Dienst – Sich dafür entscheiden, ein demütiger Diener zu sein wie Christus seinen Jüngern, als er ihnen die Füße wusch. Überlegen Sie sich, welche Dienstmöglichkeiten es in Ihrer Gemeinde oder in Ihrer Stadt gibt. Lernen Sie, Taten der Freundlichkeit zu tun, die Sie sonst unterlassen hätten (z. B. jemandem bei der Gartenarbeit zu helfen, das Haus zu putzen, Besorgungen zu machen etc.).

Gebet – Auf Gott hören und mit ihm über Ihre Beziehung zu ihm und über die Anliegen anderer Menschen reden. Finden Sie Zeit für Gebet, ohne von Menschen oder Dingen abgelenkt zu werden. Kombinieren Sie Ihre Gebetszeit mit Meditation über Bibeltexte, um sich ganz auf Christus auszurichten.

Gemeinschaft – Gegenseitige Fürsorge und Dienst in der Gemeinde. Treffen Sie sich regelmäßig mit anderen Christen, um sich gegenseitig zu unterstützen und Möglichkeiten zu finden, anderen zu dienen.

Bekenntnis – Bekennen Sie regelmäßig Ihre Sünden gegenüber Gott und anderen Menschen Ihres Vertrauens. Wenn Sie erkennen, dass Sie gesündigt haben, bekennen Sie diese vor Gott und den Menschen, die Sie möglicherweise verletzt haben.

Unterordnung – Ordnen Sie sich Gott und anderen Menschen unter, die Sie an Ihre Verpflichtungen erinnern sollen. Finden Sie andere Christen, die Sie liebevoll für Ihre Handlungen und für Ihr Wachstum in Christus zur Verantwortung ziehen.

So geben Sie Ihren Glauben weiter

Leben Sie so, dass Ihr Christsein ansteckend wirkt

Eines der aufregendsten Abenteuer ist es, das Evangelium einer Welt zu verkünden, die sich im Chaos befindet, damit Leben verändert und Menschen zu

Jüngern werden können. Um das Evangelium effektiv weitergeben zu können und um Ihren persönlichen Evangelisationsstil kennenzulernen, empfehlen wir Ihnen das Buch *Bekehre nicht – lebe!* und das dazugehörige Trainingsmaterial *So wird Ihr Christsein ansteckend* (erschienen in der *Willow Creek*-Edition des Projektion J Buch- und Musikverlages), das für den Einsatz in Kleingruppen sehr gut geeignet ist.

Um Ihnen Hilfestellung bei der effektiven Weitergabe Ihres Glaubens zu leisten, haben wir hier einige Grundkonzepte des oben genannten Evangelisationskurses aufgeführt. Man könnte sagen, dass diese Informationen die Vorbereitung auf *Bekehre nicht – lebe!* sind. Sie erhalten das Grundkonzept und einen Überblick, den Sie als Möglichkeit nutzen können, um Ihren Glauben mit anderen zu teilen.

So geben Sie das Evangelium authentisch an andere weiter

Evangelisation sollte natürlich *sein*

Manche Menschen denken, dass man die Gabe der Evangelisation benötigt, um effektiv vom Glauben reden zu können. Aber die Bibel sagt etwas anderes. Paulus ermutigt Timotheus und die Mitglieder der Gemeinde in Ephesus, »das Evangelium zu verkünden« (2 Tim 4,5). Wenn Sie erst einmal Ihren Evangelisationsstil erkannt haben, werden Sie viel effektiver in der Lage sein, »das Evangelium zu verkünden«.

»Persönliche Evangelisation« reflektiert unsere eigene Persönlichkeit; sie zwingt uns nicht dazu zu versuchen, etwas zu sein, das wir nicht sind. Sie passt genau zu unserem Wesen! Ihr Stil mag sich von dem Stil anderer unterscheiden, aber jeder von uns hat die Verantwortung, seinen Glauben weiterzugeben. Manche Menschen haben einen konfrontierenden Stil, andere einen intellektuellen oder einen beziehungsorientierten. Aber egal, wie Ihr Stil aussieht: Ihre echte Art zeigt Ihren Mitmenschen, dass das, was Sie besitzen, etwas mit der Wirklichkeit zu tun hat und es sich lohnt, einen näheren Blick darauf zu werfen. Das *So wird Ihr Christsein ansteckend*-Schulungsmaterial wird Ihnen helfen, Ihren Stil herauszufinden und effektiv einzusetzen.

Evangelisation sollte beziehungsorientiert *sein*

Beginnen Sie damit, eine Freundschaft zu einem Nichtchristen aufzubauen. Die meisten von uns müssen erst Freundschaften zu Menschen aufbauen, bevor sie mit ihnen über den Glauben reden. Auch hier zeigt Ihnen das *So wird Ihr Christsein ansteckend*-Schulungsmaterial Möglichkeiten, wie Sie authentische Freundschaften zu Nichtchristen aufbauen können.

Persönliches Wachstum

Evangelisation sollte mündlich *geschehen*

In seinem Brief an die Römer stellt Paulus die Frage: »Wie sollen sie denn nun den anrufen, an den sie nicht glauben? Wie sollen sie an den glauben, von dem sie nichts gehört haben? Wie sollen sie hören, wenn niemand verkündigt?« (Röm 10,14). Zu »persönlicher Evangelisation« gehört mehr, als Bekanntschaften zu schließen und zu hoffen, dass andere den Unterschied in unserem Leben erkennen. Letztlich müssen wir in einem Gespräch über unseren Glauben reden, in dem die Fakten des Evangeliums erklärt werden, z. B. durch unser persönliches Zeugnis, durch Bibellektüre etc. Wir müssen also das Evangelium leben *und* erklären!

Evangelisation ist teamorientiert

Zu allen evangelistischen Bemühungen gehört der Schritt, jemanden zu christlichen Veranstaltungen einzuladen. Aus diesem Grund müssen Gemeinden alle Mittel, die ihnen zur Verfügung stehen, mobilisieren, um attraktive Veranstaltungen für Kirchendistanzierte anzubieten. Auch gebraucht Gott selten nur eine Person, um jemanden auf dem ganzen Weg zu begleiten, bis er zum Glauben kommt. Viel öfter stellt er ein ganzes Orchester aus Menschen, Orten und Ereignissen zusammen, um einen Menschen zu Christus hinzuführen. Sie müssen folglich nicht das Gefühl haben, die ganze Verantwortung allein zu tragen. Auch erweist es sich als außerordentlich wirkungsvoll, sich mit anderen Christen zusammenzutun, unsere Stärken und Fähigkeiten zu »verketten« und auf diesem Weg Menschen zum Glauben zu führen.

Als Beispiel für eine Unterhaltung mit einem suchenden Menschen schauen wir uns Jesus Christus an, wie ihn Johannes beschreibt (Joh 4), als er die samaritanische Frau am Brunnen trifft. Wenn Sie diesen Textabschnitt lesen, werden bestimmte Prinzipien deutlich. Auch wenn Jesus das Evangelium verschiedenen Leuten auf ganz unterschiedliche Art und Weise verkündet hat, gibt uns dieser Text ein gutes, grundlegendes Beispiel, welche Komponenten enthalten sein müssen, wenn wir über den christlichen Glauben reden.

Evangelisation ist prozessorientiert

Um effektiv zu sein, dürfen wir einen anderen Menschen nicht hetzen oder drängen. Er benötigt Zeit, um die Botschaft zu verstehen, sie zu glauben und danach zu handeln. Nur ganz selten hören Menschen die Botschaft zum ersten Mal und entscheiden sich daraufhin für ein Leben mit Jesus. Wir müssen Menschen geduldig auf dem Weg begleiten, Schritt für Schritt.

Merkmale eines auf Christus ausgerichteten evangelistischen Gespräches (vgl. Joh 4)

1. Verse 1-8: Jesus ist kulturell relevant.
   a. Sprechen Sie die Sprache Ihres Gesprächspartners. In dieser Kultur war Wasser ein wichtiges Gesprächsthema.
   b. Finden Sie ein Bedürfnis heraus. Diese Frau war einsam und schämte sich für ihre Vergangenheit.

2. Verse 9-10: Jesus weckt Neugier beim Zuhörer.
   a. Stellen Sie gute Fragen. Reden Sie nicht nur, sondern bringen Sie Ihren Gesprächspartner zum Nachdenken und Reden.
   b. Jesus fragt die Frau, was ihrer Meinung nach lebendiges Wasser ist. Seien Sie nicht der einzige, der redet. Sucher schalten ab bei Lehren, die alle Antworten parat haben; hören Sie ihnen zu und geben Sie ihnen die Möglichkeit, ihre Bedenken auszusprechen.

3. Verse 11-12: Jesus weckt Interesse, indem er Lösungen für die tiefsten Nöte der Menschen anbietet.

   Das Thema ist die Person Jesus Christus. Aber Menschen sind oft auf ihre Bedürfnisse fixiert (in diesem Fall Wasser). Jesus findet eine gemeinsame Basis im Bereich dieses Bedürfnisses (Wasser) und baut eine Brücke. Brücken zu bauen ist der Schlüssel für die Entwicklung vertrauter Beziehungen.

4. Verse 13-15: Jesus bietet an, das Bedürfnis eines Menschen zu stillen.

   Jesus lenkt das Gespräch auf sich selbst als die Lösung unseres geistlichen Problems (Sünde). Aber die Frau möchte eine Lösung, ohne das eigentliche Problem zu sehen – ihre Sünde. Sie ist immer noch auf ihr unerfülltes Bedürfnis fixiert.

5. Verse 16-18: Jesus lenkt das Gespräch auf die persönliche Überführung von Sünde.

   Wir bringen den Menschen die Gute Nachricht von Jesus Christus. Mit Hilfe des Heiligen Geistes werden sie ihre Sünden erkennen. Jesus bringt diese Frau an einen Punkt, an dem sie mit ihrer Sünde konfrontiert wird. Das Thema »Sünde« ist oft ein etwas kniffliger Punkt, aber wenn Vertrauen und Offenheit eine Beziehung auszeichnen, kann auch dieses Thema angeschnitten werden.

6. Verse 19-21: Jesus möchte, dass Menschen zu Christen und nicht zu »religiösen Leuten« werden.
   a. Vielleicht fragt jemand: »Darf ich jetzt noch Alkohol trinken oder rauchen?« Moralisches Verhalten kommt aus einem veränderten Herzen. Die Frau am Brunnen versuchte, religiös zu reden, während Jesus sich auf die Beziehung zwischen Gott und Menschen bezieht.
   b. Werden Sie zum wahren Anbeter Gottes – im Geist, nicht im Fleisch –, indem Sie eine Beziehung zu ihm eingehen und sich nicht nur auf eine Menge von Regeln stützen.
   c. Jesus offenbart sich selbst als der wahre Messias, und die Frau folgt ihm (Verse 39 ff.).

Ausführlichere Hinweise zu diesem Thema finden Sie in Lee Strobels Buch *Beim Wort zum Sonntag schalt' ich ab.*

Wichtige Verse für die persönliche Evangelisation

Gott sehnt sich nach einer persönlichen Beziehung mit Ihnen

»Jesus antwortete ihnen: Ich bin das Brot des Lebens; wer zu mir kommt, wird nie mehr hungern, und wer an mich glaubt, wird nie mehr Durst haben« (Joh 6,35).

» Es trinke, wer an mich glaubt. Wie die Schrift sagt: Aus seinem Inneren werden Ströme von lebendigem Wasser fließen« (Joh 7,38).

»Der Dieb kommt nur, um zu stehlen, zu schlachten und zu vernichten; ich bin gekommen, damit sie das Leben haben und es in Fülle haben« (Joh 10,10).

Sünde hält uns von einer persönlichen Beziehung zu Gott ab

»Alle haben gesündigt und die Herrlichkeit Gottes verloren« (Röm 3,23).

»Denn der Lohn der Sünde ist der Tod, die Gabe Gottes aber ist das ewige Leben in Christus Jesus, unserem Herrn« (Röm 6,23).

Sie müssen Jesus Christus als Ihren Herrn und Erlöser annehmen

»Allen aber, die ihn aufnahmen, gab er Macht, Kinder Gottes zu werden, allen, die an seinen Namen glauben« (Joh 1,12).

»Denn wenn du mit deinem Mund bekennst: ›Jesus ist der Herr‹ und in deinem Herzen glaubst: ›Gott hat ihn von den Toten auferweckt‹, so wirst du gerettet werden« (Röm 10,9).

»Denn aus Gnade seid ihr durch den Glauben gerettet, nicht aus eigener Kraft – Gott hat es geschenkt –, nicht aufgrund eurer Werke, damit keiner sich rühmen kann« (Eph 2,8-9).

Wenn Sie Christus persönlich kennen, wissen Sie, wo Sie die Ewigkeit verbringen werden

»Und das Zeugnis besteht darin, daß Gott uns das ewige Leben gegeben hat; und dieses Leben ist in seinem Sohn. Wer den Sohn hat, hat das Leben; wer den Sohn Gottes nicht hat, hat das Leben nicht. Dies schreibe ich euch, damit ihr wißt, daß ihr das ewige Leben habt; denn ihr glaubt an den Namen des Sohnes Gottes« (1 Joh 5,11-13).

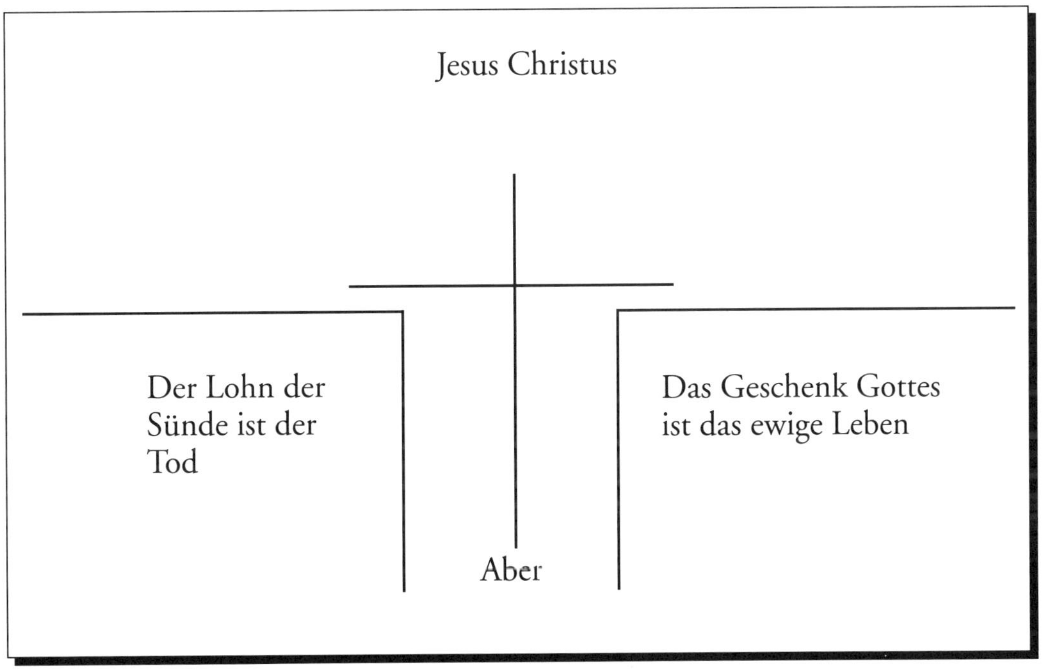

Das Gebetsleben eines Leiters

Grundelemente des Gebets

Sie werden in der Bibel keinen echten Leiter finden, der kein gutes Gebetsleben hatte. Alle effektiven Leiter haben auch ein lebendiges Gebetsleben. Im Folgenden geben wir Ihnen einige Richtlinien, die Ihnen dabei helfen sollen, effektivere Leiter und Menschen des Gebets zu werden. Wir halten diese Prinzipien für nützlich und sehr wirkungsvoll.

Zuerst werden wir Ihnen einige Grundelemente des Gebets vorstellen, danach einige Gebetsprinzipien aus dem 8. Kapitel des Römerbriefes und schließlich einige Voraussetzungen für beantwortetes Gebet.

Persönliches Wachstum

Anbetung (Ps 100)

Praktische Vorschläge:

1. Suchen Sie sich eine Eigenschaft Gottes aus und richten Sie Ihr Gebet darauf aus.
2. Geben Sie einen Psalm mit eigenen Worten wieder.
3. Beten Sie einen Psalm nach.

Bekenntnis (1 Joh 1,9)

Praktische Vorschläge:

Ziehen Sie Bilanz über den vergangenen Tag. Gibt es irgendetwas, das Gott nicht gefällt? Schreiben Sie eine Liste, vernichten Sie sie dann.

Dank (Lk 17,11-19; 1 Thess 5,16-18)

Praktische Vorschläge:

Denken Sie darüber nach, wie Sie in den folgenden Bereichen gesegnet wurden, und danken Sie dafür:

1. geistlich
2. in Beziehungen
3. materiell

Fürbitte (Phil 4,6-7; 1 Joh 5,14-15)

Praktische Vorschläge:

Ordnen Sie Ihre Bedürfnisse in die folgenden Kategorien ein:

1. Hauptanliegen
2. Beziehungen
3. physisch/materiell
4. geistlich
5. Charakter

Dann warten Sie und hören auf Gott.

Vier Gebetsprinzipien (Röm 8,26-29)

In Römer 8,26-29 finden wir einige Erkenntnisse in Hinblick auf Gebet. Wenn Sie den Textabschnitt lesen und darüber nachdenken, werden Sie einige der unten aufgelisteten Prinzipien erkennen. Gott beantwortet unsere Gebete ganz sicher, aber nicht immer so, wie wir es erwarten. Wir hoffen, dass Ihnen diese Hinweise helfen werden zu verstehen, wie Gott auf Gebet antwortet.

1. Der Heilige Geist hilft uns zu erkennen, was und wie wir beten sollen (Vers 26).
2. Der Heilige Geist tritt für unsere Anliegen ein (Vers 26).
3. Gott hört mehr auf unsere Herzen als auf die Worte unseres Gebets (Vers 27).
4. Gebet wird immer beantwortet (Verse 28-29), wenn auch nicht immer nach unseren Vorstellungen. Bill Hybels nennt vier grundlegende Möglichkeiten, wie Gott auf unsere Gebete antwortet:

   Nein – Ihr Anliegen ist nicht nach Gottes Willen.
   A.T.: 2 Sam 12,15-16.22-23
   N.T.: Mt 26,36-39
   Warten – Ihr Anliegen ist im Moment noch nicht nach Gottes Willen.
   A.T.: Gen 15,2-6.21,2
   N.T.: Joh 11,3.6.14-15.17.43-44
   Wachsen – Ihre Motive sind falsch.
   A.T.: Num 14,26-45
   N.T.: Jak 4,3
   Gehen – Ihr Anliegen, der Zeitpunkt und die geistlichen Bedingungen sind in Ordnung … Ja!
   A.T.: 1 Kön 18,36-39 (vgl. Jak 5,17-18)
   N.T.: Apg 12,5-7.12-17

Voraussetzungen für beantwortetes Gebet

Auch wenn in der Bibel ganz klar gesagt wird, dass Gott unsere Gebete immer auf die eine oder andere Weise beantwortet (wie wir oben ausgeführt haben), gibt es einige Anhaltspunkte für effektives Gebet. Bestimmte Verhaltensweisen oder Haltungen können unseren Gebeten im Weg stehen, und in solchen Fällen wird Gott unsere Gebete auch nicht beantworten. Die folgenden Textabschnitte helfen uns zu verstehen, dass wir die richtige Beziehung zu Gott und anderen Menschen haben müssen, damit unsere Gebete wirklich von Gott erhört werden.

- Das Festhalten an unbekannten Sünden baut Barrieren zwischen Ihnen und Gott auf (Ps 66,18).
- Gott erhört die Gebete derer, die seinen Geboten gehorchen (1 Joh 3,22-23).
- Gott wird keine Gebete erhören, die falschen oder egoistischen Motiven entspringen (Jak 4,3).
- Wir sollen nach seinem Willen und nicht nach unserem Willen beten (1 Joh 5,14-15).

- Wenn wir beten, sollen wir im Glauben bitten. Unglaube ist eine Barriere für Gebetserhörungen (Mk 11,22-24).
- Wenn wir regelmäßig Gemeinschaft mit Jesus haben, schafft dies die Basis dafür, dass unsere Gebete erhört werden. Wenn die Gemeinschaft zerbricht, ist auch die Kommunikation mit Gott gestört (Joh 15,7).
- Manchmal wird unser Gebet nicht erhört, weil wir nicht bitten. Wir sollen angemessene Anliegen regelmäßig verfolgen und zu Gott bringen (Lk 11,9).
- Auch Beten im Geist (das heißt, unter der Kontrolle des Heiligen Geistes) ist eine Voraussetzung für erhörtes Gebet. Dieser Vers instruiert uns, beharrlich in unseren Gebeten zu sein. Gebete aus dem Fleisch werden von Gott nicht erhört werden (Epheser 6,18).
- Wenn Sie nicht in der Lage sind, jemandem etwas zu vergeben, das diese Person Ihnen angetan hat, dann sagt Gott, dass er auch Ihnen nicht vergeben will. Wiederhergestellte und intakte Beziehungen sind wesentlich für eine offene Kommunikation mit Gott (Mk 11,25).
- Wir sollen mit einem dankbaren Herzen beten. Wer zu Gott mit einem undankbaren Geist kommt, wird erleben, dass seine Gebete nicht erhört werden (Phil 4,6).

Die wichtigsten Punkte zum Thema »Gebet«

- Beten Sie zu Gott in allen Dingen (Phil 4,6-7)
- Beten Sie ohne Unterlaß (1 Thess 5,17)
- Beten Sie im Namen Jesu, das heißt, nach dem Willen Jesu (Joh 16,24)
- Beten Sie voller Vertrauen (Hebr 4,16)

»Auf die einfachste Formel gebracht, heißt mit dem Heiligen Geist erfüllt sein, dass die menschliche Persönlichkeit durch freiwillige Kapitulation und als Reaktion auf entsprechenden Glauben vom Heiligen Geist gefüllt, beherrscht und kontrolliert wird.«

J. Oswald Sanders
Spiritual Leadership

Leiterschaft, die vom Heiligen Geist geführt wird

Ein Merkmal aller großen biblischen Leiter ist, dass ihr Leben und ihr Dienst durch den Heiligen Geist geleitet wurden. Paulus schreibt an die Gemeinde in Ephesus: »Berauscht euch nicht mit Wein – das macht zügellos –, sondern laßt euch vom Geist erfüllen! Laßt in eurer Mitte Psalmen, Hymnen und Lieder erklingen, wie der Geist sie eingibt. Singt und jubelt aus vollem Herzen zum Lob des Herrn!« (Eph 5,18-20). Jemand, der vom Wein berauscht ist, lebt unverantwortlich vor Gott und vor den Menschen. Im Gegensatz dazu führt jemand, der vom Heiligen Geist erfüllt ist, ein verantwortungsbewusstes Leben, das Christus ehrt und durch authentische Beziehungen zu Gott und anderen Menschen charakterisiert ist.

Wie können Sie ständig vom Heiligen Geist erfüllt bleiben? Als Leiter müssen Sie dem Heiligen Geist erlauben, seinen Weg in Ihrem Leben zu gehen. Dies wird Ihre Leiterschaft befähigen und dazu führen, dass ihr Dienst Früchte bringt.

Denken Sie daran, welchen Trost Jesus seinen Jüngern zum Abschied gibt (Joh 16,5-15): Der Heilige Geist ist ihr Helfer, ihr Führer und derjenige, der sie die Wahrheit lehrt.

Im Folgenden werden einige Wege beschrieben, wie Sie sicher sein können, dass Sie der Heilige Geist leitet:

➡ Halten Sie Schritt mit dem Heiligen Geist!

Die Bibel nennt dies »sein Leben im Gehorsam auf Gott führen«. Schritt halten mit dem Heiligen Geist heißt, ihm zu erlauben, Sie zu kontrollieren, wenn Sie in der Bibel lesen, beten und auf die Stimme Gottes hören. Indem Sie Ihren eigenen Willen dem Willen Gottes unterwerfen, kann der Heilige Geist Ihr Leben kontrollieren und Ihnen Ihren Weg weisen.

➡ Widmen Sie sich dem Wort Gottes!

Diese Aussage ist in der Bibel eindeutig. Paulus warnt die Gemeinde in Ephesus: »Darum seid nicht unverständig, sondern begreift, was der Wille des Herrn ist« (Eph 5,17). Der Geist Gottes bedient sich dessen Wort, um uns zu ermächtigen, nach seinem Willen zu handeln.

➡ Richten Sie sich auf den Heiligen Geist aus!

Im Römerbrief lesen wir: »Das Trachten des Fleisches führt zum Tod, das Trachten des Geistes aber zu Leben und Frieden. Denn das Trachten des Fleisches ist Feindschaft gegen Gott; es unterwirft sich nicht dem Gesetz Gottes und kann es auch nicht. Wer vom Fleisch bestimmt ist, kann Gott nicht gefallen. Ihr aber seid nicht vom Fleisch, sondern vom Geist bestimmt, da ja der Geist Gottes in euch wohnt. Wer den Geist Gottes nicht hat, der gehört nicht zu ihm« (Röm 8,6-9). Da der Geist Gottes bereits in Ihnen wohnt, müssen Sie sich ihm einfach nur zur Verfügung stellen und ihm erlauben, die Kontrolle über Ihr Leben zu übernehmen. Sich auf den Heiligen Geist auszurichten heißt, sich auf Beziehungen, Entscheidungen, Gespräche, Gedanken und Handlungen zu konzentrieren, die Gott ehren.

Einheit 2

Persönliches Wachstum

Im Brief an die Galater erklärt Paulus, dass ein Leben mit dem Heiligen Geist und im Gehorsam gegen Gottes Gebote Früchte bringt: Liebe, Freude, Friede, Geduld, Freundlichkeit, Güte, Treue, Sanfmut und Selbstbeherrschung (Gal 5,22-23). Wenn wir das Wirken des Heiligen Geistes unterdrücken oder sündigen, löschen wir den Geist aus (1 Thess 5,19), wenn wir Ärger und Zorn in Beziehungen bringen, betrüben wir den Geist (Eph 4,30).

Wenn Sie diese Prinzipien, die wir oben aufgeführt haben, befolgen, können Sie ein Leben führen, das vom Heiligen Geist erfüllt ist und Gott erlaubt, so durch Sie zu wirken, dass Sie ein effektiver Leiter werden. Wenn Sie mehr über das Wirken des Heiligen Geistes im Leben eines Leiters und anderer Christen lernen wollen, finden Sie hier einige Bibelstellen, in denen Sie nachschlagen können. Es bietet sich auch an, einige dieser Texte in einer Kleingruppe durchzuarbeiten, um andere zu ermutigen, den Heiligen Geist durch ihr Leben handeln zu lassen.

Die Taufe im Geist (1 Kor 12,13)

Der innewohnende Dienst des Heiligen Geistes (Röm 8,11; 1 Kor 3,16; 2 Tim 1,14)

Der erfüllende Dienst des Heiligen Geistes (Apg 4,8.31; Eph 5,18)

Der überführende Dienst des Heiligen Geistes (Joh 16,7-11)

Der wiederherstellende Dienst des Heiligen Geistes (Joh 3,3-6; Tit 3,5-6)

Der bestärkende Dienst des Heiligen Geistes (1 Kor 2,12-16; 1 Joh 4,13; 5,7)

Der reinigende Dienst des Heiligen Geistes (Röm 8,11-12; 2 Kor 3,18; 2 Thess 2,13)

Der lehrende Dienst des Heiligen Geistes (Joh 16,13; 1 Kor 2,13)

Der vermittelnde Dienst des Heiligen Geistes (Röm 8,26)

Der bevollmächtigende Dienst des Heiligen Geistes (Lk 4,14.18-19; Apg 1,8; Röm 15,13.19)

Der tröstende/helfende Dienst des Heiligen Geistes (Joh 14,16; 16,7; Apg 9,31)

Die Verantwortung des Christen, vom Heiligen Geist erfüllt zu sein (Gal 5,16-26; Eph 5,18)

Die häufigsten Fragen zum Thema »Leiterschaft«

Frage: ***Muß ich die geistliche Gabe der Leiterschaft besitzen, um ein effektiver Leiter zu sein?***

Antwort: Nein. Die Bibel spricht von den meisten Gemeindeleitern als »Hirten«. Die Gabe des Hirtendienstes schließt normalerweise Ermutigung, Ermahnung und die Fähigkeit ein, anderen Führung oder Richtungsweisung zu geben. Auch können Leiter, die die Gabe der Leiterschaft besitzen, unter Umständen keine guten Kleingruppenleiter sein. Kleingruppenleitung erfordert bestimmte Fähigkeiten auf der Beziehungsebene und ein bestimmtes Temperament. Manche Leiter besitzen die Begabung, eher »prophetische« Leiterschaft auszuüben oder große Gruppen zu leiten, indem sie Vision vermitteln und die Wahrheit verkünden. Solche Leiter geben normalerweise nur durchschnittliche Kleingruppenleiter ab. Sie sollten sich selbst fragen, wie groß Ihr Wunsch ist, Hirte für andere zu sein, wie gut Sie darin sind, Beziehungen aufzubauen, ob Sie ein Herz für Menschen haben und ob Sie bereit sind, die Fertigkeiten zu entwickeln, die Sie dazu in die Lage versetzen, eine kleine Gruppe von Menschen zu leiten.

Frage: ***Wie kann ich sicherstellen, dass ich ein Leiter bin, der auch persönlich geistlich wächst und andere herausfordert?***

Antwort: Ganz sicher müssen Sie regelmäßig beten und in der Bibel lesen. Aber ein Leiter benötigt auch Beziehungen, in denen er Rechenschaft über sein geistliches Wachstum und seine Reife ablegen muss. Diese Beziehungen können in Ihrer Kleingruppe entstehen, mit anderen Leitern oder Bereichsleitern in Ihrem Dienstbereich. Aber es liegt in Ihrer Verantwortung, die Initiative zu ergreifen und sich um ermutigende Beziehungen zu anderen Menschen zu bemühen. Ein Leiter darf nicht erwarten, dass er sich zurücklehnen und warten kann, bis andere zu ihm kommen und die Beziehung zu ihm suchen. Leiter müssen solche Beziehungen initiieren. Das ist eine der Aufgaben als Leiter.

Anhang

Frage: ***Was ist, wenn ich im Moment die vielen Qualitäten, die ein kompetenter geistlicher Leiter haben sollte, nicht besitze?***

Antwort: Keiner von uns besitzt alle Qualitäten eines christlichen Leiters in vollem Umfang. Jeder von uns bemüht sich darum, Christus immer ähnlicher zu werden. Am wichtigsten ist es für Sie, die Bereiche zu erkennen, in denen Sie sich noch weiterentwickeln müssen, und mit Ihrem Coach oder Bereichsleiter einen Plan auszuarbeiten, wie Sie in diesen Bereichen wachsen können. Denken Sie daran, dass Sie Ihren Charakter und Ihre Kompetenz weiterentwickeln wollen – beide sind wesentlich für qualitative Leitung.

Literaturhinweise

Zum Thema »Leiterschaft«:

Robert Clinton, *Der Werdegang eines Leiters* (Greng-Murten, Schweiz: Verlag für kulturbezogenen Gemeindebau 1992)
Aus den Lebensläufen vieler geistlicher und weltlicher Leiter werden gemeinsame Prinzipien für Gemeindearbeit abgeleitet. Leiterschaft wird erkennbar als ein von Gott gelenkter, lebenslanger Wachstumsprozess.

Andreas Herrmann, *In dir steckt mehr, als du denkst. Entdecke dein Leiterpotential* (Wiesbaden: C&P-Verlag 1991)
Ein sehr praxisnahes Buch, das zur Leiterschaft ermutigt und mit den gängigen Vorurteilen aufräumt.

Tom Marshall, *Erfolgreiche Leiterschaft* (Biel, Schweiz: Jugend mit einer Mission Verlag 1993)
Marshall behandelt wichtige Aspekte von Leiterschaft wie z. B. Autorität, die Gefahr des Machtmissbrauchs, Umgang mit Kritik und Versagen. Der Autor weist vor allem auf die Bedeutung von persönlicher Integrität und eines dienenden Lebensstils hin.

J. Oswald Sanders, *Verantwortung, Leitung, Dienst. Führungsaufgaben in Gemeinde und Mission* (Wuppertal: Brockhaus 1994)

Sanders erklärt, dass geistliche Leiterschaft die Mischung aus natürlichen und geistlichen Qualitäten ist. Sein Buch gehört zu den christlichen Klassikern. Auch wenn es schon etwas älter ist und in erster Linie für Männer geschrieben wurde, ist es ein umfassendes, auf biblischen Prinzipien basierendes Buch über christliche Leiterschaft.

Anhang

Zum Thema »Gebet«:

Oswald Chambers, *Was ihr bitten werdet. Von der Macht des Gebetes* (Marburg: Francke 1992)

Richard Foster, *Gottes Herz steht allen offen. Eine Einladung zum Gebet* (Wuppertal: Oncken/ABC 1992)

Bill Hybels, *Aufbruch zur Stille. Von der Lebenskunst, Zeit für das Gebet zu haben* (Wiesbaden: Projektion J Verlag 1992)

Zum Thema »Heiliger Geist«:

Paul Toaspern, *In der Schule des heiligen Geistes, Biblische Aussagen und heutige Erfahrungen* (Metzingen: Ernst Franz Verlag 1996)

Zum Thema »Evangelisation«:

Bill Hybels und Mark Mittelberg, *Bekehre nicht – lebe!* (Wiesbaden: Projektion J Verlag 1996)

Bob und Betty Jacks, *Mit Freundschaft fängt es an. Zur Praxis missionarischer Hauskreise* (Wuppertal: Oncken Verlag 1994)

Richard Peace, *Small Group Evangelism. A Training Program for Reaching Out with the Gospel* (Pasadena: Fuller Theological Seminary 1996)

Zum Thema »Geistliche Übungen«:

Richard Foster, *Nachfolge feiern* (Wuppertal: Brockhaus Verlag 1996)
Neue Ausgabe des Klassikers, in dem zu den 12 geistlichen Übungen Meditation, Gebet, Fasten, Studieren, einfach Leben, Einsamkeit, Unterordnung, Dienen, Beichte, Anbetung, Führung und Feiern angeleitet wird.

Die Zeitschrift *AufAtmen* (Witten: Bundes-Verlag) gibt Anleitung für eine Vertiefung des geistlichen Lebens. Leiter können auf diesem Weg viele wertvolle Anregungen für ihr persönliches Leben und ihren Dienst erhalten.

Zum Thema »Bibelstudium«:

Jürgen Blunck, *Bausteine für die Bibelarbeit* (2 Bde. Gießen: Brunnen Verlag 1992)

Roberta Hestenes, *Using the Bible in Groups* (Philadelphia: The Westminster Press 1985)
Dieses Buch beschreibt verschiedene Arten des Bibelstudiums in Kleingruppen.

Einheit 3

Ausbildung von Azubi-Leitern

Einheit 3

Förderung von Azubi-Leitern

Azubi-Leiter finden

➡ Warum brauche ich einen Azubi-Leiter?

Die Lebendigkeit und Effektivität jeder Ortsgemeinde steht in direktem Zusammenhang zur Qualität ihrer Leiterschaft. Das Metagemeinde-Kleingruppenmodell betont die ständige Ausbildung von Leitern innerhalb der Gemeinde. Es liegt in ihrer Verantwortung, neue Leiter zu finden und auszubilden, damit der Auftrag des Evangeliums erfüllt und Menschen durch Hirten versorgt werden können. Jesus hat es mit seinen zwölf Jüngern vorgelebt, und Paulus ermahnte Timotheus, es ebenso zu machen (2 Tim 2,2). Wir in *Willow Creek* sind fest von dem Konzept überzeugt, das Paulus in seinem Brief an die Epheser entwirft, nach dem der Leib Christi so mobilisiert und aufgebaut wird, dass jedes Mitglied den Dienst ausüben kann, den Gott ihm gegeben hat (Eph 4,12). Denken Sie daran, dass das Evangelium immer eine Generation vom Aussterben entfernt ist. Es ist die Pflicht und das Privileg von Kleingruppenleitern, eine neue Generation von Leitern auszubilden und den Stafettenstab effektiv weiterzugeben, sonst ist die Zukunft gefährdet. Also müssen wir alle als Team zusammenarbeiten – Leiter, Coaches, Divisionsleiter, Bereichsleiter –, um weiterhin neue Leiter für den Dienst im Reich Gottes auszubilden.

Die Ausbildung von Azubi-Leitern entspricht dem Prinzip der Multiplikation. Ein hingegebener Evangelist, der täglich 1 000 Menschen für Christus erreicht, wird die Welt in 13 515 Jahren für Christus gewinnen. Aber ein Mensch, der sehr erfolgreich Menschen zu Jüngern machen kann und jedes Jahr zwei Menschen so ausbildet und lehrt, dass sie andere für Christus erreichen können, hat das Potential, die ganze Welt in 33 Jahren für Christus zu gewinnen. Wenn wir also beständig uns selbst multiplizieren, dann multiplizieren wir auch unseren Dienst.

Einheit 3

Förderung von Azubi-Leitern

➡ Wer findet potenzielle Azubis?

Zwei Drittel aller Gruppenleiter finden ihre eigenen Azubi-Leiter. Etwa ein Drittel findet sie in Zusammenarbeit mit einem Coach, einem Divisionsleiter oder anderen in ihrem Dienstbereich.

➡ Wie entdecke ich einen potenziellen Azubi-Leiter?

1. Halten Sie Ausschau nach Gruppenmitgliedern, die sich sehr stark für die Gruppe engagieren.
2. Achten Sie auf Leute, die Sie als Leiter herausfordern. Es könnten potenzielle Leiter sein, die frustriert sind.
3. Achten Sie auf begabte Leute, die Sie erkennen und bestärken können.
4. Beten Sie regelmäßig für neue Azubi-Leiter (Lk 6,12-16).
5. Halten Sie Ausschau nach Leuten, die die Vision der Kleingruppe mittragen.
6. Beobachten Sie die Leute in Ihrem Dienst, wenn sie Aufgaben übernehmen oder mit Menschen arbeiten. Geben Sie ihnen zusätzliche Möglichkeiten sich einzubringen und übertragen Sie ihnen Verantwortung, um zu sehen, ob sie Leitungspotential haben.
7. Versuchen Sie, nach Leuten Ausschau zu halten, die die folgenden geistlichen, emotionalen und sozialen Qualifikationen erfüllen:

- Geistliche Qualifikationen:

a. Sehen sie, dass Gott in ihrem Leben arbeitet?

b. Sind sie »Selbstversorger«? (Verbringen sie regelmäßig Zeit damit, ihr persönliches geistliches Wachstum zu fördern, indem sie beten und in der Bibel lesen?)

c. Sind sie bereit zu lernen? (Beteiligen sie sich aktiv an Diskussionen über geistliche Themen?)

d. Teilen sie die Vision von Kleingruppen?

- Emotionale Qualifikationen:

a. Fühlen sie sich sicher genug, um in der Gruppe ehrlich zu sein und sich verletzlich zu zeigen?

b. Sind sie emotional stabil? (Kennen sie ihre eigenen Stärken und Schwächen und sind nicht Stimmungsschwankungen unterworfen, die die Dynamik der Gruppe beeinträchtigen?)

c. Wie reagieren sie auf Konfrontation und Charakterentwicklung? Defensiv? Aktiv?

- Soziale Qualifikationen:

a. Nehmen sie offen am Leben der Gruppe teil, ohne zu dominieren? (Wenn das der Fall ist, wie reagieren sie auf eine Konfrontation mit diesem Punkt?)

b. Sind sie in der Lage, anderen mitfühlend zuzuhören?

c. Sind sie in der Lage, eine Diskussion zu leiten?

> *Gottes Methode zur Durchführung seines Planes sind Menschen – demütige, vom Geist geleitete Menschen.*

➡ Wie kann ich den Einwänden potenzieller Azubis begegnen?

Zu typischen Einwänden zählen:

1. *»Ich habe einfach keine Zeit.«* Denken Sie daran, dass Menschen sich Zeit für die Dinge nehmen, die ihnen wichtig sind. Sprechen Sie mit den betroffenen Personen darüber, wie wichtig Azubi-Leiter für die Gemeinde sind. Vermitteln Sie die Vision für die Lebensumgestaltung, die geschehen kann, wenn sie die Gelegenheit wahrnehmen und die Herausforderung annehmen, eine Gruppe mit Ihnen zusammen zu leiten.
2. *»Ich habe nicht die Gabe der Leiterschaft.«* Ermutigen Sie Menschen, indem Sie sie daran erinnern, dass Leiterschaft vor allem Charakterstärke ist. Jeder benötigt Zeit, um Charakter und Kompetenz (Fertigkeiten) zu entwickeln. Wenn Sie glauben, dass jemand die grundlegenden Charakterqualitäten eines potenziellen Leiters besitzt, dann versichern Sie ihm, dass Sie ihm das angemessene Training zukommen lassen werden, das er benötigt, um erfolgreich zu werden.
3. *»Ich bin kein Leitertyp.«* An diesem Punkt müssen Sie sich einfach erklären lassen, was diese Person unter »Leitertyp« versteht. Vielleicht hat sie einfach ein Leiterschaftsverständnis, das nicht dem der Bibel entspricht. Vielleicht sieht sie einen Leiter als jemanden an, der bestimmt und die Kontrolle innehat, im Gegensatz zu jemandem, der Lebensumgestaltung ermöglichen kann, indem er für andere sorgt, für sie Hirte ist, sie zu Jüngern macht und sie liebt.

Förderung von Azubi-Leitern

➡ Wie kann ich sicher sein, dass ich die richtigen Leute ausgewählt habe?

1. Vereinbaren Sie ein Treffen zwischen Ihrem Azubi und Ihrem Coach.
2. Vereinbaren Sie ein Treffen zwischen Ihrem Azubi und Ihrem Divisionsleiter oder Bereichsleiter (Mitglied der Gemeindeleitung).
3. Fragen Sie Menschen, die mit dieser Person bereits zusammengearbeitet haben oder sie gut kennen.
4. Lassen Sie sich bestätigen, dass Ihr Azubi fähig und bereit ist zu lernen.

➡ Was mache ich, wenn ich Schwierigkeiten habe, einen Azubi zu finden?

Vernachlässigen Sie nie die geistliche Kampfführung, wenn Sie Azubi-Leiter suchen. Denken Sie daran, dass der Teufel nicht begeistert ist, wenn wir neue Leiter ausbilden, die die Gemeinde Christi verstärken und die Welt für Christus erreichen können. Gebet ist deshalb ganz entscheidend, wenn Sie Ihren Azubi auswählen. Auch wenn Ihnen Coaches und andere Bereichsleiter sozusagen bei der Qualitätskontrolle helfen, sind die Hilfe des Heiligen Geistes und Gebet wesentlich. Denken Sie daran, dass die Ausbildung von Azubis so wichtig ist wie die Arbeit eines Evangelisten, weil Ihr Azubi eines Tages eine eigene Gruppe leiten und dadurch letztlich mehr Menschen erreichen wird.

➡ Welche Informationen benötigt ein potenzieller Azubi-Leiter?

Grundlagen

1. Helfen Sie ihm, die Aufgabenbeschreibung für einen Leiter zu verstehen. Stellen Sie sicher, dass ihm klar ist, dass von ihm nicht erwartet wird, alle Anforderungen der Aufgabenbeschreibung in demselben Maß wie ein Leiter zu erfüllen. Denken Sie daran, dass er ein Leiter ist, der in der Ausbildung steht und sich weiterentwickeln soll.
2. Geben Sie ihm einen klaren Überblick über die zeitlichen Anforderungen seiner Ausbildung. Azubis benötigen durchschnittlich zwölf bis achtzehn Monate, bis sie eine eigene Kleingruppe leiten. Das hängt von den individuellen Bedürfnissen des Dienstes und der Reife des Azubis ab.

3. Erklären Sie ihm, dass er angemessene Schulung und Materialien für sein persönliches Wachstum und zu seiner Ermutigung und Unterstützung erhält.
4. Stellen Sie sicher, dass er die Vision und die Werte der Kleingruppenarbeit versteht. Er sollte die Schulungsangebote der Gemeinde wahrnehmen. Und wenn er noch kein Mitglied der Gemeinde ist, sollte er das baldmöglichst werden.

➡ Was kann ich erwarten, wenn ich Azubi-Leiter werde?

Damit Sie ein klareres Bild des Weges vom Azubi zum Leiter bekommen, sollten Sie die folgenden Informationen sorgfältig lesen. Die Reise vom Azubi zum Leiter ist eine der aufregendsten Erfahrungen in der Gemeinde Christi. Bei Ihrer Ausbildung sollten Sie auf einige »Verkehrsregeln«, »Durchreisegenehmigungen« und Verpflichtungen achten, die von Ihnen erwartet werden.

Verkehrsregeln

Die Leitung von Kleingruppen besteht im Wesentlichen aus einer Kombination von Charaktermerkmalen und Fertigkeiten.

Charakter	*Fertigkeiten*
Muss entwickelt werden	Können vermittelt werden
Benötigt Zeit	Benötigen Zeit und Übung
Kann Sie von der Leitung disqualifizieren	Können ein Leiteramt verzögern
Bezieht sich auch auf Ihre Beziehung zu Gott/zu anderen Menschen	Dazu gehört Ihre Beziehung zu einer Aufgabe
Ist ein innerer Wert	Sind ein äußerer Wert
Wird in schwierigen Zeiten auf den Prüfstand gestellt, aber in ruhigen Zeiten entwickelt	Werden in ruhigen Zeiten eingeübt, müssen sich jedoch in schwierigen Zeiten beweisen

Förderung von Azubi-Leitern

Biblische Richtlinien für Charakter und Fertigkeiten

Grundlegende Charaktereigenschaften	*Grundlegende Fertigkeiten*
Mk 10,35-45 (Dienen)	1 Tim 3,1-7 (kann lehren und mit Verpflichtungen umgehen)
Joh 13,34-35 (Liebe)	Tit 1,9 (kann sich für die gesunde Lehre einsetzen)
1 Tim 3,1-7 (Integrität)	Röm 12,8 (leitet voller Sorgfalt)
Gal 5,22-23 (Fruchtbringen)	1 Petr 5,1-4 (sorgt als Hirte freiwillig für seine Herde)

Man erwartet von Ihnen nicht, dass bei Ihnen alle diese Charakterzüge voll ausgebildet sind, wenn Sie die Leitung einer Kleingruppe übernehmen. Aber Sie sollten sich das Ziel stecken, sich weiterzuentwickeln, wenn Sie in Christus reifer werden.

Anmerkung: An diesem Punkt sollten Sie gemeinsam mit Ihrem Coach/Leiter überlegen, ob Sie nicht Gemeindemitglied werden.

Durchreisegenehmigungen (Phasen in der Entwicklung eines Azubis)

Die drei Phasen in der Entwicklung von Azubi-Leitern spiegeln drei Lebensphasen wider. Wir bezeichnen diese Schritte als »Abhängigkeit«, »Unabhängigkeit« und »Vernetzung«. Sie entsprechen der Kindheit, der Jugend und dem Erwachsensein.

1. *Abhängigkeit (Kindheit)*
   Leiterschaft ausprobieren
   Alles lernen, was Sie können
   Beobachter sein
   Starkes Vertrauen in den Leiter entwickeln
   Ein dienendes Herz
   Starke Abhängigkeit von der Gruppe
2. *Unabhängigkeit (Jugend)*
   Sie haben das Gefühl, besser zu leiten als der Leiter
   Sie denken, dass sie die Gruppe nicht benötigen
   Sie denken, dass sie den Leiter nicht benötigen
   Sie lernen die Leiterrolle

Warnung: Auch wenn dies eine normale Phase in der Entwicklung ist, ist sie auch gleichzeitig die gefährlichste, weil Sie in dieser Zeit denken, dass Sie besser als Ihr Leiter sind und ganz problemlos die Gruppe leiten könnten. Diese Gefühle sollten ein Anzeichen dafür sein, dass Sie bereit sind, mehr Verantwortung für die Gruppe zu übernehmen und verstärkt direkte Leitung auszuüben. Ihr Ziel ist es nicht, in diesem Stadium der Unabhängigkeit stehen zu bleiben. In Christus sollen wir in einem positiven Sinn voneinander abhängig sein. Sie müssen sich deshalb darum bemühen, in die dritte Entwicklungsphase zu gelangen – die Vernetzung.

3. Vernetzung (Erwachsensein)
Sie haben den Respekt der Gruppe erlangt
Sie respektieren die Gruppe
Sie benötigen die Gruppe, um Ihre Leitung zu bestärken
Die Gruppe benötigt Sie
Sie arbeiten im Team mit Ihrem Leiter
Sie teilen sich die Verantwortung mit dem Leiter
Sie haben das dienende Herz mit der Rolle des Leiters kombiniert

Anmerkung: Zu dieser Zeit bereiten Sie sich vielleicht bereits auf die Geburt einer neuen Kleingruppe vor. Wundern Sie sich nicht, wenn Sie sich jetzt ambivalent, unsicher, ängstlich und unfähig fühlen. Diese Empfindungen sind normal und gesund. Tatsächlich werden Ihnen diese Gefühle die Art von Demut geben, die Sie als Leiter brauchen. Ihr Erscheinen ist ein Anzeichen dafür, dass Sie bereit sind, eine neue Gruppe zu übernehmen und sich in Ihrem geistlichen Wachstum herausfordern zu lassen.

Die vier Pflichten eines Azubi-Leiters

1. ***Lieben.*** Lieben und unterstützen Sie Ihren Leiter und Ihre Gruppe, indem Sie alles tun, was Sie können, um Ihrer Umgebung ein Beispiel für die Liebe Christi zu sein. Übernehmen Sie eine aktive Rolle, wenn Sie anderen Ihre Liebe zeigen und sich um sie kümmern. Arbeiten Sie mit Ihrem Leiter zusammen, um für die Leute in Ihrer Kleingruppe zu sorgen.
2. ***Lernen.*** Lernen Sie davon, was Ihr Leiter tut und was er nicht tut. Sprechen Sie mit Ihrem Leiter und berichten Sie über jedes Treffen, diskutieren Sie das Pro und Kontra des Prozesses. An diesem Punkt ist Leiterschaft ein Geben und Nehmen. Ergreifen alle Möglichkeiten, die sich Ihnen bieten, um Ihre Fertigkeiten zu trainieren.

3. *Leiten.* Bitten Sie Ihren Leiter, Ihnen die Möglichkeit zu geben, die Gruppe auf verschiedene Arten zu leiten. Beginnen Sie damit, die Gebetszeiten zu leiten oder eine oder zwei Diskussionsrunden. Arbeiten Sie daran, im Laufe der Zeit mehr Verantwortung und verstärkt die Leitung in der Gruppe zu bekommen. Sie werden ein besserer Leiter werden, wenn Sie Ihre Leiterfähigkeiten in einer »lebendigen« Umgebung üben. Dies ist Ihre Gelegenheit! Sie sollten zwölf bis achtzehn Monate, nachdem Sie Azubi-Leiter wurden, in der Lage sein zu leiten. Nutzen Sie diese Zeit, um zu wachsen und verschiedene Fertigkeiten zu verbessern.
4. *Schauen.* Während Ihrer eigenen Ausbildung sollten auch Sie bereits nach einem Azubi Ausschau halten. Stellen Sie sich Fragen wie:
   - Wer könnte Leiterpotential besitzen?
   - Wer ist bereit, sich in einem Dienst zu engagieren?
   - Wer ist bereit zu lernen?
   - Mit welchem Gemeindemitglied verbringe ich außerhalb der Kleingruppe Zeit?

Einen Azubi-Leiter ausbilden

➡ Welche Tips gibt es für die Ausbildung eines Azubis?

1. Arbeiten Sie zusammen mit Ihrem Azubi dieses Buch durch. Wählen Sie verschiedene Abschnitte aus, und diskutieren Sie darüber, wie Sie die Prinzipien und Informationen in Ihrer Gruppe anwenden können.
2. Seien Sie Ihrem Azubi ein Modell für Kleingruppenleiterschaft. Ihr Beispiel ist möglicherweise das einzige Beispiel für Kleingruppenleitung, das Ihre Azubis jemals sehen.
3. Geben Sie Ihrem Azubi die Möglichkeit zu leiten. Delegieren Sie verschiedene Verantwortungsbereiche an Ihren Azubi.
4. Treffen Sie sich regelmäßig, um sich gegenseitig Feed-back zu geben. Wenn Ihr Azubi einen Teil des Treffens leitet, versorgen Sie ihn im Anschluß daran gewissenhaft mit Feed-back. Aber gestatten Sie Ihrem Azubi auch, Ihnen Feed-back zu geben. Erstellen Sie eine Liste mit Fragen oder Bereichen, in denen Sie einander bewerten.
5. Beten Sie regelmäßig mit Ihrem Azubi für seine persönlichen Anliegen und seinen Dienst.
6. Helfen Sie Ihrem Azubi herauszufinden, welche Art von Fertigkeitentraining in dieser Phase seiner Entwicklung am besten zu ihm paßt. Arbeiten Sie mit Ihrem Coach zusammen, um Ihren Azubi zu den richtigen Schulungsveranstaltungen zu schicken.

Förderung von Azubi-Leitern

7. Nehmen Sie Ihren Azubi zu allen Gelegenheiten mit, wenn Sie Ihren Dienst ausüben. Wenn Sie einen Krankenbesuch machen, gehen Sie mit Ihrem Azubi hin. Wenn Sie ein Kleingruppenleitertreffen haben, informieren Sie Ihren Azubi und nehmen ihn mit. Denken Sie daran, Ihren Azubi auch bei den Treffen mit Ihrem Coach dabei sein zu lassen. Wenn Ihr Coach Ihre Kleingruppe besucht, stellen Sie sicher, dass der Coach auch mit Ihrem Azubi Zeit verbringt.
8. Helfen Sie Ihrem Azubi dabei, einen neuen Azubi zu finden. Denken Sie daran, dass Sie nie zu viele Azubis haben können. Und um eine neue Gruppe ins Leben zu rufen, muß jeder von Ihnen einen neuen Azubi-Leiter finden.
9. Überlegen Sie sich, ob Sie den »Ausbildungsplan« auf der folgenden Seite verwenden wollen. Er wird Ihnen Monat für Monat dabei helfen, die Ausbildung für Ihren Azubi zu gestalten. Wie Sie sehen, ist der Plan in vier Hauptabschnitte unterteilt: 1. die Beteiligung des Azubis an Treffen, 2. seine Arbeit mit den Mitgliedern der Kleingruppe, 3. die persönliche Entwicklung des Azubis und 4. Langzeitplanung und Ziele. Setzen Sie sich jeden Monat mit Ihrem Azubi zusammen und arbeiten Sie einen Plan wie diesen aus.
10. Begleiten Sie Ihren Azubi durch den Prozess, aktives Mitglied der Gemeinde zu werden.

Denken Sie darüber hinaus immer daran:

»Sorgt als Hirten für die euch anvertraute Herde Gottes, nicht aus Zwang, sondern freiwillig, wie Gott es will; auch nicht aus Gewinnsucht, sondern aus Neigung; seid nicht Beherrscher eurer Gemeinden, sondern Vorbilder für die Herde« (1 Petr 5,2-3).

Ausbildungsplan

Monat	Treffen	Mitglieder	Persönl. Entwicklung	Langzeitplanung

Die häufigsten Fragen zum Thema »Azubi-Leiter«

Frage: ***Was mache ich, wenn mein Azubi nicht mehr Azubi sein möchte?***

Antwort: Das passiert von Zeit zu Zeit. Es ist in diesem Fall am besten, Kontakt mit Ihrem Coach aufzunehmen und gemeinsam eine Strategie zu entwickeln. Möglicherweise müssen Sie sich nach einem neuen Azubi umschauen. Bitten Sie Bereichsleiter, Ihnen bei der Suche nach Kandidaten behilflich zu sein. Denken Sie daran, den Rücktritt Ihres Azubis in angemessener Weise in Ihrer Kleingruppe zu verarbeiten. Manchmal schämt sich ein Mitglied oder fühlt sich unzulänglich, weil es nicht länger Azubi sein möchte. Lassen Sie diese Person wissen, dass Sie sie unterstützen und ihr helfen wollen, in Christus zu wachsen. Helfen Sie der Gruppe zu verstehen, dass es letztlich Gott ist, der diese Entscheidungen trifft und sie Menschen ins Herz legt.

Frage: ***Wie viele Azubis sollte ich in meiner Gruppe haben?***

Antwort: Grundsätzlich können Sie so viele haben, wie Sie wollen. Manche Gruppen bestehen vollständig aus Azubis. In *Willow Creek* nennen wir solche Gruppen »Turbogruppen«. Ihre Lebensdauer beträgt etwa sechs Monate, danach entstehen neue Gruppen, die jeweils von einem Azubi geleitet werden. Für die meisten Gruppen ist es am besten, wenigstens zwei Azubis zu haben. So werden auch unvorhergesehene Umstände einkalkuliert, wie berufsbedingter Umzug, Azubis, die ihre Aufgabe niederlegen oder ihre Ausbildung wegen schwieriger Familienumstände oder Krisen auf Eis legen müssen. Kurz gesagt: Sie können nie genug Azubi-Leiter in Ihrer Gruppe haben.

Frage: ***Was soll ich als Azubi-Leiter machen, wenn mir mein Leiter keine Möglichkeiten gibt, Leiterschaft auszuüben?***

Antwort: Zunächst einmal sollten Sie darüber direkt mit Ihrem Leiter sprechen. Seien Sie liebevoll, aber direkt. Lassen Sie ihren Leiter wissen, dass Sie begierig darauf sind, einige Leiterfähigkeiten zu lernen. Fragen Sie ihn, ob Sie wenigstens einen Teil des Treffens leiten können und ob Sie ihn bei anderen Gelegenheiten begleiten dürfen, die mit seinem Dienst zusammenhängen (zum Beispiel Krankenbesuche oder Coachinggespräche). Wenn der Leiter darauf nicht eingeht, könnte es hilfreich sein, wenn Sie Kontakt zu Ihrem Coach aufnehmen.

Frage: ***Was ist, wenn sich der Azubi als fähigerer Leiter für die Gruppe erweist als der eigentliche Leiter?***

Antwort: Das kommt von Zeit zu Zeit vor. Manchmal wählt sich der Kleingruppenleiter einen Azubi, der begabt genug ist, um schon selbst Leiter zu sein. Am besten ist es in diesem Fall, die Situation mit dem Coach durchzusprechen, der Ihnen eine Reihe von Lösungen vorschlagen kann, wie zum Beispiel die Bildung von Untergruppen, vorzeitige Entstehung einer neuen Kleingruppe oder die Bildung von zwei neuen Gruppen mit jeweils einem neuen Azubi. In jedem Fall ist es am besten, eine Lösung in Zusammenarbeit mit Ihrem Coach und Ihrem Bereichsleiter zu finden. Es heißt lediglich, dass Sie eine Begabung dafür haben, gute Leiter zu identifizieren und auszubilden!

Literaturhinweise

Gareth Icenogle, *Biblical Foundations for Small Group Ministry* (Intervarsity)
Icenogle entwickelt eine gesunde und inspirierende Theologie für Kleingruppen, ausgehend von Jesu Dienst mit den zwölf Jüngern. Ein wichtiges Buch für Leiter, die nach einem biblischen Verständnis von Kleingruppen und Ausbildung von Leitern suchen.

Robert E. Logan, *Mehr als Gemeindewachstum. Prinzipien und Aktionspläne zur Gemeindeentwicklung* (Frankfurt/M.: Aquila-Verlag 1992)
Dieses Buch enthält einige Kapitel über Leiterschaft, das Finden und die Ausbildung von Leitern, Kleingruppenleitern und Kleingruppenbegleitern (Coaches).

Paul D. Stanley und J. Robert Clinton, *Mentoring. Wir brauchen geistliche Väter und Mütter* (Greng-Murten, Schweiz: 1994)
Verschiedene Formen geistlicher Begleitung werden dargestellt, die alle das Ziel haben, Menschen zu helfen, ihre Gaben voll zuentwickeln.

Einheit 4

Gruppenleben

Eine Vision für Ihre Gruppe vermitteln

Eine Vision inspiriert. Sie malt ein Bild von einer wünschenswerten Zukunft – einer Zukunft, wie Sie sie erleben möchten. Eine Vision sollte mitreißend sein und so gestaltet, dass sich Ihre Gruppe darum sammeln kann. Eine Visionsaussage für eine Gruppe könnte beispielsweise so aussehen:

Unser Ziel ist es, eine christusähnliche Glaubensgemeinschaft zu werden, die auf der geistlichen Ebene *durch Bibelstudium,* auf der Beziehungsebene *durch gegenseitigen Dienst und Fürsorge und auf der* emotionalen Ebene *durch ehrliche und offene Kommunikation wächst, und die* zahlenmäßig *anwächst, indem wir dieses Jahr zwei neue Leute in unsere Gruppe aufnehmen.*

»Vision für einen Dienst ist das Nachdenken darüber, was Gott durch Sie erreichen möchte, um sein Reich zu bauen.«

George Barna
The Power of Vision

Eine Visionsaussage sollte folgende Punkte erfüllen:

1. *Präzise.* Es kostet Arbeit, eine Visionsaussage so zu formulieren, dass sie in ein oder zwei Sätzen ausgedrückt werden kann. Aber es zwingt eine Gruppe dazu, sehr exakt bei der Definition dieser Vision zu sein. Lange und weitschweifige Aussagen sind schwer zu merken und schwierig weiterzugeben.
2. *Klar.* Stellen Sie sicher, dass Ihre Vision klar und leicht verständlich ist. In der oben aufgeführten Visionsaussage wird deutlich, dass die Gruppe persönlich und zahlenmäßig wachsen will.
3. *Einheitlich.* Stimmt die Vision mit der übergeordneten Vision der Gemeinde überein? Die Visionsaussage Ihrer Gruppe sollte in direktem Zusammenhang mit den Zielen der Gemeinde stehen.
4. *Mitreißend.* Ist Ihre Visionsaussage etwas, wofür Sie sich begeistern können? Ist sie es wert, sich darum zu versammeln? Reflektiert sie die Neigung der Gruppe?
5. *Leicht zu kommunizieren.* Können die Mitglieder der Gruppe die Vision kommunizieren? Die Vision sollte so formuliert sein, dass die einzelnen Worte oder Ausdrücke leicht auszusprechen und zu merken sind. Die oben abgedruckte Visionsaussage organisiert sich um das Konzept von geistlichem Wachstum, zwischenmenschlichem Wachstum, emotionalem Wachstum, Reife und zahlenmäßigem Wachstum.

6. *Gemeinschaftsprodukt.* Wurde die Vision in Zusammenarbeit mit der Gruppe entwickelt? Es ist entscheidend, dass Sie mit den Mitgliedern Ihrer Gruppe (oder zumindest mit dem harten Kern der regelmäßigen Teilnehmer) zusammenarbeiten, um eine Visionsaussage zu entwickeln, die die Werte der ganzen Gruppe widerspiegelt. Je mehr sich die Leute die Vision zu Eigen machen, desto mehr werden sie sich ihr verpflichtet fühlen. Denken Sie daran, dass die Bibel sagt, dass Menschen ohne Vision zu Grunde gehen werden. Ohne Vision werden die Leute in Ihrer Gruppe planlos umherirren und einen Mangel an Zielrichtung spüren.

Ziele für Ihre Gruppe stecken

Planung für Lebensumgestaltung

Datum: ______________________

Leiter: ______________________

Wir möchten, dass unsere Gruppe ...

Beschreiben Sie, wie Ihre Gruppe in vier bis sechs Monaten aussehen soll. Notieren Sie sich Aktionsschritte und Termine, an denen diese Schritte realisiert sein sollen.

... an geistlicher Reife zunimmt	Konkret in ___ Monaten möchten wir erleben, dass unsere Gruppe: Als Leiter möchte ich folgende Schritte unternehmen: Bis zum folgenden Datum: ______________________
... auf der Beziehungsebene wächst	Konkret in ___ Monaten möchten wir erleben, dass unsere Gruppe: Als Leiter möchte ich folgende Schritte unternehmen: Bis zum folgenden Datum: ______________________

Planung für Lebensumgestaltung

(Fortsetzung)

Wir möchten, dass unsere Gruppe …	*Beschreiben Sie, wie Ihre Gruppe in vier bis sechs Monaten aussehen soll. Notieren Sie sich Aktionsschritte und Termine, an denen Ihr Ziel erreicht sein soll.*
… mehr und mehr zu einem sicheren Raum wird	Konkret in ___ Monaten möchten wir erleben, dass unsere Gruppe: Als Leiter möchte ich folgende Schritte unternehmen: Bis zum folgenden Datum: ____________________
… Begeisterung erzeugt	Konkret in ___ Monaten möchten wir erleben, dass unsere Gruppe: Als Leiter möchte ich folgende Schritte unternehmen: Bis zum folgenden Datum: ____________________
… Außenstehende willkommen heißt	Konkret in ___ Monaten möchten wir erleben, dass unsere Gruppe: Als Leiter möchte ich folgende Schritte unternehmen: Bis zum folgenden Datum: ____________________
… sich auf die Entstehung einer neuen Gruppe vorbereitet	Konkret in ___ Monaten möchten wir erleben, dass unsere Gruppe: Als Leiter möchte ich folgende Schritte unternehmen: Bis zum folgenden Datum: ____________________

Bestandteile des Gruppenlebens

Auch wenn es viele verschiedene Arten von Kleingruppen gibt, haben alle Gruppen eine Reihe von gemeinsamen Bestandteilen und Werten.

1. ***Lieben.*** Liebe drückt sich im Leben einer Gruppe auf ganz unterschiedliche Weise aus. Zunächst verleihen wir unserer Liebe Gott gegenüber durch Gebet und Lobpreis Ausdruck. Wir drücken einander Liebe aus, wenn wir uns gegenseitig dienen und uns umeinander kümmern. In Johannes 13,34-35 lesen wir: »Ein neues Gebot gebe ich euch: Liebt einander! Wie ich euch geliebt habe, so sollt auch ihr einander lieben.« Die Liebe Christi ist das Besondere an unseren Gruppen.
2. ***Lernen.*** Jesus rät seinen Jüngern: »Nehmt mein Joch auf euch und lernt von mir; denn ich bin gütig und von Herzen demütig; so werdet ihr Ruhe finden für eure Seele« (Mt 11,29). Etwas über Christus und sein Leben zu lernen, zählt zu den wesentlichen Elementen des Gruppenlebens. Alle Gruppen lernen etwas – sie lernen aus der Bibel, sie lernen etwas über einander, und sie lernen etwas über sich selbst.
3. ***Dienen.*** Jakobus schreibt: »So ist auch der Glaube für sich allein tot, wenn er nicht Werke vorzuweisen hat« (Jak 2,17). Dienst und gute Werke sind Teil jeder lebendigen, gesunden Kleingruppe. Ihre Gruppe muß sich entscheiden, auf welche Weise sie die Liebe Christi in Ihrer Stadt und in der gesamten Gemeinde Christi zum Ausdruck bringen möchte.
4. ***Erreichen.*** Gruppen müssen Entscheidungen treffen, die garantieren, dass das Ziel und die Vision der Gruppe verwirklicht werden. Das heißt, dass sie andere für Christus erreichen (Mt 28,18-20).

Vier Komponenten des Gruppenlebens

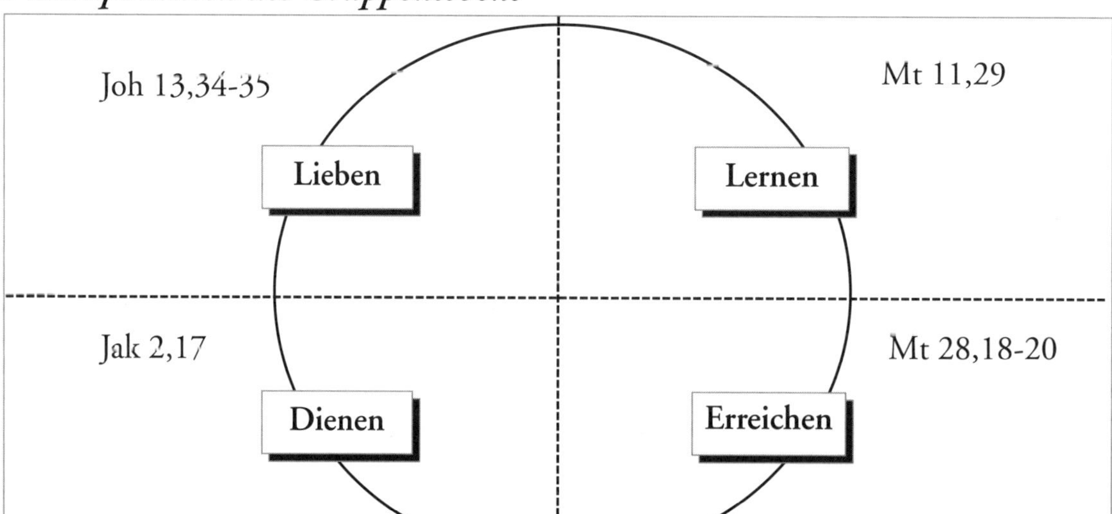

Jede Gruppe – ungeachtet, ob es sich um Jüngerschaftsgruppen, Gemeinschaftsgruppen, Dienstgruppen, Gruppen für Suchende oder Selbsthilfegruppen handelt– betont diese vier Komponenten des Gruppenlebens in unterschiedlicher Form. Bei jedem einzelnen Treffen (in jeder Gruppe) kann einer der oben erwähnten Bestandteile über die anderen dominieren. Die folgenden Diagramme zeigen Ihnen, wie verschiedene Gruppen den Schwerpunkt auf Liebe, Lernen, Erreichen und Dienen legen können.

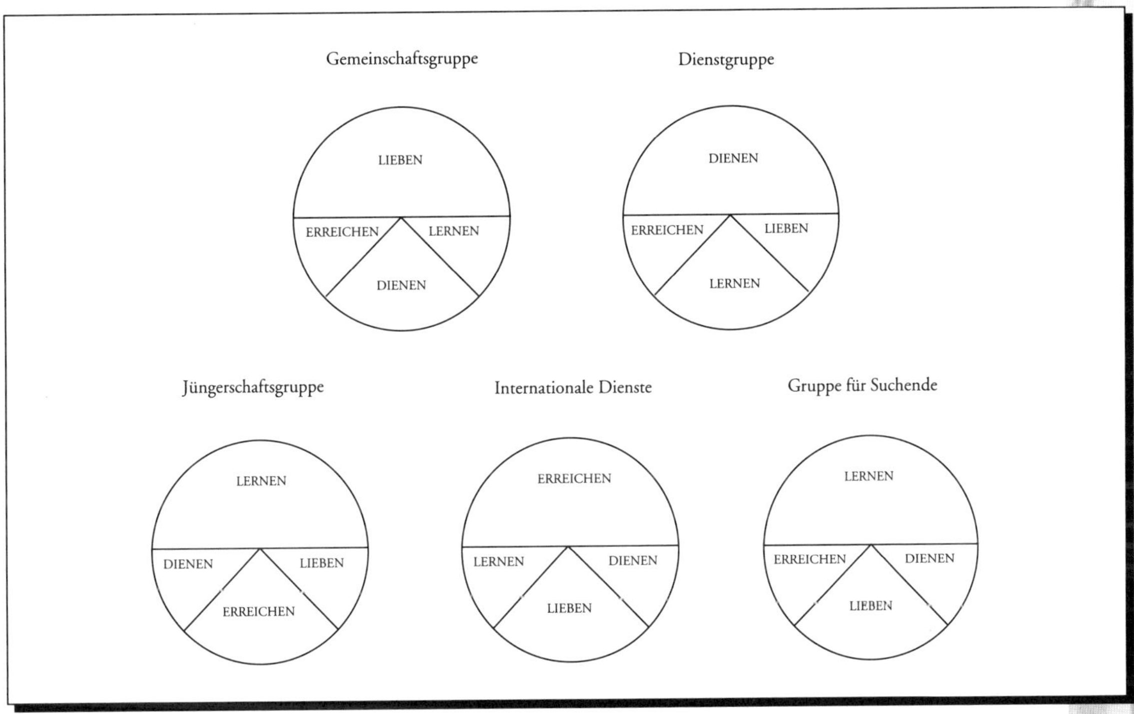

Kommunikation in Kleingruppen

Kommunikation ist wesentlich für die Entwicklung von Beziehungen, Familien und Gemeinden. Genauso wesentlich ist Kommunikation für Kleingruppen. Ohne die richtige Kommunikation mit Gott und anderen Menschen wird Ihre Gruppe stagnieren und oberflächlich bleiben. Folgende vier Kommunikationskanäle (übernommen von Ralph Neighbor) charakterisieren eine gesunde Kleingruppe.

1. *Gott zur Gruppe.* Menschen möchten etwas von Gott hören. Sie suchen seinen Willen und sehnen sich danach, seine Stimme zu hören. Nehmen Sie sich in Ihrer Gruppe Zeit, um in der Bibel zu lesen. Hören Sie zu, wenn der Heilige Geist durch das Wort Gottes zu Ihnen spricht, Ihnen Ihre Sünden zeigt und Sie herausfordert. Hören Sie auf die ruhige, zarte Stimme des Herrn, wenn er seine Absichten für Ihre Gruppe oder für ein bestimmtes Gruppentreffen durch den Heiligen Geist, durch andere Menschen und durch sein Wort weitergibt.
2. *Die Gruppe zu Gott.* Wir hören nicht nur etwas von Gott, wir antworten ihm auch. Eine Antwort kann in Form eines Gebets geschehen, in Form von Lobpreis, des Lesens eines Bibeltextes, eines Liedes oder eines stillen Gebets, das unsere Gefühle für Gott ausdrückt.
3. *Gruppenmitglied zu Gruppenmitglied.* Verletzliche, authentische und wahrhaftige Kommunikation zwischen den einzelnen Mitgliedern macht es Ihrer Gruppe leichter, zu einem Ort zu werden, an dem Lebensumgestaltung möglich ist. Gruppen wachsen, wenn ihre Mitglieder ihre Gefühle ausdrücken, einander ermutigen oder über persönliche Probleme sprechen. Denken Sie daran, dass Jesus sagte: »Dann werdet ihr die Wahrheit erkennen, und die Wahrheit wird euch befreien« (Joh 8,32). Gruppen, die durch einen ehrlichen Umgang miteinander gekennzeichnet sind, erleben die Freiheit in Christus. Wenn ihre Mitglieder einander liebevoll und fürsorglich die Wahrheit sagen, werden die Gruppen nicht oberflächlich oder nur zur Schein-Gemeinschaft.
4. *Die Gruppe zur Welt.* Es liegt in unserer Verantwortung als Christen, die Botschaft des christlichen Glaubens einer Welt zu bringen, die Gott noch nicht kennt. Als Gruppen verkünden wir unseren Glauben, wenn wir die Gelegenheit haben, mit kirchendistanzierten Menschen zu sprechen. Wir verkünden unseren Glauben sowohl verbal als auch durch unsere Taten. Denken Sie darüber nach, welche konkreten Schritte Ihre Gruppe unternehmen kann, um die Botschaft des christlichen Glaubens in Ihrer Stadt und der Welt zu verbreiten.

Phasen im Leben einer Gruppe

Gruppen bewegen sich – wie alle lebenden Organismen – durch verschiedene Entwicklungsstadien. Das folgende Diagramm wird Ihnen bei der Vorbereitung auf die jeweilige Phase helfen. Oft geben sich Leiter selbst die Schuld an Veränderungen in der Gruppendynamik, die aber in Wirklichkeit ganz einfach das Resultat einer Veränderung im Gruppenzyklus sind. Nutzen Sie dieses Diagramm, um eine Augenblicksaufnahme Ihrer Gruppe zu machen und um eine Strategie zu entwickeln, wie Sie produktiv durch jedes Stadium hindurchgelangen können. (Dieses Diagramm wurde aus dem *Small Group Leader's Handbook* von InterVarsity übernommen.)

So helfen Sie den Mitgliedern Ihrer Gruppe, mit Wachstumsschwierigkeiten umzugehen

Stadium	Formation	Sondierung	Umgestaltung	Aktion	Geburt	Standortbestimmung
Treffen pro Phase	4-6	6-8	4-8	10-20	4-8	2-4
Fragen der Mitglieder	Wer ist in der Gruppe? Gefällt mir meine Gruppe?	Passe ich in die Gruppe? Wie geht es meiner Gruppe?	Sind wir wirklich offen zueinander? Wird diese Gruppe ihren Auftrag erfüllen?	Wie werden wir das schaffen? Was können wir gemeinsam erreichen? Wollen wir das Risiko auf uns nehmen?	Werden wir überleben? Inwieweit werden wir uns verändern?	Sind wir gewachsen? Was haben wir gelernt? Möchte ich in eine andere Gruppe gehen?
Gefühle der Mitglieder	Aufregung, Vorurteile, Ängstlichkeit	Angenehm, entspannt, offen	Gespannt, ängstlich, ungeduldig, voller Zweifel	Erwartungsvoll, offen, verletzlich, unterstützend	Trauer, Begeisterung, Verlust, Vorurteile, Furcht	Respektvoll, nachdenklich, dankbar, traurig
Rolle der Mitglieder	Informationen über die anderen sammeln	Informationen geben, andere annehmen	Feed-back geben, Frust zum Ausdruck bringen	Gefühle ausdrücken, Gaben einsetzen, Verantwortung übernehmen, Herausforderungen annehmen	Bedenken aussprechen, die Realität annehmen, Veränderungen diskutieren, Segen weitergeben	Liebe zeigen, Dank ausdrücken, Beziehungen festigen
Verantwortung des Leiters	Fürsorge Klare Annahme	Bestärkung, Feedback, barmherzige Leitung	Konfrontieren, ermutigen, herausfordern	Herausfordern, bestärken, führen, freisetzen	Aktiv zuhören, Gefühle anerkennen, Mitglieder bestätigen	Zurückblicken, nachdenken, reagieren
Rolle des Leiters	Vision vermitteln, Austausch fördern, Ziele definieren	Vertrauen erzeugen Werte diskutieren, Beziehungen ermöglichen, Verbindlichkeit schaffen	Selbstabkapselung vermeiden, Verbindlichkeit überprüfen, flexibel sein	Dienstmöglichkeiten bieten, Ziele klären, anfangen, nach zweitem Azubi zu suchen, Ergebnisse feiern	Vision vermitteln, für Geburt einer neuen Gruppe beten, Untergruppen bilden, mit Azubi kommunizieren	Feiern, Gaben bringen, Gemeinschaft, beenden
Inhalt der Kommunikation	Veranstaltungen Themen Fakten	Themen, Menschen, Gruppen, das Wesen Gottes	Persönliche Gedanken, Gefühle, Werte, Gottes Plan	Beziehungen innerhalb der Gruppe, Aufgaben, das Werk Gott	Menschen, Leiterschaft, Vision, Gottes Wünsche	Beziehungen, Menschen, Gottes Segnungen
Kommunikationsstil	Reaktiv, allgemein, kurz	Beschreibend, sozial, erklärend	Aggressiv, argumentativ, direkt, nur in eine Richtung	Spekulativ, kooperativ, interaktiv, in zwei Richtungen, konfrontativ	Interaktiv, konfrontativ, ausdrucksstark	Reflexiv, verstehend, bestärkend

Kleingruppenverpflichtung

Verpflichtungserklärungen sind der Ausdruck von Werten, Erwartungen oder Verhaltensweisen in einer Gruppe, für die wir uns gegenseitig zur Verantwortung ziehen. Wir gehen solche Verpflichtungen auf der Grundlage von Hingabe und gegenseitiger Annahme ein. Sie basieren auf Liebe und Loyalität und sind nur gültig, wenn alle Beteiligten sich bemühen, die Verpflichtungen zu erfüllen. In manchen Fällen ist es möglich, dass eine Partei trotz der Untreue der anderen Partei an der Verpflichtungserklärung festhält (wie es Gott oft gegenüber Israel tat). Trotzdem sind Verpflichtungserklärungen bindende Übereinkünfte, die Vertrauen schaffen und Gemeinschaft bilden können. Nicht alle Gruppen verfassen eine schriftliche Erklärung, aber die meisten Gruppen besitzen zumindest ungeschriebene Werte oder Erwartungen, die die Teilnehmer der Gruppe verstehen. Wenn Ihre Gruppe zu der Art von Gruppen gehört, die mit schriftlichen Erklärungen arbeiten sollten (fragen Sie diesbezüglich Ihren Dienstleiter), dann werden Ihnen die folgenden Richtlinien helfen, eine Verpflichtungserklärung zu erstellen, die Ihrer Gruppe dienen wird.

Hinweise zum Erstellen einer Verpflichtungserklärung:

1. Die Werte, auf denen die Verpflichtungserklärung basiert, müssen von der Gruppe entwickelt werden und nicht vom Leiter auferlegt sein.
2. Gruppenverpflichtungen sollten immer persönlich abgefasst werden. 3. Diese Erklärungen müssen in regelmäßigen Abständen bestätigt werden, damit die Mitglieder an ihre gegenseitigen Verpflichtungen erinnert werden.
4. Verpflichtungserklärungen sollten auf der Grundlage von Organisation und Werten verfaßt werden.

Organisation
- wo und wann wir uns treffen
- wie oft wir uns treffen
- wer für die Leitung verantwortlich ist
- wer für Erfrischungen zuständig ist
- Erwartungen an die Teilnahme

Werte
- leerer Stuhl
- Verbindlichkeit
- Offenheit
- Zuverlässigkeit
- Annahme

5. Verpflichtungserklärungen müssen im Rahmen eines Prozesses, der alle Mitglieder der Gruppe einbezieht, festgelegt werden. Ein Beispiel für einen solchen Prozess, können Sie auf der nächsten Seite nachlesen.

➡ So erstellen Sie eine Verpflichtungserklärung für Ihre Kleingruppe

1. **Treffen:** Teilen Sie Zettel aus, und bitten Sie die Gruppenmitglieder, zwei oder drei Werte/Verhaltensweisen aufzuschreiben, die sie von der Gruppe erwarten.

2. **Treffen:** Der Leiter stellt eine Liste alle Werte zusammen, die im letzten Treffen genannt wurden, und schreibt alle auf ein Plakat. Bitten Sie die Gruppe, sich in Untergruppen von zwei oder drei Leuten aufzuteilen und eine Rangordnung der Werte aufzustellen. Die Teilnehmer sollen die fünf für sie wichtigsten Werte identifizieren.

3. **Treffen:** Der Leiter stellt die wichtigsten Werte vor, die in der vergangenen Woche herausgearbeitet wurden, und präsentiert abschließend eine Liste der Top fünf. (Auf dieser Liste sollten nicht mehr als fünf oder maximal sieben Werte stehen, da sich die meisten Gruppen nicht mehr merken können. Konzentrieren Sie sich also auf das Wesentliche.)

   Jede Untergruppe soll ein Statement zu einem oder zwei der Werte verfassen. Diese Statements werden in der ganzen Gruppe diskutiert und schließlich in der Endfassung noch einmal vorgestellt. Das kann zwei oder drei Treffen dauern, lohnt sich aber unbedingt.

4. **Treffen:** Der Leiter teilt die endgültige Liste der Werte mit einer kurzen Erklärung – zwei oder drei Sätze zu jedem Wert – aus. Jedes Mitglied unterzeichnet die Erklärung und stimmt damit zu, nach diesen Werten zu handeln. Dieser ganze Prozess kann zwei oder drei Treffen dauern, Sie können ihn aber auch über mehr Treffen verteilen, wenn die Gruppe dies wünscht.

Anmerkung: *Auf der nächsten Seite finden Sie ein Beispiel für eine solche Erklärung. Sie können es für Ihre Zwecke kopieren und verwenden.*

Verpflichtungserklärung für Kleingruppen (Beispiel)

1. Das Ziel unserer Gruppe ist … (Verwenden Sie die Rückseite, wenn nötig.)
2. Wir möchten uns ___ Wochen lang treffen. Danach wird eine Auswertung folgen.
3. Wir möchten uns von ___ bis ___ Uhr treffen. Wir möchten pünktlich beginnen und schließen. Wenn wir nicht kommen oder erst später kommen können, geben wir vorher telefonisch Bescheid.
4. Wir werden uns ______________________________ (Ort) treffen.
5. Den Bereich »Dienen« werden wir in unserer Gruppe folgendermaßen gestalten: … (Überlegen Sie sich je eine Aktion für Ihre Gruppe innerhalb der Gemeinde und außerhalb der Gemeinde jeweils einmal jährlich.)
6. Um zu lernen, werden wir gemeinsam folgende biblische Texte (oder andere) lesen:
7. Folgende Werte sind für unsere Gruppe verbindlich:

   Priorität: Während wir in der Gruppe sind, haben die Gruppentreffen Priorität. Wenn wir nicht teilnehmen können oder abzusehen ist, dass wir zu spät kommen werden, geben wir Bescheid.

   Teilnahme: Jeder hat das Recht auf seine eigene Meinung. Auch »dumme« Fragen sind erlaubt und werden respektiert.

   Vertrauen: Alles Persönliche, das während der Treffen ausgesprochen wird, wird vertraulich behandelt und nicht außerhalb der Treffen weitergegeben.

   Leerer Stuhl: Die Gruppe bleibt offen für neue Leute, solange diese die Grundregeln verstehen. Folgende Richtlinien gelten für die Besetzung des leeren Stuhls: …

   Geburt einer neuen Gruppe: Nach einem angemessenen Zeitraum möchte diese Gruppe neue Gruppen gründen oder ihnen beim Start helfen (nach etwa 24 Treffen oder einem Jahr).

   Azubi-Leiter: Wir bemühen uns darum, Azubis in unserer Gruppe zu finden und auszubilden.

Sonstiges:

8. Während des festgelegten Zeitraums bemühen wir uns darum, einander zu dienen, indem wir die folgenden Rollen oder Verpflichtungen übernehmen: Leiter, Azubi(s), Untergruppen-Leiter, Gastgeber, Gebetskoordinator, Planung von Veranstaltungen, Organisation, Koordination von Dienstprojekten etc.

____________________/____________________

____________________/____________________

____________________/____________________

____________________/____________________

____________________/____________________

____________________/____________________

Leiter Azubi-Leiter

(Bitte unterschreiben und in Kopie an Ihren Coach weiterleiten.)

____

Einheit 4

Werte von Kleingruppen

Entscheidende Werte von Kleingruppen

»Um zu sehen, muß ich bereit sein, gesehen zu werden. Wenn ein Mensch seine Sonnenbrille absetzt, kann ich ihn besser hören.«

Hugh Pratter

Alle Gruppen handeln nach bestimmten Werten und Erwartungen. Oft sind diese Werte unausgesprochen oder ungeschrieben. Um die offene Kommunikation und ein klares Bewusstsein über die Ziele und Werte Ihrer Gruppe zu fördern, ist es wichtig, dass Sie Ihre zentralen Werte schriftlich festhalten. Unten finden Sie Werte, die den Schlüssel für Beziehungen in Kleingruppen darstellen. Das ist natürlich nur ein Beispiel. Sie und Ihre Gruppe sollten Ihre eigene Liste mit den Werten zusammenstellen, die für Ihre Gruppe von zentraler Bedeutung sind. Denken Sie wieder über Ihren Dienst nach, wenn Sie entscheiden, welche Richtung Ihre Gruppe einschlagen soll. Am wichtigsten ist es, dass die Mitglieder Ihrer Gruppe wirklich in zwischenmenschlichen Beziehungen und geistlicher Reife wachsen wollen.

1. ***Bestätigung.*** Es ist wichtig, eine Atmosphäre zu schaffen, in der die Gruppenmitglieder einander ermutigen und bestätigen, einander in Christus aufbauen und helfen, sich weiterzuentwickeln.
2. ***Verfügbarkeit.*** Gruppenmitglieder sollen bereit sein, mit ihren Gaben zu dienen. Das schließt den Einsatz von Zeit, Aufmerksamkeit und Wissen als auch von materiellen Mitteln ein, um Bedürfnissen zu begegnen.
3. ***Gebet.*** Gebet hat einen hohen Stellenwert im Gruppenleben. Die Gruppe versammelt sich vor Gott, um ihn zu loben, zu bitten, zu bekennen und ihm zu danken für alles, was er getan hat. Gebet ermutigt die Gruppenmitglieder zur Demut, in dem Wissen, dass alles aus Gottes Hand kommt. Im Gebet fühlen sich auch die Teilnehmer geschätzt und erkennen ihren eigenen Wert. Wenn Sie erleben, dass Gott die Gebetsanliegen der Mitglieder beantwortet, wird die ganze Gruppe ermutigt.
4. ***Offenheit.*** Offenheit in den Beziehungen innerhalb der Gruppe fördert Ehrlichkeit und erleichtert es, Gefühle, persönliche Kämpfe, Freude und Verletzungen zu äußern. Das Ziel wirklich authentischer Beziehungen erreicht man dadurch, dass man beginnt, offen zueinander zu sein.
5. ***Ehrlichkeit.*** Der Wunsch nach gegenseitiger Ehrlichkeit ist entscheidend für authentische Beziehungen. Um Vertrauen zwischen den einzelnen Gruppenmitgliedern zu wecken, müssen alle die Wahrheit in Liebe aussprechen, damit wir »in allem wachsen, bis wir ihn erreicht haben. Er, Christus, ist das Haupt« (Eph 4,15).

Werte von Kleingruppen

6. *Sicherheit.* Ehrliche und offene Beziehungen müssen durch gegenseitiges Vertrauen garantiert werden. Alles, was in der Gruppe besprochen wird, bleibt vertraulich; Meinungen werden respektiert und unterschiedliche Meinungen werden zugestanden.
7. *Vertraulichkeit.* Vertraulichkeit schafft Sicherheit und ermöglicht Offenheit, indem sie verspricht, dass alles, was innerhalb der Gruppe ausgetauscht wird, Außenstehenden gegenüber nicht wiederholt wird.
8. *Sensibilität.* Die Bereitschaft, sensibel gegenüber Bedürfnissen, Gefühlen, Hintergründen und der gegenwärtigen Situation anderer Gruppenmitglieder zu sein, ist sehr wichtig. Sie wird dabei helfen, Beziehungen innerhalb der Gruppe aufzubauen.
9. *Verbindlichkeit.* In echten Beziehungen bedeutet Verbindlichkeit die freiwillige Unterordnung unter andere Mitglieder der Gruppe. Auf diese Weise erhalten und geben sie Unterstützung, Ermutigung und Hilfe in bestimmten Bereichen Ihres Lebens.
10. *Evangelisation.* Evangelisation dient der Ausweitung der Gemeinschaft der Christen. Dies kann zum Beispiel geschehen, indem man Zeugnis vom eigenen Glauben gibt, darüber hinaus durch das Prinzip des leeren Stuhls, um Menschen in Ihre Gruppe einzuladen, oder andere Formen von Evangelisation.
11. *Multiplikation.* Wenn Ihre Gruppe wächst und schließlich eine neue Gruppe hervorbringt, kann sie die Vision weitergeben. Auf diese Weise können immer mehr Menschen Anschluss an eine christliche Gemeinschaft finden und in ihrer Beziehung zu Christus wachsen.

Entscheidende Werte für Kleingruppen

Bestätigung
Verfügbarkeit
Gebet
Offenheit
Ehrlichkeit
Sicherheit
Vertraulichkeit
Sensibilität
Verbindlichkeit
Evangelisation
Multiplikation

Einheit 4

Anhang

Die häufigsten Fragen zum Thema »Gruppenleben«

Frage: ***Was mache ich, wenn sich die Werte der Gruppenmitglieder von meinen Werten als Leiter unterscheiden?***

Antwort: Um eine homogene, fest vereinte Gruppe zu bekommen, müssen Menschen lernen, Kompromisse zu schließen. Für Sie als Leiter ist es wichtig, der Gruppe nicht Ihre persönlichen Vorstellungen aufzuzwingen. Es ist besser, sich auf einige Werte zu einigen, die von allen getragen werden können, und so das Vertrauen innerhalb der Gruppe zu fördern, als mehr Werte durchzusetzen und dadurch Mitglieder der Gruppe anzugreifen. Bestimmt gibt es wenigstens zwei oder drei zentrale Werte, denen jeder zustimmen kann. Indem Sie zunächst nur mit diesen beginnen, schaffen Sie eine Vertrauensbasis innerhalb der Gruppen. Wenn diese erst einmal da ist, können Sie die Gruppe dazu anregen, sich Gedanken über weitere Werte zu machen, indem Sie die Vision für die Richtung der Gruppe vermitteln.

Frage: ***Meine Gruppe scheint zwischen verschiedenen Stadien hin und her zu springen. Ist das normal?***

Antwort: Das Diagramm, das die Stadien des Gruppenlebens zeigt, soll Ihnen lediglich ein Gefühl für die Aktivitäten und Aktionen vermitteln, die in jeder Phase stattfinden. Letztlich ist es aber normal, dass Gruppen durch verschiedene Stadien vor- und wieder zurückwandern oder sogar mehrmals den ganzen Zyklus durchlaufen. Wenn Gruppen tiefere Reifeebenen erreichen, neigen sie dazu, die Sondierungsphase, die Umgestaltungs- und Aktionsphase zu wiederholen. Sprechen Sie mit Ihrem Coach, um sinnvolle Möglichkeiten zu entwickeln, wie Sie mit Ihrer Gruppe die einzelnen Phasen gut gestalten können.

Literaturhinweise

Jeffrey Arnold, *The Big Book on Small Groups* (Downers Grove, Il.: InterVarsity Press 1995)
Dieses Buch gibt einen sehr guten grundsätzlichen Überblick über die unterschiedlichen Formen von Kleingruppen.

Julie Gorman, *Community That is Christian. A Handbook on Small Groups* (Group Builder Ressources. Growing People in Small Groups. Wheaton, Il.: Victor Books 1993)
Das ausführlichste Buch über die Grundlagen christlicher Kleingruppenarbeit. Für alle, die sich intensiv mit Kleingruppenarbeit auseinandersetzen wollen.

Nancy Kellar und Justin Wirth, *Gemeinschaft im Glauben. Kleingruppen, Zellgruppen, Hauskreise – Warum und wie?* (Münsterschwarzach: Vier-Türme-Verlag 1993)

Gruppentreffen leiten

Einheit 5

Vorbereitung

Vorbereitung des Treffens

Wenn Sie als Leiter zielgerichtete, harte Arbeit auf sich nehmen, um die Gruppentreffen vorzubereiten und zu planen, wird Ihre Gruppe wesentlich effektiver und erfolgreicher sein. Die Vorbereitung erfüllt drei Zwecke:

- Die Mitglieder der Gruppe sehen, dass Sie ein Bewusstsein für die Richtung und die Leitung der Gruppe haben.
- Die Gruppe setzt Vertrauen in Ihre Leitung.
- Sie können (wenn nötig) den Kurs bestimmen, den ein Treffen nimmt, weil Sie auswählen können, welche Punkte Sie im Verlauf des Treffens ansprechen wollen.

➡ Die Bühne für ein effektives Treffen vorbereiten

1. Machen Sie sich sorgfältige Gedanken über den Ablauf des Abends. Verwenden Sie dazu das folgende Arbeitsblatt.
2. Stellen Sie sicher, dass jeder weiß, wann und wo das Treffen stattfindet.
3. Finden Sie einen Gastgeber für das Treffen.

   Ein Gastgeber sollte:

   - Eine warme und wohltuende Atmosphäre schaffen
   - Erfrischungen, Sitzgelegenheiten etc. bereitstellen
   - Leute begrüßen, wenn sie den Raum betreten

➡ Ablaufplan und Checkliste zur Vorbereitung des Treffens

Auf den folgenden Seiten finden Sie einige Formblätter, die Ihnen bei der Strukturierung Ihres nächsten Treffens helfen können. Das erste Formular ist ein Ablaufplan für ein Treffen.

Der Ablaufplan animiert Sie dazu, basierend auf den vier Elementen des Gruppenlebens (Lieben, Lernen, Dienen, Erreichen) das übergeordnete Ziel Ihrer Gruppe zu durchdenken.

Vorbereitung

Im Anschluß an den Ablaufplan finden Sie eine Checkliste zur Vorbereitung eines Treffens, gegliedert in die Bereiche

- Ziele
- Organisation
- Aktivität
- Bedürfnisse

Wenn Sie die Checkliste einige Male verwendet haben, werden Sie vermutlich in der Lage sein, ein Treffen ohne ihre Hilfe vorzubereiten. Die Checkliste erklärt sich von selbst. Wenn Sie noch weitere Fragen zur Anwendung haben oder wie sie zur konkreten Situation Ihrer Gruppe oder Ihres Dienstes passt, wenden Sie sich an Ihren Coach oder Dienstleiter.

Ablaufplan

Leiter: ____________________ Datum des Treffens: ________________

Ablauf

Beginn	Ende	Inhalt	Wer?

Notizen:

Ablaufplan (Fortsetzung)

Leiter: ______________________ Datum des Treffens: ________________

Angestrebtes Ergebnis

Ich möchte, dass die Gruppenmitglieder WISSEN …

Ich möchte, dass die Gruppenmitglieder FÜHLEN …

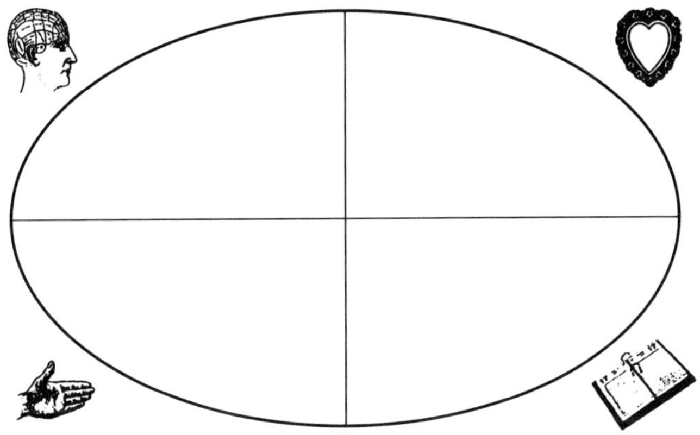

Ich möchte, dass die Gruppenmitglieder TUN …

Ich möchte, dass die Gruppenmitglieder PLANEN …

Auswertung des Treffens

Ablauf	*Persönliches*
Was war gut?	Anlässe zum Feiern
Wo lagen die Schwachpunkte?	Gebetsanliegen

Vorbereitung

Checkliste zur Vorbereitung eines Treffens

Ziele – Was soll das Treffen erreichen?

- ☐ Ziele für die Bereiche WISSEN, FÜHLEN, TUN und PLANEN formuliert
- ☐ Ablaufplan des Treffens erstellt
- ☐ ______________________________
- ☐ ______________________________

Organisation – Ist das Umfeld für das Treffen vorbereitet?

- ☐ Sitzgelegenheiten
- ☐ Der leere Stuhl steht an seinem Platz
- ☐ Raumtemperatur
- ☐ Lichtverhältnisse
- ☐ Erfrischungen
- ☐ Hintergrundmusik zur Begrüßung
- ☐ Kinderbetreuung
- ☐ Ort für nächste(s) Treffen festgelegt
- ☐ ______________________________
- ☐ ______________________________

Aktivität – Was passiert während des Treffens?

- ☐ Start mit einem Eisbrecher
- ☐ Training bestimmter Fertigkeiten
- ☐ Gebet in der Gruppe
- ☐ Spiel/soziale Aktivität
- ☐ Material sammeln oder vorbereiten
- ☐ Bibeln, Stifte, Papier etc. liegen bereit
- ☐ Ankündigungen
- ☐ ______________________________
- ☐ ______________________________

Bedürfnisse – Was passiert im Leben der Gruppenmitglieder?

- ☐ Ungelöste Probleme zwischen Mitgliedern
- ☐ Finanzielle Nöte
- ☐ Schwierige Entscheidungen zu treffen
- ☐ Gesundheitliche Probleme
- ☐ Familiäre Probleme
- ☐ ______________________________

Einheit 5

Vorbereitung

Den richtigen »Lehrplan« auswählen und verwenden

Einen Lehrplan auszuwählen kann eine überwältigende Aufgabe sein angesichts der reichhaltigen Angebote, die man in den Buchläden findet. Das folgende Flussdiagramm soll Ihnen dabei helfen, aus den Myriaden an Materialien das auszuwählen, was den Bedürfnissen Ihrer Gruppe entspricht.

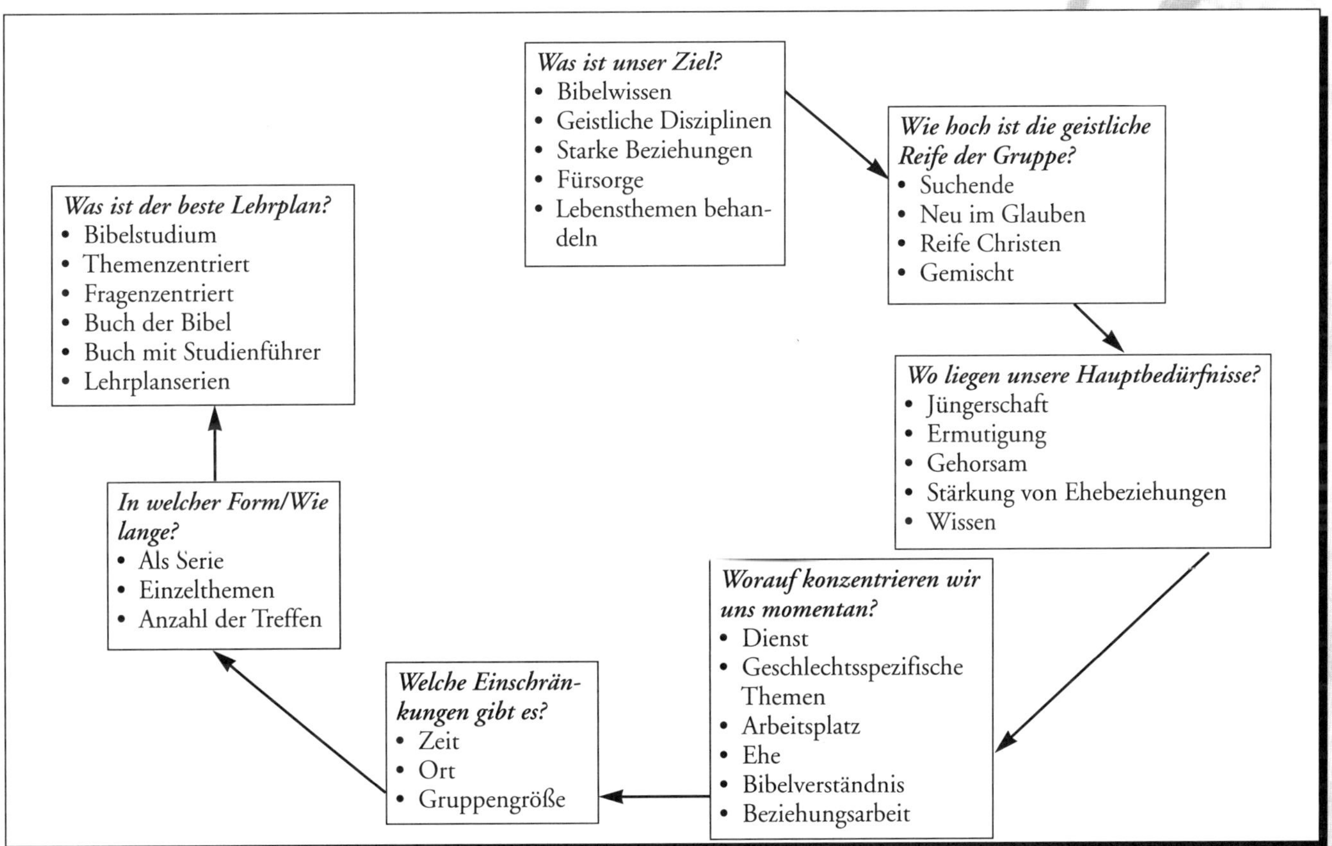

➡ Ein paar Tips zum Lehrplan

1. Ein Lehrplan sollte nie zur treibenden Kraft in einer Gruppe werden. Es ist falsch, Gelegenheiten für Gebet oder Dienst zu vergeben oder eine notwendige gemeinschaftsfördernde Aktion zu kürzen, weil »wir den Lehrplan schaffen müssen«. Denken Sie als Gruppenleiter also daran, dass Jesus nicht sagte: »Geht hin in alle Welt und erfüllt den Lehrplan.« Ihr Ziel ist es, Menschen zu Jüngern zu machen, zu Nachfolgern Christi, die Jesus gehorchen, sich nach dem Geist ausstrecken und einander lieben.

2. Ersetzen Sie niemals die Bibel durch irgendeinen Lehrplan. Solche Materialien und Studienhilfen sollten eingesetzt werden, um den Erfolg der Gruppe zu erhöhen und sie zu Bibeltexten hinzuführen.
3. Fühlen Sie sich nicht verpflichtet, alle Fragen restlos zu beantworten. Kompetente Leiter wissen, welche Fragen sie am besten verwenden und wie viele davon. Wenn ein Lehrplan zu viele Fragen beinhaltet, dann wählen Sie einige gute aus. Ich empfehle höchstens fünf bis sieben Fragen pro Sitzung. Meistens sind zwei oder drei Fragen, gefolgt von einem guten Gruppengespräch, bei weitem genug. Es ist besser, eine gute Gruppendiskussion zu führen, die durch ein paar gezielte Fragen ausgelöst wurde, als alle Fragen auf einem oberflächlichen Niveau zu beantworten. Das Ziel ist es, Menschen auf die Wahrheiten von Gottes Wort und seine Verbindung zu ihrem Herzen und ihrem geistlichen Wachstum zu verdeutlichen.
4. Stellen Sie sicher, dass der Lehrplan »gruppenfreundlich« ist. Viele Kleingruppenmaterialien sind nur auf gutes Bibelstudium ausgerichtet, aber nicht auf Beziehungsbildung oder ein tieferes Gespür für Gemeinschaft und Fürsorge. Werfen Sie einen genaueren Blick nicht nur auf die Fragen, sondern auch auf den Gesamtprozess. Erlaubt der Lehrplan Interaktion in der Gruppe? Stellt er persönliche Entscheidungsfragen, die Menschen herausfordern, sich zu öffnen und ihr Leben zu teilen? Oder ist er voller inhaltsbezogener »Was«-Fragen und ignoriert persönliche »Warum«-Fragen?

   Ein Abschnitt zur praktischen Anwendung des besprochenen Bibeltextes, dem lediglich die Frage: »Wie würden Sie das in Ihrem Leben umsetzen?« zu Grunde liegt, ist äußerst schwach. Aber wenn der Autor Fragen stellt wie: »Aus diesem Text wird deutlich, dass wir unseren Glauben mit anderen teilen sollen. Und es ist klar, dass wir alle wissen, wie es geht und dass es Gott sehr gefallen würde. Aber lassen Sie uns darüber sprechen, warum es uns so schwer fällt, mit einem Nichtchristen ein Gespräch über den Glauben zu beginnen. Welchen Ängsten oder Mauern sehen Sie sich gegenüber, wenn Sie über das Evangelium reden sollen? Welches Gefühl überwältigt Sie, wenn Sie sich vorstellen, dass Sie mit einem Nichtchristen über Christus reden?« Diese Frage zielt auf die Motive, Gedanken, Gefühle und Bedürfnisse ab. Nur dann können wir einander wirklich ermutigen und füreinander beten.

➡ Schlüsselfragen zur Auswahl eines Lehrplans

Was ist unser Ziel?

Jede Gruppe hat ein Ziel, und der verwendete Lehrplan soll dieses Ziel unterstützen. Das Ziel kann sich verändern, wenn die Gruppe an Reife und Erfahrung zunimmt. Wenn eine Gruppe als Selbsthilfegruppe startet, die es sich zum

Ziel gesetzt hat, Personen, die einen geliebten Menschen verloren haben, bei der Bewältigung ihrer Trauer zu helfen, dann sollte der Lehrplan dieses Ziel reflektieren. Aber wenn Menschen durch diese Phase der Trauer hindurchgehen, kann es sein, dass der Leiter merkt, dass sie mehr von Gott erkennen müssen. Dann kann es sinnvoll sein, sich mit den Eigenschaften Gottes zu beschäftigen.

Wie hoch ist die geistliche Reife der Gruppe?

Es empfiehlt sich, der Gruppe den geistlichen »Puls« zu messen, um feststellen zu können, welches Niveau geeignet ist. Wenn die Gruppe hauptsächlich aus Menschen besteht, die noch auf der Suche sind, sollten die Fragen eher grundlegender Natur sein. Hören Sie zu, ohne zu urteilen, erscheinen Sie nicht als jemand, der alle Antworten hat, und behandeln Sie Themen, die die Suchenden in erster Linie beschäftigen. Erlauben Sie ihnen, Informationen zu verarbeiten, harte Fragen zu stellen und Einwände anzubringen. Verwenden Sie eine Bibelübersetzung, die für sie leicht zu verstehen und zu verwenden ist, zum Beispiel »Die Gute Nachricht«, die »Begegnung« oder »Hoffnung für Alle«.

Menschen, die neu im Glauben sind und geistlich noch wachsen, können mit schwierigeren Diskussionen umgehen und sind eher bereit, religiösen Jargon zu tolerieren. Vermeiden Sie trotzdem nach Möglichkeit religiöse Terminologie. Auch wenn Christen, die schon länger Teil einer Gemeinde sind, sich mit Begriffen wie »Erlösung« oder »Rechtfertigung« ganz wohl fühlen, sollten Sie doch vermeiden, sie gegenüber »neueren« Christen zu häufig zu verwenden, wenn Sie nicht vorhaben, den ganzen Abend damit zu verbringen, diese Begriffe zu erklären.

Was sind unsere Hauptbedürfnisse?

Diese Frage steht in engem Zusammenhang zu dem Ziel Ihrer Gruppe, erlaubt der Gruppe aber, sich innerhalb des Zieles auf die wirklichen Bedürfnisse der Mitglieder zu konzentrieren. Eine Gruppe von Ehepaaren könnte beispielsweise den Wunsch haben, an ihren Ehebeziehungen zu arbeiten. Wenn sie sich jedoch in einer Dienstgruppe befinden, deren Ziel es ist, bei der städtischen Obdachlosen-Betreuungsstelle mitzuhelfen, könnten sie sich als Ehepaare vor ihrem Dienst für etwa dreißig Minuten treffen, um eine kurze Bibelarbeit abzuhalten und sich über Ehefragen auszutauschen.

Worauf konzentrieren wir uns momentan?

Manchmal wählen wir einen Lehrplan aus, der auf den aktuellen Bedürfnissen basiert, scheitern aber daran, ihn an die längerfristige Vision der Gruppe anzupassen. Ihre Gruppe beschäftigt sich zur Zeit vielleicht mit dem Thema »Christ am Arbeitsplatz«. Jetzt möchten einige aus der Gruppe den Galaterbrief studieren. Warum? Wie passt das zu der Richtung, die die Gruppe im vergangenen

Jahr eingeschlagen hat? Ist es sinnvoll, sich jetzt mit dem Galaterbrief auseinanderzusetzen, oder sollte man dieses Buch studieren, wenn es besser in den Lebenszyklus der Gruppe passt?

Versuchen Sie, einen gleichmäßigen Fluss beizubehalten, wenn eine Situation nicht unbedingt einen Bruch verlangt. Stellen Sie sich vor, eine Gruppe arbeitet ein Buch zum Thema »Persönliches Wachstum« durch. Nun könnte es sich anbieten, einen Bereich, den das Buch anreißt, ausführlicher zu behandeln und gewissermaßen einen Exkurs zu machen. Einen Abschnitt über Finanzen und Geld könnte man beispielsweise ausweiten und sich überlegen, wie man seine Finanzen einsetzen kann, um den Armen zu helfen. Das wäre ein größerer Schritt auf die Vision hin, anderen zu dienen, und kein abrupter Bruch für die Gruppe.

Welche Einschränkungen gibt es?

Verwenden Sie Ihre Zeit nicht damit, sich über Materialien zu informieren, die eine zweistündige Studienzeit erfordern, wenn sich Ihre Gruppe nur vierzig Minuten in der Woche trifft. Stellen Sie sicher, dass Sie über zeitliche und räumliche Gegebenheiten (Treffen Sie sich beispielsweise an einem Ort, an dem Ablenkungen garantiert sind?) und über die Gruppengröße (Vier Leute können mehr Fragen behandeln als neun Leute, vorausgesetzt Sie möchten, dass sich alle beteiligen.) nachgedacht haben.

Welchen Ansatz sollten wir verwenden? Wie lange sollten wir uns mit einem Themenkomplex beschäftigen?

Sollten Sie eine lange Serie zu einem Thema machen oder sollte es nur zwei oder drei Wochen dauern? Wenn Sie Gruppen im Anschluss an eine Veranstaltung gründen (zum Beispiel nach einem Frauenfrühstück), dann sollten Sie die Teilnehmer nie länger als sechs Wochen verpflichten. Suchen Sie sich daher lieber kürzere, themenzentrierte Arbeitsmaterialien (zum Beispiel die *Interaktion*-Studienhefte von Projektion J). Wenn Sie jedoch eine Gruppe von angehenden Leitern zwei Jahre lang leiten, können Sie längere Einheiten wählen.

Wenn Sie sich einmal für einen individuellen Lehrplan entschieden haben, denken Sie daran, dass er Ihr Diener und nicht Ihr Sklave ist. Nutzen Sie ihn, um Menschen dabei zu helfen, sich weiterzuentwickeln. Werten Sie regelmäßig aus und überprüfen Sie Ihre Erwartungen. Lassen Sie ihn beiseite, wenn er Ihnen im Weg ist. Konzentrieren Sie sich auf biblische Wahrheiten und Lebensumgestaltung und Sie werden nicht enttäuscht werden.

Einheit 5

Gruppenprozesse

Wenn Sie ein Treffen leiten, ist es wichtig, dass Sie sich immer der Dynamik bewusst sind, die innerhalb einer Gruppe abläuft. Das heißt, dass Sie die verschiedenen Rollen wahrnehmen müssen, die Menschen in Gruppen spielen, ihre individuellen Lernstile, Persönlichkeiten und ihre geistlichen Gaben. Das Zusammenspiel aller dieser Faktoren macht jede Gruppe einzigartig.

Rollen innerhalb der Gruppe

Oft übernehmen Mitglieder bestimmte Rollen (manchmal bewusst und manchmal auch ohne zu merken). Menschen werden verschiedene Rollen in verschiedenen Phasen Ihrer Gruppe übernehmen. Im Folgenden finden Sie einige Rollen, die die Gruppe voranbringen können, und einige destruktive Rollen, die Sie im Auge behalten sollten.

Unterstützende Rollen

1. ***Der Informationssucher*** – er bittet die anderen Mitglieder, mehr von ihrer Geschichte zu erzählen.
2. ***Der Meinungssucher*** – er hat ein aktives Interesse an den Meinungen und Gedanken der anderen Gruppenmitglieder.
3. ***Der Initiator*** – er hat neue Ideen, wie man Dinge ändern könnte. Bestimmt oft das Tempo in Diskussionen.
4. ***Der Ausführliche*** – er möchte mehr als nur die bloßen Fakten einer Geschichte hören. Bringt die Farbe in die Diskussion.
5. ***Der Entspannende*** – er entspannt angespannte Situationen oft mit feinem Humor. Identifiziert sich mit der betroffenen Person und bewahrt sie so davor, sich allein zu fühlen: »Ich verstehe dich. Ich habe mich auch schon oft so gefühlt.«
6. ***Der Überblicker*** – er macht oft zusammenfassende oder klärende Bemerkungen.
7. ***Der nach Übereinstimmung Strebende*** – er bemüht sich zu erkennen, was die Gruppe denkt und ob Übereinstimmung über Fragen oder Entscheidungen möglich ist oder nicht.
8. ***Der Ermutiger*** – er findet Möglichkeiten, um andere Gruppenmitglieder aufzubauen.
9. ***Der Bewahrer*** – er hält an den Werten der Gruppe fest und verteidigt sie.

Destruktive Rollen

1. ***Der Aggressive*** – er beleidigt und kritisiert andere. Kann sehr eifersüchtig sein.
2. ***Die Quasselstrippe*** – sie konzentriert sich beständig auf Geschichten oder Themen, die völlig irrelevant für das momentane Thema sind.
3. ***Der nach Anerkennung Strebende*** – er neigt dazu, sich vor allem auf seine Verdienste und Erfolge zu konzentrieren.
4. ***Der Dominante*** – er monopolisiert die Gruppeninteraktion. Versucht in Gesprächen die Leitung an sich zu reißen.
5. ***Der Vertreter bestimmter Interessen*** – er konzentriert sich auf bestimmte Lieblingsthemen ohne Rücksicht auf das Thema oder die Richtung des aktuellen Gruppengespräches.
6. ***Der Negative*** – er ist unter Umständen Perfektionist, der mit nichts zufrieden ist. Er neigt dazu, die negative Seite an allem zu sehen.
7. ***Der Haarspalter*** – er konzentriert sich auf Details. Erkennt oft den Wald vor lauter Bäumen nicht.
8. ***Der Gruppenclown*** – statt Humor auf positive Weise einzusetzen, neigt er dazu, Leute mit seinen Kommentaren und Witzen abzulenken. Das ist oft ein Abwehrmechanismus und wird eingesetzt, wenn ein Gespräch zu persönlich wird.

Ihre Aufgabe als Leiter ist es nicht, jeden in Ihrer Gruppe festzunageln, um herauszufinden, welche Rolle er spielt. Rollen verändern sich von Zeit zu Zeit. Sie müssen sich einfach bewusst sein, *dass* es diese Rollen in einer Gruppe gibt. Hören Sie jedem mit einem sensiblen Geist und Herzen zu. Stellen Sie Testfragen, die dabei helfen, hinter die Masken zu sehen. Wenn Sie Probleme mit einem bestimmten Personentyp in Ihrer Gruppe haben, fragen Sie Ihren Coach oder Dienstleiter, wie Sie dieses Problem lösen und mit der Beziehung umgehen können.

Lernstile

Leute, die Erfahrung mit Erwachsenenbildung und Training haben, sprechen oft von bestimmten Lernstilen. Es gibt drei Hauptarten von Lernstilen, die die Menschen in Ihrer Gruppe praktizieren. Ein effektiver Leiter sollte eine Vielzahl verschiedener Präsentationsformen und Diskussionstechniken einsetzen, um mit jedem Lerner effektiv kommunizieren zu können.

➡ Lernen durch Sehen

Tabellen, Diagramme und andere visuelle Anreize stellen ein geeignetes Mittel dar, um mit diesen Menschen zu arbeiten. Sie mögen Arbeitsblätter und lieben Beispiele und Geschichten. Sie denken visuell, das heißt, sie reagieren auf Wortspiele und Geschichten, die lebendig und beschreibend sind und ihnen ermöglichen, sich vorzustellen, was passiert.

Tips für Leiter: Verwenden Sie Arbeitsblätter, Zeitungsartikel, Papier und Stifte und andere Gegenstände, um die Aufmerksamkeit der visuell Lernenden zu fesseln.

➡ Lernen durch Hören

Menschen, die nach Gehör lernen, lernen am liebsten, indem sie zuhören. Sie würden zu einem bestimmten Thema lieber an einer Diskussion teilnehmen, als ein Buch darüber zu lesen. Unter ihnen kann es begierige Leser geben, aber im Allgemeinen hören sie eine Geschichte lieber, als diese zu lesen.

Tips für Leiter: Bilden Sie Untergruppen, um allen Teilnehmern die aktive Teilnahme an Diskussionen zu ermöglichen. Erlauben Sie den Mitgliedern Ihrer Gruppe, verbal auf Fragen oder Entscheidungen zu reagieren. Lassen Sie während der Gebetszeit oder am Anfang des Treffens Hintergrundmusik spielen.

➡ Lernen durch Tun

Diese Menschen lieben es, Dinge zu berühren und zu fühlen. Sie sind gerne aktiv und lernen, indem sie etwas tun. Während ein visuell Lernender durch ein Foto in einem Zeitungsartikel motiviert würde, armen Menschen zu helfen, würde der kinästhetisch Lernende eher durch einen Feldeinsatz im Armenviertel der Stadt motiviert werden.

Tips für Leiter: Verwenden Sie in Ihrer Gruppe Gegenstände und Erfahrungen. Planen Sie Einsätze und Veranstaltungen, bei denen die Teilnehmer die Wahrheit in Aktion erleben können. Erlauben Sie kinästhetisch Lernenden, durch empirische Untersuchungen zu lernen, anstatt ihnen einfach die richtige Antwort auf etwas zu sagen.

Persönlichkeiten – Gott hat uns alle unterschiedlich gemacht!

Die Absicht dieses Buches ist nicht, Ihnen zu helfen, exakt die Persönlichkeitsstile von allen Mitgliedern Ihrer Kleingruppe zu bestimmen. Vielmehr sollen Sie verstehen, dass die einzelnen Teilnehmer alle unterschiedlich sind. Um es noch einmal zu sagen: Verbringen Sie Ihre Zeit *nicht* damit, jeden in Ihrer Gruppe auf einen bestimmten Persönlichkeitstyp oder -stil festzunageln! Achten Sie einfach darauf, welche Persönlichkeitstendenzen es in Ihrer Gruppe gibt!

Im Folgenden finden sie eine Reihe von Fragen, die Sie sich stellen können, wenn Sie über die einzelnen Mitglieder Ihrer Gruppe nachdenken.

1. Sind sie eher extrovertiert oder introvertiert?
   Erhalten sie durch den intensiven Umgang mit anderen Menschen neue Energie (extrovertiert) oder strengt es sie an (introvertiert)?
2. Erleben sie das Leben mit ihren Sinnen oder eher intuitiv?
   Geben sie aufschlussreiche Kommentare über das Leben ab oder neigen sie dazu, Erfahrungen zu sammeln, wo sie schmecken, fühlen, berühren, riechen und hören können, was um sie herum passiert?
3. Verarbeiten sie Informationen und treffen Entscheidungen aus dem Kopf oder aus dem Bauch heraus?
   Manche Menschen sind eher logisch und kognitiv (Kopfmenschen) veranlagt, während andere eher emotional aus einem Gefühl heraus reagieren (Bauchmenschen).
4. Leben sie strukturiert oder unstrukturiert?
   Gehören sie eher zu den Menschen, die jeden einzelnen Tag des Familienurlaubes genau planen, bevor sie das Haus verlassen, oder mieten sie sich ein Auto und fahren einfach drauflos?

Gruppenübung

Warum geben Sie diese Fragen nicht an Ihre Gruppe weiter? Bitten Sie sie, sich mit Hilfe dieser vier Fragen selbst zu identifizieren. Sprechen Sie anschließend in der Gruppe darüber. Sie werden nicht nur eine Menge Spaß dabei haben, sondern auch viel übereinander erfahren und lernen zu respektieren, dass Gott jeden von Ihnen ganz einzigartig geschaffen hat!

Helfen Sie den Mitgliedern, ihre geistlichen Gaben in der Gruppe einzusetzen!

Die folgenden Tips zeigen Ihnen, wie Sie Menschen helfen können, ihre geistlichen Gaben in die Kleingruppe einzubringen. Auf diese Weise wird Ihre Gruppe effektiver funktionieren und es jedem Mitglied ermöglichen, in dem Bereich, in dem es begabt ist, zu wachsen und zu reifen.

1. Vermitteln Sie die Vision von »einander dienen«. Sie sollten gemeinsam Epheser 4,11-13 und 1 Korinther 14,26 studieren und darüber diskutieren. Helfen Sie Ihrer Gruppe zu verstehen, wie wichtig es ist, dass man *einander* und *gemeinsam* dient.
2. Helfen Sie den Mitgliedern auch, ihre geistlichen Gaben zu entdecken. Dabei wird Ihnen das D.I.E.N.S.T.-Trainingsmaterial aus der *Willow Creek-Edition* eine Hilfe sein. Arbeiten Sie dieses Material durch – entweder in Ihrer Gruppe oder bitten Sie Ihre Gemeinde, ein D.I.E.N.S.T.-Seminar anzubieten.
3. Diskutieren Sie über das Thema »Geistliche Begabung«. Bitten Sie Mitglieder Ihrer Gruppe zu erklären, welche Gaben sie haben und wie sie sie einsetzen können, um andere Gruppenmitglieder zu unterstützen.
4. Dienen Sie in den Bereichen, in denen Ihre Begabung liegt. Ermöglichen Sie auch den Mitgliedern Ihrer Gruppe, sich in den Bereichen einzubringen, für die sie Begabungen und Neigungen entdeckt haben.
5. Überlegen Sie, welche Dienstmöglichkeiten es gibt. Sprechen Sie auch in der Gruppe über Dienstmöglichkeiten, in der die Begabungen der einzelnen Mitglieder zum Tragen kommen.

Gruppenprozesse

Hier finden Sie eine Liste von Aufgaben, die Mitglieder Ihrer Gruppe entsprechend ihrer Begabung übernehmen können.

- Gesprächsleitung
- Gemeinschaftszeit
- Gebetszeit
- Telefonanrufe
- Gruppenplan führen
- Liste von Dienstmöglichkeiten in der Gemeinde führen
- Gruppenevangelisationen organisieren
- Gastgeber für die Gruppe
- Azubi-Leiter werden
- Anbetungszeit leiten
- Briefe und Karten schreiben
- Mitglieder besuchen, denen es nicht gut geht oder die krank sind
- Vorbereitung für Gruppentreffen
- Kalender führen
- Geburtstagsliste der Kinder der Mitglieder führen
- Lehrplan auswählen
- Feed-back und Auswertung
- ____________________
- ____________________
- ____________________

Diese Liste ist zwar nicht vollständig, soll Ihnen aber dabei helfen, gemeinsam als Gruppe die Verantwortung für das Leben der Gruppe zu tragen.

➡ Die Rolle des Heiligen Geistes hinsichtlich der Gruppenprozesse

Wir haben bereits gesehen, dass der Heilige Geist jedes Mitglied der Gruppe mit besonderen, individuellen Fähigkeiten ausgestattet hat, damit die Gruppe als *ein Leib* funktionieren kann. Aber er wirkt noch auf andere Weise. Er führt Menschen und lehrt sie das Wort Gottes. Er kann auch durch die Stimme des Herzens und durch Erfahrungen wirken. Als Gruppenleiter sollten Sie sensibel für das Werk des Heiligen Geistes sein, wenn er an den Mitgliedern und durch die Mitglieder Ihrer Gruppe wirkt. Hier finden Sie einige Vorschläge, die Ihnen helfen, offen und sensibel für seine Führung zu sein.

1. Beten Sie, dass der Heilige Geist während der Treffen Ihrer Gruppe wirkt, indem er lehrt und Menschen ihre Fehler ins Bewusstsein ruft.
2. Als Leiter sollten Sie sensibel für die Übereinstimmung der Gruppe sein. Wenn die Gruppe spürt, dass sie einen Richtungswechsel vornehmen sollte, kann das die Stimme des Heiligen Geistes sein. Nehmen Sie nicht automatisch an, dass Ihr Plan der richtige Plan ist.

Gruppenprozesse

3. Wenn Sie die klare Weisung vom Heiligen Geist spüren, ein bestimmtes Thema anzusprechen, fühlen Sie sich als Leiter frei, es Ihrer Gruppe zu sagen. Formulieren Sie es nicht so, dass Sie Ihre Gruppe zur Zustimmung zwingen. Erklären Sie einfach, dass Sie Gottes Weisung verspüren, über einige Gefühle oder Themen zu reden. Dann geben Sie der Gruppe und dem Wort Gottes die Möglichkeit, Sie in Ihrem weiteren Vorgehen zu führen.
4. Geben Sie dem Wirken des Heiligen Geistes Zeit und Raum. Manchmal ist es am besten, einfach zu warten, wenn noch keine Übereinstimmung zu einem Thema herrscht. Bitten Sie die Mitglieder Ihrer Gruppe, während der Woche beständig zu beten, um herauszufinden, was Gott zu diesem Thema sagen möchte. Erlauben Sie dem Geist Gottes, im Laufe der Zeit an Menschen zu wirken.

»Als sie zu Ehren des Herrn Gottesdienst feierten und fasteten, sprach der Heilige Geist: Wählt mir Barnabas und Saulus zu dem Werk aus, zu dem ich sie mir berufen habe. Da fasteten und beteten sie, legten ihnen die Hände auf und ließen sie ziehen« (Apg 13,2-3).

Denken Sie daran, dass der Heilige Geist eine Gruppe zu einer starken Einheit machen und unterstützen möchte. Das heißt nicht, dass alle Mitglieder sich immer in allen Fragen einig sein müssen. Aber es bedeutet, dass die Mitglieder der Gruppe bereit sind, Kompromisse einzugehen und Übereinstimmung zu suchen, und verstehen, dass diese Übereinstimmung das Ergebnis des Heiligen Geistes ist, der sie unterstützt, um Gemeinschaft und Einigkeit zu schaffen. Wenn Sie den Eindruck haben, dass Ihnen der Heilige Geist eine Eingebung schenkt, prüfen Sie diese an der Bibel und ziehen Sie erfahrene Mitchristen zu Rate.

Einheit 5

Fähigkeiten

Eisbrecher und Austauschfragen

Die Verwendung von Eisbrechern ist ein grundlegendes, elementar wichtiges Hilfsmittel. Ideen für solche Eisbrecher und Austauschfragen wurden entwickelt, um das Gespräch über das persönliche Leben der Kleingruppenmitglieder zu erleichtern und um diesen dabei zu helfen, sich den anderen zu öffnen. Deswegen bestehen sie nicht aus einfachen Ja-/Nein-Fragen.

Gehen Sie diskret mit diesen Fragen und Aussagen um. Manche werden tiefe und ernsthafte Antworten auslösen. Andere sind leicht und witzig. Wenn Ihre Gruppe noch neu ist, sollten Sie möglicherweise eher Fragen und Eisbrecher verwenden, die auf Informationen aus dem Leben der Leute abzielen (wo sie aufgewachsen sind, wo sie zur Schule gingen, wie sie in Ihre Gemeinde gekommen sind, wo sie arbeiten, was sie über bestimmte Ereignisse denken etc.). Wenn mehr Intimität in einer Gruppe besteht, fangen Sie allmählich an, die Leute mit tiefergehenden Fragen herauszufordern, die Gefühle, Gedanken und Einsichten hervorrufen.

Was ist Ihr Lieblingsfilm und warum?

Wenn Geld kein Problem wäre und Sie sich einen beliebigen Ort auf der ganzen Welt aussuchen könnten, um dort eine Woche zu verbringen – wo würde dieser Ort liegen und warum?

Schreiben Sie ihre beiden Lieblingsbeschäftigungen im Sommer auf. Unterhalten Sie sich dann mit einem anderen Gruppenmitglied und erklären Sie sich gegenseitig, warum dies Ihre Lieblingsbeschäftigungen sind.

Wer berät Sie, wenn Sie Probleme haben und warum gerade diese Person?

Die Leute wären überrascht, wenn sie herausfinden würden, dass ich …

Sie haben drei Wünsche frei. Was würden Sie sich wünschen?

Wenn Sie ganz plötzlich Ihr Augenlicht verlieren würden, welchen Anblick würden Sie am meisten vermissen?

Was war das waghalsigste, das Sie jemals gemacht haben? Warum war es so waghalsig?

Einheit 5

Fähigkeiten

Mein Lieblingszeitvertreib ist …

Sie haben eine Minute Zeit, um im Fernsehen zur Bevölkerung zu sprechen. Über welche wesentlichen Punkte (1-2) würden Sie sprechen?

Wie lange war die längste Zeit, die Sie ohne Schlaf ausgekommen sind? Erzählen Sie die Geschichte dazu.

Wann und von wem bekamen Sie Ihren ersten Kuss.

Wer ist die berühmteste Person, die Sie je getroffen haben? Wie kam es dazu?

Wenn Sie ein Wunder tun könnten (ein anderes als die Allerweltschristen), was würden Sie tun? Warum?

Was vermissen Sie als Erwachsener am meisten an der eigenen Kindheit?

Was war Ihre bislang größte Lüge?

Wenn Sie die Wahl hätten, wie würden Sie sterben wollen? Wie möchten Sie nicht sterben?

Wenn Sie an den Tod denken: Wovor fürchten Sie sich am meisten?

Wenn Sie (noch einmal) zur Uni gehen könnten, was würden Sie studieren?

Was war die größte Katastrophe, die Sie je miterlebt haben? Wie war es?

Beschreiben Sie den langweiligsten Tag/das langweiligste Erlebnis, an den/das Sie sich erinnern.

Welchen Tag Ihres Lebens würden Sie am liebsten noch einmal erleben? Warum?

Was war der kleinste Raum, in dem Sie jemals gelebt haben? Wie war es?

Bevor ich sterbe, würde ich einfach aus Spaß gerne …

Mein zweitliebster Beruf wäre …

Einheit 5

Fähigkeiten

Als Zeitreisender würde ich am liebsten … besuchen, weil …

Was war Ihr größtes Abenteuer?

Wenn ich ein Gerät erfinden könnte, das mein Leben erleichtern würde, würde ich etwas erfinden, das …

Das nächste Jahr wird für mich besser, weil …

Das nächste Jahr könnte problematisch werden, weil …

Ich bin wie meine Mutter, wenn ich …

Ich bin wie mein Vater, wenn ich …

Ich wünschte, dass mir jemand vor meiner Hochzeit erzählt hätte, dass …

Ich habe nie richtig verstanden, warum man …

Ich bin ein Nervenbündel/habe zwei linke Hände, wenn …

Ich werde vermutlich nie …, aber ich hätte eine Menge Spaß, wenn ich es könnte.

An was erinnern Sie sich, wenn Sie an Ihre Großeltern denken?

Was bedeutet Ihr Name? Warum haben Ihre Eltern Sie so genannt?

Wenn Sie der Welt einen Rat geben könnten, bevor Sie sterben, was würden Sie sagen?

Was war das beste Geschenk, das Sie als Kind jemals bekommen haben?

Wenn Sie einen Menschen vom Tod auferwecken könnten, wer wäre das und warum?

Wer war die interessanteste Person, mit der Sie sich jemals unterhalten haben?

Was war das Netteste, das jemals jemand über Sie gesagt hat?

Einheit 5

Fähigkeiten

Wenn Sie ein Tier wären, was wären Sie dann?

Was sollte unbedingt in Ihrem Nachruf erwähnt werden? Warum?

Was ist Ihre Lieblingsstadt? Warum?

Wohin gehen Sie oder was tun Sie, wenn Ihnen die Probleme über den Kopf wachsen? Warum?

Was finden Sie wichtiger – Sehvermögen oder Sprache? Warum?

Wer war in Ihrer Kindheit der Tyrann der Nachbarschaft? Was machte ihn so schrecklich?

An welchen Familienausflug aus Ihrer Kindheit können Sie sich noch erinnern? Warum?

Was ist die beste Nachricht, die Sie in dieser Woche bekommen haben? Was die schlechteste?

Was war das Schlimmste, das Ihnen Ihr Bruder oder Ihre Schwester als Kind angetan hat?

Wenn Ihr Haus brennen würde, welche drei Dinge (nicht Personen) würden Sie versuchen zu retten?

Was war Ihr erster Job? An was erinnern Sie sich dabei am meisten?

Was war der beste Chef, den Sie jemals hatten? Was machte ihn so besonders?

Was wollten Sie werden, als Sie noch ein Kind waren? Was hatten Ihre Eltern für Sie geplant?

Wenn Sie die Möglichkeit hätten, Ihre Hochzeit ganz besonders zu gestalten (Fallschirmspringen, während Sie das Trauversprechen abgeben, den Gottesdienst unter Wasser halten etc.), was würden Sie machen?

Wer war in Ihrer Kindheit Ihr großes Vorbild? Wie haben Sie versucht, ihn/sie nachzuahmen?

Einheit 5

Fähigkeiten

Wenn Sie im Fernsehen sprechen und Ihre Landsleute vor drei Dingen warnen könnten, was würden Sie sagen?

Wie war Ihr bisher schlechtester Chef?

Ich vermute, dass die Leute hinter meinem Rücken über mich sagen, dass ich …, weil …

Erzählen Sie der Gruppe kurz die Geschichte Ihres Hochzeitstages. (Wenn Sie die Gruppe vorwarnen, können die Mitglieder ihre Hochzeitsfotos mitbringen und sie der Gruppe zeigen.)

Erzählen Sie der Gruppe etwas, das kürzlich in Ihrem Leben passiert ist, indem Sie die folgenden Begriffe verwenden: etwas Altes, etwas Neues, etwas Glückliches, etwas Blaues.

Warum sündigen Sie? (Keine vereinfachenden Antworten erlaubt!)

In welchem Bereich Ihres Lebens würden Sie gerne größeren Frieden erleben? Warum?

Wenn Sie eines Tages weltweit für etwas bekannt sein würden, in welchem Bereich wäre es Ihnen am liebsten? Warum?

Wovor fürchten Sie sich am meisten?

Wie würden Sie Ihr Leben in der vergangenen Woche beschreiben, wenn Sie es in der Metapher einer Frucht oder eines Gemüses ausdrücken müssten (getrocknete Feige, reife Honigmelone, zerdrückte Banane etc.)?

Was mögen Sie an Kindern am meisten? Warum?

Was von all den Dingen, die man mit Geld kaufen kann, wünschen Sie sich am meisten?

Wenn Sie ein Jahr im Gefängnis verbringen müssten, was wäre für Sie der härteste Teil dieser Erfahrung? Warum?

Beschreiben Sie einen Lehrer, der Sie sehr beeindruckt hat (positiv oder negativ).

Sie können eine Stunde mit dem Bundeskanzler verbringen. Was würden Sie ihn fragen? Was würden Sie ihm sagen?

Sie haben ein Jahr lang Urlaub, aber Sie dürfen sich in dem ganzen Jahr nicht weiter als 150 Kilometer von Ihrem Heimatort weg bewegen. Was würden Sie tun?

Teilen Sie Ihr bisheriges Leben in drei Abschnitte. Was war das wichtigste Ereignis in jedem dieser drei Abschnitte?

Lassen Sie jeden Teilnehmer jedem anderen in der Runde sagen: »Ich bin so froh, dass Gott dich so ... gemacht hat, wie du bist, weil ...

Welche Angewohnheit aus Ihrer Kindheit werden Sie vermutlich nie aufgeben?

Das unnützeste Ding in meinem Haus ist ... Aber ich habe es immer noch, weil ...

Von den Dingen in meiner Brieftasche/meinem Geldbeutel charakterisiert mich ... am besten, weil ...

Was war Ihre liebste Tageszeit, als Sie ein Kind waren? Ihr liebster Wochentag? Ihre liebste Jahreszeit? Warum?

Im Allgemeinen machen sich die Leute zu viele Sorgen über ...

Ich möchte in folgendem Bereich ernster genommen werden: ...

Ein Gefühl, das ich oft habe, aber meistens unterdrücke, ist ...

Dynamische Diskussionen leiten

➡ Vier Aktionen des Leiters

Um eine Diskussion zu leiten, muß ein Kleingruppenleiter:

- jeden, der sich an der Diskussion beteiligt, zur Kenntnis nehmen.

  Auch wenn mehrere Leute gleichzeitig reden, sollten Sie sich darum bemühen, dass jeder zu seinem Recht kommt. Reagieren Sie auch auf Lachen, ein Aufstöhnen oder einen skeptischen Blick. Denken Sie daran, dass sich neunzig Prozent aller Kommunikation auf nonverbaler Ebene abspielt.

- Kommentare und Gefühle, die von den einzelnen Mitgliedern geäußert wurden, *klarstellen.*

  Sagen Sie: »Mal sehen, ob ich Sie richtig verstanden habe.«

- Fragen an die Gruppe *weitergeben.*

  Seien Sie nicht derjenige, der alle Antworten hat. Fragen Sie: »Was meinen Sie zu dem eben Gesagten?«

- das Gesagte *zusammenfassen.*

  Verwenden Sie Formulierungen wie: »Bisher haben wir über ... gesprochen« oder: »Astrid, würdest du die wesentlichen Punkte unserer Diskussion mal zusammenfassen?«

➡ Fragen

Ein anderer Schlüssel zur Leitung dynamischer Diskussionen ist die Verwendung der richtigen Art von Fragen und angemessener Antworten. Im Folgenden finden Sie einige Vorschläge für Fragen und Antworten, die es Ihnen leichter machen, Ihre Gruppe in sinnvolle und herausfordernde Diskussionen einzubinden.

Eröffnungsfragen

Stellen Sie eine Eröffnungsfrage, um der Gruppe zu helfen, miteinander warm zu werden, einander besser kennen zu lernen und sie ihre eigenen Stimmen hören zu lassen. Eröffnungsfragen oder Eisbrecher sind spekulativ und regen zum Nachdenken an.

Führen Sie das Diskussionsthema mit einer kurzen, kreativen Illustration oder Geschichte ein, die die Frage beantwortet, warum Sie gerade über dieses Thema sprechen wollen.

Beispiele:

»Auf was haben Sie sich am meisten gefreut, als Sie erwachsen wurden?«

»Warum haben wir so oft Angst vor persönlicher Nähe? Was können wir als Gruppe tun, um diese Angst zu verringern?«

Startfragen

Wenn der Gruppenleiter das Ziel der Diskussion kennt, kann er Fragen vorbereiten, die die Gruppe zu Interaktion und Feed-back anregen. Diese Fragen lauten typischerweise: »Was weiß ich? Was fühle ich? Was sollte ich tun?«

Beispiele:

»Wir sehen, dass sich Josef Hindernissen gegenübersah. Was lernen wir daraus für unser Leben und wie können wir solche Hindernisse überwinden?«

»Nach der Diskussion heute Abend sind wir uns alle einig, dass wir etwas zurückhaltend sind. Welche Schritte können wir gehen, um hier unter uns ein größeres Maß an gegenseitigem Vertrauen zu gewinnen?«

»Was ging Ihrer Meinung nach Petrus wohl in dieser Situation durch den Kopf?«

Manche Fragen beginnen nicht unbedingt eine Diskussion, aber sie fordern Reaktionen und Rückmeldungen heraus. Es gibt zwei Arten von Startfragen: leitende und beschränkende Fragen.

Leitende Fragen sind oft kurz zu beantworten.

Beispiele:

»Würden Sie in dieser Situation in Versuchung geraten?«

»Stimmen Sie dieser Aussage zu oder nicht?«

Beschränkende Fragen lassen erkennen, dass Sie schon eine bestimmte Antwort im Kopf haben. Solche Fragen führen nicht zu neuen Entdeckungen, aber sie sind hilfreich, um Fakten zu klären.

Beispiele:

»Welche drei Gebote finden wir in diesem Abschnitt?«

»Welche zwei Dinge sollen wir tun, nach dem was Paulus hier schreibt?«

Lenkende Fragen

Auch der optimal vorbereitete Leiter muß von Zeit zu Zeit spontan die Diskussion in die richtigen Bahnen lenken.

Beispiele:

Verdeutlichen Sie die Frage: »Ich höre die Frage heraus, wie wir hier in unserer Gruppe Vertrauen aufbauen können.«

Stellen Sie die Frage persönlich: »Wie würden Sie reagieren, wenn Jesus Ihnen diese Frage gestellt hätte?«

Testen Sie, ob alle derselben Meinung sind: »Kann man also sagen, dass jeder diesem Gebot gehorchen muß?«

Zusammenfassende Fragen

Eine Zusammenfassung nach einer Reihe von Fragen ermöglicht es dem Leiter, allen Beiträgen Rechnung zu tragen und gleichzeitig die biblische Zuverlässigkeit und die Richtung zu wahren.

Beispiele:

Sie können einen bestätigenden Kommentar mit gutem Augenkontakt und Lächeln abgeben, indem Sie sagen: »Danke für diesen Beitrag.« oder: »Das ist ein wichtiger Punkt.« oder: »Diese Antwort ist wirklich sehr bedenkenswert. Möchte noch jemand einen Gedanken beisteuern?«

Eine zusammenfassende Antwort könnte lauten: »Wir sehen also in diesem Abschnitt, dass ...«

Anwendungsfragen

Bibelstudium in Kleingruppen soll nicht nur Wissen vermitteln, sondern in erster Linie unser Leben verändern.

Beispiele:

»Welche Veränderungen wollen Sie diese Woche als Ergebnis der heutigen Diskussion vornehmen?«

»Was heißt das konkret für Sie und mich?«

➡ Reaktionen

Wie Sie und andere Mitglieder der Kleingruppe auf Fragen oder Bemerkungen reagieren, wird die Diskussion entweder fördern oder im Sand verlaufen lassen. Hier finden Sie einige Tips, wie Sie angemessen auf Fragen und Kommentare von Gruppenmitgliedern reagieren.

Bestätigen

Diese Reaktionen drücken jeder Person Ihre Wertschätzung aus. Sie fördern die Vertrautheit und Offenheit. Solche Reaktionen senden starke Signale an die Gruppenmitglieder aus, die ihnen vermitteln, dass sie gehört, verstanden und respektiert werden.

Beispiele:

»Ich merke, dass es sehr schmerzlich für Sie ist, darüber zu sprechen. Es macht mich wirklich traurig zu hören, wie Ihr Chef Sie diese Woche behandelt hat.«

»Peter, ich merke, dass Sie etwas sagen wollen, aber ich denke, es ist wichtig, dass wir Stephan zuhören und ihn in dieser schwierigen Zeit begleiten.«

Zum Mitreden einladen

Reaktionen dieser Art laden andere dazu ein, sich an der Diskussion zu beteiligen. Sie bestätigen nicht nur den Beitrag eines Einzelnen, sondern ermutigen auch andere, sich in den Prozess einzuschalten. Durch die allgemeine Beteiligung werden Gruppenmitglieder nicht isoliert, indem man sie in Verlegenheit bringt oder ihnen eine Strafpredigt hält.

Beispiele:

»Welche Erfahrungen haben die anderen im Umgang mit Leid gemacht?«

»Stefan, das ist ja eine erschreckende Erkenntnis. Können Sie uns erzählen, wie Sie dazu kamen?«

»Robert hat heute über sehr tiefe Gefühle gesprochen. Wie hätten Sie auf ähnliche Konfrontationen in der Arbeitsstelle reagiert?«

Umschreiben oder vertiefen

Das Wiederholen mit eigenen Worten ermöglicht es Ihnen, die Gedanken von anderen zu bestätigen und sie dazu zu bringen, sich noch mehr zu öffnen. Sie vertiefen dadurch das Gehörte und erlauben der Gruppe, persönliche Gefühle, Gedanken und Handeln genauer zu durchleuchten.

Beispiele:

»Wenn ich das richtig verstanden habe, haben Sie glaube ich etwas Ähnliches erzählt wie Katja letzte Woche. Geht es Ihnen gefühlsmäßig damit genauso wie Katja?«

»Das war wirklich eine sehr schmerzliche Episode aus Ihrer Kindheit, Georg. Wie sind Sie damit umgegangen? Und wie sehen Sie das Ganze heute?«

»Es ist wirklich toll, so einen Sieg mitzuerleben, Susanne. Wie hat das die Beziehung zu Ihrem Ehemann beeinflußt?«

Diese Art von Reaktionen – bestätigende und zum Mitreden einladende – versetzen Sie in die Lage, den Mitgliedern Ihrer Kleingruppe Wertschätzung auszudrücken und sie zu ermutigen, ihre Gefühle, Gedanken und persönlichen Anliegen mitzuteilen.

➡ Die Dynamik des effektiven Zuhörens

Zu aktivem Zuhören zählt nicht nur, was man hört, sondern auch was man sagt. Das heißt, dass man in aktive Beziehung zu der Person tritt, die gerade spricht, die eigenen Vorhaben zurückstellt und sich von allen ablenkenden Gedanken freimacht (besonders von dem Nachdenken darüber, was man als Nächstes sagen wird!). Im Folgenden finden Sie einige Tips für aktives Zuhören.

Einheit 5

Fähigkeiten

Was Sie sagen

1. Bitten Sie um Kommentare aus der Gruppe.
2. Versetzen Sie sich in die Gefühle der Leute hinein.
3. Versuchen Sie, die Beiträge der anderen genauer zu verstehen, bitten Sie um mehr Informationen.
4. Klären Sie das Gesagte.

Was Sie hören

1. *Verbal:* der Inhalt des Gesagten. Manchmal sind wir so darauf fixiert, was wir sagen sollen, dass wir die einfachsten Fakten in einer Diskussion überhören. Wenn Sie zuhören, konzentrieren Sie sich auf Personennamen, Ereignisse, Daten und andere konkrete Informationen, die erwähnt werden.
2. *Nonverbal:* wie der Inhalt präsentiert wird. Hier achten Sie auf Kongruenz, das heißt, ob die nonverbalen Botschaften zu den verbalen Botschaften passen. Schauen Sie dabei besonders auf drei Bereiche:
   - *Mimik:* Sagt jemand: »Mir geht es wirklich gut«, und sein Gesicht sagt: »Ich bin sehr traurig«?
   - *Stimmlage:* Achten Sie auf Sarkasmus, Ärger, Traurigkeit, Begeisterung, Zögern, Furcht etc.
   - *Körperbewegungen und Haltung:* Sind Arme und Beine überkreuzt und geschlossen? Sind Leute unruhig oder entspannt? Zeigt ihre Haltung Interesse oder Langeweile? Denken Sie daran, dass Sie eine Menge »hören« können, indem Sie auf das achten, was Leute tun.

Im Folgenden finden Sie einige Unterschiede zwischen aktivem und passivem Zuhören. Wie würden Sie sich selbst als Leiter einordnen?

Die Fähigkeit zuzuhören
Passives und aktives Zuhören

	Passives Zuhören	*Aktives Zuhören*
Haltung	ablehnend, kritisch *»Ich habe wirklich kein Interesse.«*	empfänglich, annehmend *»Ich möchte es wirklich hören.«*
Zentrum des Interesses	Ich – was ich sagen möchte *»Was denke ich?«*	Der andere – Sie denken darüber nach, was andere sagen *»Was meint er?«*
Botschaft	Das habe ich gedacht *»Ich denke, Sie sollten ...«*	Zuerst sagen, was Sie aus dem herausgehört haben, was der andere gesagt hat *»Sie denken ...« »Sie fühlen ...«*
Ergebnis	Was Sie sagen, ist nicht wichtig *»Ich habe nicht richtig gehört, was Sie gesagt haben.«*	Sie hören die Gefühle und das Bedürfnis hinter der Botschaft *»Ich habe gehört, was Sie gesagt haben.«*
Reaktion	Frust, Ärger *»Ich interessiere mich nicht dafür.«*	Befriedigung, Bereitschaft, einen Kompromiß einzugehen oder mehr zu erzählen *»Es interessiert mich sehr, was* Sie *gesagt haben.«*

Dieses Material können Sie auch mit Ihrer Gruppe durcharbeiten, vor allem dann, wenn die Gruppe erst kürzlich entstanden ist.

Gebet in der Gruppe

➡ Was kann ich als Leiter tun, um intensive Gebetszeiten in meiner Gruppe zu fördern?

Leben Sie es vor

1. Seien Sie ein Mann/eine Frau des Gebets. Beten Sie für die Mitglieder Ihrer Gruppe, für den leeren Stuhl, bitten Sie Gott um Führung bei der Leitung der Gruppe.
2. Wenn Sie laut in der Gruppe beten, halten Sie Ihre Gebete ehrlich, authentisch und von Herzen kommend.
3. Einfacher Gebetsleitfaden:
   - Kurz
   - Einfach
   - Geistgeleitet
   - Schweigen ist erlaubt

Schaffen Sie einen sicheren Raum

1. Bitten Sie nie jemanden zu beten, wenn Sie ihn nicht zuvor um Erlaubnis gefragt haben (oder Sie ihn gut kennen).
2. Erwarten Sie nicht, dass jeder zu jeder Zeit betet.
3. Vermeiden Sie nach Möglichkeit, reihum zu beten. Erlauben Sie den Mitgliedern Ihrer Kleingruppe zu beten, wenn sie sich geführt fühlen.
4. Respektieren Sie die Intimsphäre. Wenn sich in einer Gruppe tiefere Beziehungen entwickeln, wird ein Gefühl der Sicherheit auch tiefere und ehrlichere Gebete fördern.

Leiten Sie das Gebet

1. Geben Sie allgemeine Richtlinien, aber überlassen Sie dem Heiligen Geist die Leitung.
2. Vermeiden Sie lange Diskussionen während der Gebetszeit.
3. Beten Sie in jedem Gruppentreffen.
4. Verwenden Sie verschiedene Gebetsmethoden.

➡ Was passiert, wenn Menschen in Gruppen füreinander beten?

- Ihre Beziehung zu Gott und zueinander wird sich vertiefen. Sie werden geistliches Wachstum in Christus erleben.
- Die Gefahr eines Burn-out ist gering, weil Sie Ihre Probleme in Gottes Hand legen und Menschen seiner Fürsorge anvertrauen.
- Sie erlauben dem Heiligen Geist, in Ihrer Gruppe zu wirken. So wird die Zeit, die Sie miteinander verbringen, erfüllend und erfrischend.
- Gott wird Ihre Gebete auf erstaunliche Weise beantworten; Ihr Glaube wird zunehmen.

➡ Kreative Ideen für das Beten in der Gruppe

1. Beten Sie laut einen Psalm zusammen.
2. In einer Ehepaargruppe können Sie Ehepaare füreinander beten lassen.
3. Vermeiden Sie Routine: Legen Sie die Gebetszeit abwechselnd auf den Anfang, in die Mitte oder an das Ende des Treffens.
4. Wählen Sie eine Schriftstelle aus, anhand derer Sie während der Woche füreinander beten (Kol 1,9; Eph 3,14-19 etc.).
5. Beten Sie für die Gebetsanliegen Ihrer Gemeinde, die jede Woche im Gemeindeblatt veröffentlicht werden.
6. Wenn jemand gerade in einer Krise steckt, unterbrechen Sie alles und beten sofort für ihn.
7. Beten Sie für die Gemeinde, ein bestimmtes Land, eine Familie in Not, bestimmte besucherorientierte Veranstaltungen oder jeden beliebigen Bereich, mit dem sich Ihre Gruppe beschäftigt.
8. Machen Sie ein Bibelstudium zum Thema »Gebet«. Verwenden Sie dazu geeignete Materialien.
9. Hat jemand in Ihrer Gruppe die Gabe des Glaubens oder der Ermutigung? Bitten Sie diese Person, das Amt des Gebetskoordinators zu übernehmen, der alle Gebetsanliegen und Gebetserhörungen notiert. Wenn ein Gruppenmitglied ein dringendes Anliegen hat, kann es den Gebetskoordinator anrufen, der alle anderen Mitglieder benachrichtigt und darum bittet, für dieses Anliegen zu beten.
10. Anbetung ist ein Teil der Fürbitte. Steht ein Mitglied mitten in einem Kampf? Preisen Sie Gott, anstatt Fürbitte zu leisten.

11. Jedes Mitglied soll seine Anliegen für die kommende Woche auf einen Zettel schreiben. Falten Sie die Zettel und werfen Sie sie in einen Hut. Lassen Sie den Hut herumgehen und jeden einen Zettel ziehen. Jeder soll während der darauffolgenden Woche für die Anliegen des Mitglieds beten, dessen Zettel er gezogen hat.

12. Um die Zeit für den Austausch von Gebetsanliegen zu verkürzen, soll jeder seine Anliegen für die folgende Woche auf einen Zettel schreiben und diesen mit einem anderen Mitglied der Gruppe austauschen.

13. Wir müssen unsere Anliegen von Gott bekommen. Wenn Sie das nächste Mal gebeten werden, für eine Veranstaltung oder für die Erlösung oder Heilung eines Menschen zu beten, halten Sie inne und fragen Sie Gott. »Was sind deine Wünsche? Wie kann ich beten, damit deine Wünsche in Erfüllung gehen?«

»Seit dem Tag, an dem wir davon erfahren haben, hören wir nicht auf, inständig für euch zu beten, daß ihr in aller Weisheit und Einsicht, die der Geist schenkt, den Willen des Herrn ganz erkennt. Denn ihr sollt ein Leben führen, das des Herrn würdig ist und in allem sein Gefallen findet. Ihr sollt Frucht bringen in jeder Art von guten Werken und wachsen in der Erkenntnis Gottes. Er gebe euch in der Macht seiner Herrlichkeit viel Kraft, damit ihr in allem Geduld und Ausdauer habt. Dankt dem Vater mit Freude! Er hat euch fähig gemacht, Anteil zu haben am Los der Heiligen, die im Licht sind. Er hat uns der Macht der Finsternis entrissen und aufgenommen in das Reich seines geliebten Sohnes. Durch ihn haben wir die Erlösung, die Vergebung der Sünden« (Kol 1,9-14).

➡ Wie man für andere beten kann: Kolosser 1,9-14

Das Fürbittgebet kann man definieren als Bitte an Gott, zugunsten eines anderen Menschen zu handeln. Manchmal wissen wir nicht, wie wir für unsere Freunde und Familie (auch für die, die uns verletzt haben) beten sollen, auch wenn wir wissen, dass wir es tun sollten. Paulus gibt uns in seinem Brief an die Kolosser ein gutes Beispiel für ein Gebet, dem wir folgen können, wenn wir für andere beten. Lesen Sie diesen Abschnitt und versuchen Sie, ihn das nächste Mal, wenn Sie beten, als Muster zu verwenden. Achten Sie darauf, wie Gott reagiert.

Beten Sie, dass der andere:

1. Gottes Willen erkennt.
2. geistliche Weisheit erhält.
3. ein Leben führt, das Gott gefällt und ehrt.
4. freundlich gegenüber anderen Menschen ist.
5. Gott immer besser kennen lernt.
6. mit Gottes Kraft erfüllt wird.
7. zu einem geduldigen Menschen wird.
8. in der Freude Christi bleibt.
9. immer dankbar ist.
10. Gott immer wieder um Vergebung seiner Sünden anruft.

Fähigkeiten

➡ Biblische Beispiele und Gebetsstile

Das Vaterunser, das ein Grundmodell für uns darstellt (weil es Jesus als Beispiel gegeben hat), und einige andere Gebete der Bibel offenbaren einen Reichtum an Methoden oder Stilen, die Ihre Gruppe auf höhere Ebenen des Betens führen können.

➡ Gebetsarten

• Einleitung	»Höre unser Gebet …« (Neh 1,11; Ps 5,1-3)
• Anbetung	»Erhoben sei dein Name …« (Dtn 10,21; 1 Chr 29,10-13; Ps 34,8-9)
• Bestätigung	»Dein Wille geschehe …« (Ps 27,1; Jes 26,3; Röm 8,38-39)
• Bedürfnisse der Gruppe	»Gib uns heute …« (Ps 7,1; Neh 1,11; Mt 7,7-8)
• Bekenntnis	»Vergib uns unsere Schuld …« (Ps 51; Mt 18,21-22; 1 Joh 1,9)
• Erneuerung (Bewahrung)	»Führe uns nicht in Versuchung …« (Ps 137,7; Joh 15,7-11)
• Dank	»Dankt dem Herrn …« (1 Chr 16,34; Ps 75,1; Offb 11,17)
• Segen	»Gott segne dich und behüte dich …« (Num 6,22-27; Ps 1,1)
• Aussendung	»Geht in alle Welt und macht zu Jüngern …« (Mt 28,18-20; Apg 1,8)
• Heilung	»Das Gebet des Gerechten vermag viel …« (Jak 5,13-16; Ps 6,2; 41,4)
• Kampf	»Weg mit dir, Satan! …« (Mt 4,10; 16,23)
• Segen/Abschluss	»Möge die Gnade Gottes …« (2 Kor 13,14; Eph 3,20-21)

»Aber wenn wir beten, aufrichtig beten, tritt der wahre Zustand unseres Herzens zu Tage; so sollte es sein. Dann nämlich kann Gott anfangen, an uns zu arbeiten. Das Abenteuer fängt erst an.«

Richard Foster
Prayer

Konfliktmanagement

Wenn Beziehungen in Gruppen intensiver werden, sind Konflikte unvermeidlich. Eine Gruppe, in der es unter den Mitgliedern keine Konflikte gibt, ist entweder erst ganz neu entstanden oder die Mitglieder der Gruppe führen keine authentischen Beziehungen. Lassen Sie uns einen Blick auf einige biblische Prinzipien für Konfliktmanagement und auf einige effektive Strategien zum Konfliktmanagement für Kleingruppenleiter werfen.

»Konfrontation hat nichts mit Taktgefühl, Diplomatie und Schönrednerei zu tun. Es geht um einfache Sprache, einfühlsame Haltung und ehrliche Reaktionen.«
David Augsburger
Caring enough to Confront

➡ Biblische Prinzipien für Konfliktmanagement

Der Unterschied zwischen Streit und konstruktivem Konflikt

Streit	*Konstruktiver Konflikt*
• benötigt Sieger/Verlierer	• Ergebnisse, bei denen beide Seiten gewinnen
• neigt dazu, Seiten zu wählen/trennen	• sucht Versöhnung/wählt neue Schritte
• übertreibt aus Unmut	• spricht die Wahrheit in Liebe an
• ist Selbstzweck	• ist Mittel zum Zweck
• zieht nach unten	• ebnet den Weg zu etwas Besserem
• hat gewöhnlich einen verborgenen Auslöser	• es geht nur um das, was offen zu Tage liegt
• entsteht, weil eine Person ein Thema vehement anspricht	• entsteht durch ein Bedürfnis in der Gemeinschaft
• ist ein Kampf	• ist Arbeit
• ist normalerweise hart	• ist normalerweise hart

Die Bibel unterscheidet zwischen Streit und konstruktivem Konflikt. Streiten ist negativ, weil es um unwichtige Argumente oder Meinungsverschiedenheiten geht, die nur das Ziel haben, das eigene Selbstwertgefühl zu fördern oder Spaltungen zu verursachen. Jakobus mahnt uns: »Woher kommen die Kriege bei euch, woher die Streitigkeiten? Doch nur vom Kampf der Leidenschaften in eurem Innern. Ihr begehrt und erhaltet doch nichts. Ihr mordet und seid eifersüchtig und könnt dennoch nichts erreichen. Ihr streitet und führt Krieg. Ihr erhaltet nichts, weil ihr nicht bittet« (Jak 4,1-2). Paulus rät Timotheus dasselbe: »Ein Knecht des Herrn soll nicht streiten« (2 Tim 2,24).

Die Bibel ermahnt Leiter an vielen Stellen, konstruktive Kritik zu üben und zu ermahnen, um das geistliche Wachstum zu fördern. Paulus spricht in seinem Brief an Timotheus von »Belehrung«, an anderen Stellen von »Ermahnung« oder »Zurechtweisung« (vgl. 2 Tim 3,16).

Schlüsselstellen zu Konfliktmanagement

Die Wahrheit in Liebe reden (Eph 4,15.25)
Lieber den Spiegel vorhalten, als zu versuchen, die Gefühle von Menschen zu verändern (Röm 12,15; 1 Kor 12,26)
Sich bemühen, einander aufzubauen und Gnade zu üben (Eph 4,29-32)
Wahre Gefühle ausdrücken, aber nicht sündigen (Eph 4,26-27)
Private Dinge privat besprechen (Mt 18,15-17)
Fehler nicht aufrechnen (1 Kor 13,5)
Erst denken, dann reden (Spr 15,23.28)
Unrecht nicht mit Unrecht vergelten (1 Petr 3,8-9)
Persönliche Motive für den Konflikt überprüfen (Jak 4,1-2; Spr 13,10)
Sich um Frieden und den Aufbau von Beziehungen bemühen (Röm 14,19)
Sinnlose Streitereien vermeiden (Spr 20,3; 2 Tim 2,24)
Die Bedürfnisse der Gruppenmitglieder genauso wie die eigenen berücksichtigen (Phil 2,4)

➡ Strategien für Konfliktmanagement

Es gibt verschiedene Möglichkeiten für Konfliktmanagement, die alle ihre Vorteile haben. In kleinen Gruppen ist es vermutlich am besten, Kompromisse zu schließen und zusammenzuarbeiten.

Vermeidungsstrategie (Schildkröte)

Vermeidungshaltung ist dann eine effektive Strategie, wenn

- der Streitpunkt banal ist.
- die Situation sich von selbst löst.
- ein ausgleichendes Element (Sie oder eine andere Person) wichtig ist.
- die Zeit eingeschränkt ist.

Vermeidungsstrategie ist dann in einem Konflikt nicht effektiv, wenn

- das Problem wichtig ist.
- das Problem sich nicht von selbst lösen wird (und nicht zu vernachlässigen ist).
- die eigene Glaubwürdigkeit durch Vermeidungshaltung leiden würde.
- hinter dem Problem ein größeres Problem liegt, das man unbedingt ansprechen muss.

Einheit 5

Fähigkeiten

Wettkampf (Hai)

Wettkampfhaltung ist dann eine effektive Strategie, wenn

- ein Wettkampf eine bessere Lösung bringen würde.
- Sie möchten, dass sich eine Person/Position gegen eine andere durchsetzt, Sie aber Ihre Sympathie nicht öffentlich ausdrücken können.
- das Thema mehr Gewicht hat als die Beziehung.
- Wettkampf das Problem klärt und Schwachpunkte aufzeigt.

Wettkampf ist keine effektive Strategie, wenn

- langfristige Beziehungen wichtig sind.
- sich der Konflikt auf die persönliche Ebene verlagert, statt sachorientiert zu bleiben.
- es wichtig ist, eine Gewinner/Verlierer-Situation oder eine öffentliche Niederlage zu vermeiden.

Anpassung (Teddybär)

Anpassung ist dann eine effektive Strategie, wenn

- die Beziehung wichtiger ist als der Konfliktpunkt.
- das Thema banal ist.
- kleine Zugeständnisse weitere Vorteile mit sich bringen.

Anpassung ist keine effektive Strategie, wenn

- Ihre Aktionen als gönnerhaft interpretiert werden könnten.
- Sie dadurch einen unklugen Präzedenzfall schaffen würden.

Kompromisse eingehen (Fuchs)

Kompromisse einzugehen erweist sich dann als effektive Strategie, wenn

- es keine einfache Lösung gibt.
- beide Parteien starkes Interesse an sehr unterschiedlichen Punkten des Problems haben.
- nicht genügend Zeit für eine wirklich gemeinschaftlich erarbeitete Lösung ist.
- die Situation nicht so kritisch und eine adäquate Lösung genauso gut ist.

Kompromisse einzugehen ist dann nicht effektiv, wenn

- dadurch ein gefährlicher Präzedenzfall geschaffen würde, weil es Ihnen nicht gelungen ist, die Position eines Konfliktpartners zu verteidigen.
- eine optimale Lösung möglich ist.
- es wichtig ist, Zugeständnisse jeglicher Art zu vermeiden.

»Leben ohne Konfrontation ist ohne Richtung, ohne Ziel, passiv. Wenn Menschen nicht ab und zu herausgefordert werden, neigen sie dazu, sich treiben zu lassen, herumzuirren oder zu stagnieren. Konfrontation ist ein Geschenk.«
David Augsburger

Zusammenarbeit (Eule)

Zusammenarbeit ist dann eine effektive Strategie, wenn

- sowohl die Aufgabe als auch die Beziehung sehr wichtig sind.
- Zeit, Informationen und Bereitschaft zur Zusammenarbeit vorhanden sind.
- das Ergebnis äußerst wichtig ist.
- ausreichend großes Vertrauen zwischen beiden Parteien besteht.

Zusammenarbeit ist dann nicht effektiv, wenn

- Zeit, Mittel und Vertrauen nicht vorhanden sind.
- das Problem es nicht wert ist, Zeit, Energie und Mittel zu investieren.

➡ Die kreative Art, Konflikte zu lösen

In seinem Buch *Caring Enough to Confront* beschreibt David Augsburger einen Ansatz zum Konfliktmanagement, den er »Care-fronting« nennt. Im Folgenden stellen wir Ihnen diesen Ansatz kurz vor.

Falsches Denken über Fürsorge: »Fürsorge« ist nur gut, solange es keine Konfrontation gibt

Es gibt eine Zeit, zu der man sich um andere kümmern muß, und jeder sollte für andere sorgen, wenn er darum gebeten wird. Aber Fürsorge ist nicht vereinbar mit irgendeiner Form von Konfrontation. Um wirklich ehrlich für jemanden sorgen zu können, muß – wenigstens für den Augenblick – alle Offenheit und Konfrontation vergessen sein. Wenn sich jemand ernstlich um einen anderen Menschen sorgt, kann er diesen nicht konfrontieren, weil er um jeden Preis vermeiden will, diesen Menschen zu verletzen.

Falsches Denken über Konfrontation: »Konfrontation« ist nur gut, solange es keine »Fürsorge« gibt

Es gibt eine Zeit, in der es notwendig ist, jemand mit der unbequemen Wahrheit zu konfrontieren – und dieser unangenehmen Aufgabe sollte man keineswegs aufgrund falsch verstandener Fürsorge aus dem Weg gehen. Um wirklich konfrontieren zu können, muß jeder fürsorgliche Impuls beiseite gelassen werden. Wenn jemand wütend ist, sollte er die anderen Gruppenmitglieder ohne Rücksicht mit seinen Gefühlen konfrontieren. Es wäre falsch, in einem solchen Moment fürsorglich sein zu wollen.

Einheit 5

Fähigkeiten

Richtiges Denken über Fürsorge und Konfrontation: »Care-fronting«

Zusammengenommen ergeben die englischen Worte für Fürsorge »care« und »confronting« für Konfrontieren ein ausgewogenes Konzept aus Liebe und Kraft, das zu authentischen zwischenmenschlichen Beziehungen führt. Leider ist es in unserer Gesellschaft meist üblich, diese beiden Komponenten feinsäuberlich zu trennen.

Care-fronting bietet ehrliche Fürsorge, die den anderen zum Wachstum reizt. Sich um jemanden zu kümmern heißt, Wachstum und Weiterentwicklung willkommen zu heißen, einzuladen und zu unterstützen. Und echte Konfrontation bedeutet im Gegenzug, neue Erkenntnisse und Einsichten hervorzurufen. Effektiv zu konfrontieren bedeutet, das Maximum an nützlichen Informationen mit einem Minimum an Bedrohung weiterzugeben.

»... wenn Sie einen Tumor hätten und der Arzt, der Sie untersucht hat, stellt fest, dass es ein bösartiger Tumor ist, wäre es Ihnen dann lieber, wenn er Ihnen die harte Wahrheit nicht sagen würde? [...] Wenn wir die Wahrheit von den Hütern unseres körperlichen Zustandes hören wollen, wieviel mehr sollten wir sie dann von den Hütern unserer Seele hören wollen.«

Chuck Swindoll
Dropping Your Guard

Care-fronting eint Liebe und Kraft und das Bewusstsein für Beziehungen mit dem Bewusstsein für Ziele. Auf diese Weise kann man etwas vertreten (ein Ziel) und gleichzeitig mit jemandem kooperieren (Beziehung), ohne das eine für das andere opfern zu müssen oder an beiden zu scheitern. So kann man kraftvoll lieben – und kraftvoll geliebt werden. Kraft und Liebe stehen nicht im Widerspruch zueinander, sie ergänzen sich.

➡ Wie kann man in der Gruppe Ärger Ausdruck verleihen?

Es gibt zwei Möglichkeiten, seinem Ärger in Gruppen Ausdruck zu verleihen. Ich-Botschaften sind klar und bekenntnishaft. Die Person, die Ich-Botschaften verwendet, ist sich ihres Ärgers, ihrer Verantwortung oder ihrer Ansprüche bewußt, ohne in Schuldzuweisungen auszubrechen. Du-Botschaften stellen meist Angriffe, Kritik, Abwertungen oder Abstempelungen anderer Personen dar, oder sie bestehen aus Schuldzuweisungen.

Wenn Sie sich ärgern, dann reden Sie in klaren, einfachen Ich-Botschaften.

Hier finden Sie einige Beispiele für Ich- und Du-Botschaften.

Ich-Botschaften	*Du-Botschaften*
Ich bin ärgerlich.	Du machst mich wütend.
Ich fühle mich abgelehnt.	Du urteilst über mich und lehnst mich ab.
Mir gefällt die Mauer nicht, die zwischen uns steht.	Du baust eine Mauer zwischen uns auf.

Ich-Botschaften	*Du-Botschaften*
Ich will keinem die Schuld zuweisen und mag es auch nicht, wenn man mir die Schuld zuweist.	Du schiebst die ganze Schuld auf mich.
Ich möchte die Freiheit haben, ja oder nein zu sagen.	Du versuchst, mein Leben zu managen.
Ich möchte mit dir wieder eine Freundschaft haben, die auf gegenseitiger Achtung besteht.	Du mußt mich respektieren, oder du bist nicht mein Freund.

Beziehungen aufbauen

➡ Übungen zum Aufbau von Beziehungen

Das Ziel dieser Übungen ist es, die Beziehungen in Ihrer Gruppe aufzubauen, indem sie Spaß, Kommunikation, Ehrlichkeit, Transparenz, Authentizität und das Teilen von Erfahrungen anregen. Wenn Beziehungen wachsen, fördert diese automatisch die Gemeinschaft.

Gott feiern

Bitten Sie die Mitglieder Ihrer Gruppe, zum nächsten Treffen einen Gegenstand mitzubringen, der symbolisiert, wie sich Gott kürzlich in ihrem Leben als ein mächtiger Gott erwiesen hat. Bitten Sie sie, sich darauf vorzubereiten, den anderen zu erklären, inwiefern sich Gott als der Mächtige für sie gezeigt hat, und warum der Gegenstand Gottes Fähigkeit zu handeln und zu segnen repräsentiert.

- Es sollte ein konkreter Gegenstand sein, den man herzeigen kann, wenn man darüber spricht.
- Die Teilnehmer sollten über ihre eigenen Erfahrungen sprechen (nicht über die von anderen Menschen).
- Bitten Sie sie, über eine Erfahrung zu sprechen, die noch nicht sehr lange zurückliegt.

Lassen Sie jeden während des Treffens seine Geschichte erzählen. Vielleicht können Sie diese Zusammenkunft mit einem Lied abschließen, dessen Text Gottes Macht ausdrückt.

Variation: Feiern Sie Gebetserhörungen.

Fähigkeiten

Erinnerungen

In der Bibel lesen wir häufig, dass das Volk Gottes von eigenen Erfahrungen mit Gott erzählt oder sich an Gottes Handeln erinnert. Das kann auf ganz unterschiedliche Weise geschehen.

- Erinnern Sie sich daran, wann Sie zum ersten Mal etwas über den christlichen Glauben gehört haben.
- Erzählen Sie von persönlichen Erlebnissen mit Gott.
- Erinnern Sie sich an Gebetserhörungen.
- Erinnern Sie sich daran, wie Gott Sie durch eine schwierige Situation hindurchgeführt hat.
- Wenn Ihre Gruppe schon seit einiger Zeit besteht, erinnern Sie sich an Dinge, die Sie gemeinsam erlebt haben, und tauschen Sie sich darüber aus, welche Bedeutung diese Dinge für Sie hatten.
- Erzählen Sie, wann Sie zum ersten Mal in Ihre Gemeinde gekommen sind, und erläutern Sie, welche Bedeutung die Gemeinde für Sie hat.

Diese Erfahrungen drücken die Geschichte Ihrer Gruppe mit Gott aus, wenn Sie bereits eine gewisse Zeit als Gruppe zusammen sind. Ihr Austausch über den Charakter Gottes und Ihre Erfahrungen kann das Vorspiel zu einer Zeit der Anbetung sein.

Zwei Wahrheiten, eine Lüge

Geben Sie jedem in der Gruppe ein Blatt Papier und einen Stift. Jeder soll nun zwei Dinge über sich selbst notieren, die der Wahrheit entsprechen, und eine Lüge. Das kann in jeder beliebigen Reihenfolge geschehen. (Die Teilnehmer sollen groß genug schreiben, damit man das Blatt in der Runde hochhalten und auch aus der Entfernung lesen kann.) Dann liest ein Mitglied der Gruppe seine drei Punkte vor, die anderen müssen raten, welcher Punkt gelogen ist. Danach erklärt die betroffene Person, warum die einzelnen Aussagen wahr oder gelogen sind. Das machen Sie reihum, bis jeder seinen Zettel vorgestellt hat.

Fragen im Hut

Füllen Sie vor dem Treffen einen Hut oder eine Schüssel mit Zetteln, auf denen jeweils eine Eröffnungsfrage steht. Die Anzahl der Fragen sollte mindestens der Anzahl der Mitglieder Ihrer Gruppe entsprechen. Variieren Sie die Tiefe der Fragen, damit Sie Ihrer Gruppe angemessen sind. Zusätzlich schreiben Sie folgende spezielle Dinge auf Zettel und legen Sie in den Hut:

- »Nach rechts weitergeben«
- »Nach links weitergeben«
- »Bumerang (zu Ihnen zurück)«

Am Anfang sollten Sie deutlich sagen, dass jeder immer das Recht hat, Fragen weiterzugeben (um den Leuten die Befangenheit und das Gefühl zu nehmen, dass sie im Rampenlicht stehen). Jemand (sagen wir, Marion) nimmt eine Frage aus dem Hut. Marion kann nun irgendjemanden (aber nur eine Person) aus der Gruppe bitten, diese Frage zu beantworten. Sie bittet Johannes. Nachdem Johannes die Frage beantwortet hat, nimmt er eine Frage aus dem Hut und stellt sie irgendjemandem aus der Gruppe (außer Marion) und so weiter.

Wenn jemand die Zettel »Nach rechts weitergeben« oder »Nach links weitergeben« aus dem Hut zieht, behält er sie und verwendet sie, wenn ihm eine Frage gestellt wird. Wenn Sie »Nach rechts weitergeben« verwenden, dann muß die Person zu Ihrer Rechten die Frage beantworten. Wenn Sie den »Bumerang« haben, dann muß die Person, die Ihnen eine Frage gestellt hat, die Frage selbst beantworten. (Natürlich hat aber jeder das Recht, eine Frage weiterzugeben, wenn er sie nicht beantworten möchte.)

Wer bin ich?

In der Woche vor dem Treffen sammeln Sie irgendeine unbekannte Information über jedes der Gruppenmitglieder, die davon nichts merken sollten. Der Leiter stellt eine Liste aus allen diesen Informationen zusammen (auch eine Information über sich selbst) und kopiert genügend Exemplare, dass jedes Gruppenmitglied eines bekommt.

Während des Treffens werden die Listen ausgeteilt. Das Ziel ist es herauszufinden, welche Information zu welcher Person gehört. Erlaubt ist jeweils eine Frage zu zwei Aussagen auf der Liste. (»Sind Sie derjenige, der ...?« Wenn nicht: »Sind Sie dann derjenige, der ...?«) Nach zwei Fragen müssen Sie zur nächsten Person übergehen.

Nach einer festgesetzten Zeit (oder sobald einer alle richtig erraten hat) ist das Spiel zu Ende, und Sie gehen die Liste noch einmal durch und identifizieren, welche Information zu welcher Person gehört.

Zeitlinie des Lebens zeichnen

Geben Sie jedem ein großes Stück Papier und einige Stifte. Jedes Gruppenmitglied soll eine Zeitlinie seines Lebens zeichnen und darin drei oder vier markante Ereignisse einzeichnen. Die Anzahl der Ereignisse kann variieren, je nachdem wie viel Zeit Sie haben. Dann soll jeder erklären, was er gezeichnet hat.

Fertigkeiten

Selbstporträt malen

Geben Sie jedem ein großes Blatt Papier und Mal- oder Zeichenstifte. Jeder soll – ohne, dass es ein anderes Mitglied der Gruppe sehen kann – ein Selbstporträt malen. Sammeln Sie alle Porträts ein, halten Sie eines nach dem anderen hoch und raten Sie, von wem die einzelnen Bilder stammen. Wenn Sie eine Person erraten haben, soll diese etwas von sich selbst erzählen.

Vorstellungsrunden

Wenn es nötig ist, dass sich die einzelnen Mitglieder vorstellen, sollte sich nicht jeder selbst, sondern jeder in der Gruppe einen anderen vorstellen. Wenn Sie zum Beispiel eine Gruppe für Ehepaare leiten, können sich die Ehepartner gegenseitig vorstellen. Das kann sehr positiv sein.

Videos

Videos können Sie für Anbetungszeiten oder zum Singen einsetzen. Oder filmen Sie: »Einen Tag aus dem Leben« eines Gruppenmitgliedes.

Untergruppen

Wenn Ihre Gruppe groß genug ist, teilen Sie sie für verschiedene Aktionen in kleinere Untergruppen, bis hin zu Zweiergruppen. Das ist vor allem für Gebetszeiten sinnvoll, weil man sich auf einer viel persönlicheren Ebene austauschen, Beziehungen vertiefen und sehr sensibel aufeinander eingehen kann.

Namen Gottes

Fragen Sie: »Welche Attribute Gottes waren für Sie in letzter Zeit von Bedeutung?« (Beispielsweise: »Ich haben Gottes Treue mir gegenüber sehr zu schätzen gelernt, weil ...«) Auch Sie als Leiter sollten etwas dazu beitragen.

Variation: Sprechen Sie nicht darüber, sondern beten Sie sogleich.

Namen in Bibelversen

Der Leiter wählt sich ein Thema und sucht Bibelverse zu diesem Thema heraus, einen Vers für jeden in der Gruppe und einen für sich selbst. Während der Gebetszeit soll jeder seinen Vers vorlesen, dabei seinen eigenen Namen einfügen und so durch den Vers durchbeten.

Das Thema ist beispielsweise »Gott ist Liebe«. Ausgewählte Verse könnten Ps 13,6; Joh 15,9; Röm 5,5 etc. sein. Eines der Gruppenmitglieder, Marion, liest Psalm 13,6 laut vor: »Ich, Marion, aber baue auf deine Huld, mein Herz soll über deine Hilfe frohlocken. Singen will ich, Marion, dem Herrn, weil er mir Gutes getan hat.«

Fähigkeiten

Einander dienen

Halten Sie Ausschau nach Gelegenheiten, um einander auch außerhalb der Gruppentreffen zu unterstützen. Das wird Ihre Beziehung ein großes Stück vertiefen. Wie wäre es mit folgenden Vorschlägen?

- Streichen Sie das Haus (innen oder außen) eines Gruppenmitglieds.
- Machen Sie gemeinsam Großputz.
- Kochen Sie jemandem ein Mittagessen, wenn er Hilfe benötigt.

Anderen gemeinsam dienen

Halten Sie Ausschau nach Gelegenheiten, in denen Sie als Gruppe gemeinsam jemandem helfen, ihn unterstützen oder ermutigen können. Hier sind einige Dinge, die Sie tun könnten:

- Einer Familie oder Menschen in Not helfen.
- In der Gemeinde bei einer besonderen Veranstaltung mitarbeiten (zum Beispiel Kinderbetreuung während des Ostergottesdienstes).
- Bei einem internationalen Einsatz mitarbeiten.

Feiern

Nehmen Sie Gelegenheiten zum Feiern wahr: Gruppengründung, Gruppenneugründung, Wachstum, persönliche Erfolge, das Ende einer Gruppensaison, ein persönliches, bewegendes Erlebnis. Zeigen Sie Kreativität beim Feiern. Genießen Sie es zusammen zu sein.

»Das Leben ist schön!«

Der Leiter bittet im Voraus drei gute Freunde (kann auch der Ehepartner sein) aller Gruppenmitglieder aufzuschreiben, wie die Welt aussähe, wenn diese Person niemals geboren worden wäre. Bevor Sie diese Statements laut vorlesen, können Sie den Ausschnitt aus dem Filmklassiker *Ist das Leben nicht wunderschön* zeigen, in dem George Bailey (James Stewart) dem Engel sagt, dass es besser gewesen wäre, wenn er niemals gelebt hätte, und der Engel ihm dann zeigt, wie leer die Welt ohne ihn gewesen wäre.

Nachdem Sie das Video gesehen haben, lesen Sie die drei Briefe für jede Person vor. Geben Sie Zeit für Kommentare.

Messlatten

Jeder Teilnehmer erhält einen weißen Karton, der bereits vorbereitet ist und auf der linken Seite die folgenden Kategorien aufweist:

Emotional	(Habe ich Zugang zu meinen Gefühlen?)
Beziehungsebene	(Wie hoch ist die Qualität der Beziehungen in meiner Familie und zu meinen Freunden?)
Körperlich/Freizeit	(Bin ich gesund? Macht mir das Leben Spaß?)
Erfüllung im Dienst	(Macht mir mein Dienst Spaß?)
Geistlich	(Wie ehrlich und wachsend ist meine Beziehung zu Gott zur Zeit?)

Stellen Sie dann bunte Papierstücke oder Malstifte bereit. Jede Person nimmt sich Zeit, um jeden Bereich ihres Lebens zu analysieren und mit einem bunten Stück Papier oder einem Farbpunkt zu bewerten. Die Farben haben die folgenden Bedeutungen:

Grün: Ich blühe in diesem Bereich.

Grau: Es geht ganz gut, nicht zu gut und nicht zu schlecht.

Gelb: Mein Wachstum in diesem Bereich geht zurück. Vorsicht!

Rot: Ich habe in diesem Bereich Probleme. Ich muß wirklich aufpassen und brauche Korrektur.

Danach hält jeder seinen Karton hoch und erklärt seine Messlatte.

Der heiße Stuhl

Der Leiter bittet einen Teilnehmer nach dem anderen, sich auf einen Stuhl mitten im Raum zu setzen, sodass er alle sehen kann. Dann zieht sich die Person auf dem heißen Stuhl eine Frage aus einem Stapel Fragen und beantwortet sie. Die Mitglieder der Gruppe stellen Nachfragen oder diskutieren die Antworten der Person (Zeit: etwa drei oder vier Minuten).

Beispielfragen für diese Übung:

- Welches ist Ihr Lieblingsbuch in der Bibel und warum?
- Ergänzen Sie:
  - Vor kurzem wurde ich …
  - Das Gefühl, das mich zur Zeit am besten beschreibt, ist …
  - Wenn ich mir irgendjemanden aussuchen könnte, mit dem ich einen Tag verbringen wollte, würde meine Wahl auf … fallen.

Fähigkeiten

Wertschätzung ausdrücken

Jedes Gruppenmitglied erhält ein Blatt Papier, auf dem oben sein Name steht. Darunter steht der Einleitungssatz: »Ich schätze diesen Menschen, weil er …« Auf dem Blatt sind so viele Linien gezogen, wie Leute im Raum sind. Geben Sie die Blätter in der Runde herum und bitten Sie jeden, die Linien auszufüllen, indem er den Satz ergänzt. Nachdem jeder im Raum alle Blätter gehabt hat, geben Sie die Blätter an die Eigentümer zurück. dann sollen die Mitglieder sich darüber austauschen, was sie an den Feed-backs, die sie von den anderen erhalten haben, am meisten beeindruckt. (Diese Gruppenarbeit dauert insgesamt etwa 30-45 Minuten.)

Lebensgeschichte

Über mehrere Wochen verteilt können Sie jedes Mitglied der Gruppe etwa fünfzehn Minuten lang die Geschichte seines Lebens erzählen lassen. Im Anschluss an die jeweiligen Berichte kann sich die Gruppe noch etwa fünfzehn Minuten darüber austauschen. Das Ziel dieser Übung ist es herauszufinden, welche Vorgeschichte (Milieu, Kindheit etc.) die einzelnen Mitglieder besitzen. Oft fällt es schwer, Menschen wirklich zu schätzen, wenn wir ihre Vergangenheit und einige markante Punkte ihres Lebens nicht kennen.

Abendmahlsfeier in der Gruppe

Das Ziel ist es, als Kleingruppe Brot und Wein miteinander zu teilen. Das kann zu einer unglaublich wichtigen Erfahrung werden.

Jeder dient persönlich einem anderen Gruppenmitglied. (Sie können vorher verabreden, wer wem dient, oder einfach reihum weitergeben.) Wenn Sie einander dienen, weisen Sie auf die Liebe Christi besonders für diesen einen Menschen hin. Wenn Sie diese Übung beendet haben, gehen Sie als Gruppe in eine Zeit des Gebets und der Anbetung.

Drei wichtige materielle Besitztümer

Malen Sie folgende Szene aus: Erklären Sie der Gruppe, dass jeder von ihnen gerade entdeckt hat, dass sein Haus/seine Wohnung in Flammen steht. Sie haben ihre Familienangehörigen sicher herausgebracht. Welche drei materiellen Besitztümer würden sie nun versuchen, aus ihrem brennenden Haus zu retten? Lassen Sie die Teilnehmer erklären, warum sie sich gerade für diese Dinge entschieden haben. Daraus kann eine Diskussion entstehen, die den Wert hinter diesen materiellen Dingen entdeckt und erklärt, warum uns diese Dinge so lieb sind.

Einheit 5

Fähigkeiten

Gruppenfoto

Das Ziel dieser Übung ist es, dass jedes Mitglied ein Bild der Gruppe erstellt. In anderen Worten: Jeder soll in einem Wortspiel oder Wortbild malen oder beschreiben, wie er die Gruppe sieht. Die Gruppe könnte beispielsweise folgendermaßen beschrieben werden:

- Ein Krankenhaus (ein Ort, an dem Verletzungen geheilt werden)
- Eine Tankstelle (ein Ort, an dem man geistlich auftanken kann)
- Ein Trainingslager (ein Ort, an dem wir daran arbeiten können, so zu werden wie Christus)
- Eine Burg (ein sicherer Ort, an dem man über persönliche Probleme sprechen kann)
- Ein Berggipfel (ein Ort, an dem man neue Perspektive erhält und ermutigt wird)
- Eine Party (ein Ort, an dem man Spaß haben kann, Begeisterung und Aufregung erlebt)

»Wir leben in einer Zeit, in der die Kunst der Konversation der Vergangenheit angehört ... Und doch besteht zur selben Zeit ein wachsender Hunger nach Nähe, nach persönlichen Beziehungen und Verständnis.«

Jerry Jones
201 Great Questions

Das sind nur einige Beispiele, aber lassen Sie die Mitglieder die Gruppe so beschreiben oder malen, wie sie sie sehen oder sich vorstellen.

Sätze ergänzen

Bitten Sie verschiedene Mitglieder Ihrer Gruppe, die folgenden Sätze zu ergänzen:

1. Ich halte es für selbstverständlich, dass morgen ______________________

   ____

   ____

2. Letztes Jahr um diese Zeit hätte ich nie gedacht, dass Gott ____________

   ____

3. Ich bin ____________________ am meisten für dieses Jahr dankbar, weil er/sie ______________________________________

   ____

4. Eine Eigenschaft Gottes, die ich besonders schätze, ist ______________

   ____

5. Folgende Menschen hat Gott besonders benutzt, um mein Leben im vergangenen Jahr zu bereichern: ______________________________

   ____

6. Ich möchte Gott besonders dafür danken, dass er mir die Gabe des/der ______________________________ gegeben hat, damit ich ihm und der Gemeinde damit dienen kann.
7. Wenn ich an den weltweit durchschnittlichen Lebensstandard denke, bin ich reich, weil ich mit folgenden materiellen Dingen gesegnet bin: ______________________________
____
8. Wenn ich heute Abend aufstehen und zu allen Mitgliedern der Gemeinde Christi sprechen könnte, würde ich Folgendes sagen: ______________
____
____
9. Mein Gott ist ______________________________
____

➡ Ideen für die Anbetungszeit

1. Hören Sie eine Anbetungskassette an und singen Sie mit.
2. Laufen Sie durch einen nahe gelegenen Park oder Wald und loben Sie Gott für seine Schöpfungskraft.
3. Bitten Sie Ihre Gruppe, über die Namen Gottes nachzudenken, die in der Bibel zu finden sind. Bitten Sie jedes Mitglied zu erklären, warum ein bestimmter Name Gottes für es von besonderer Bedeutung ist. Dann loben Sie Gott dafür.
4. Bitten Sie Mitglieder, ihren Lieblingspsalm oder ihre Lieblingsverse aus der Bibel zu suchen, die sich mit dem Wesen Gottes oder Jesu beschäftigen. Lesen Sie die Texte laut und beten Sie dann.
5. Lassen Sie jedes Mitglied ein Gebet schreiben, das Gott lobt und preist. Bitten Sie sie, die Gebete vorzulesen. Behandeln Sie diese Gebete, als seien sie Briefe an Gott.
6. Besuchen Sie gemeinsam ein christliches Lobpreiskonzert oder einen Gottesdienst.
7. Lassen Sie Mitglieder Ihrer Gruppe Filmaufnahmen von Dingen machen, die sie an Gott denken lassen oder bei denen sie Gott loben wollen. Schauen Sie die Aufnahmen in der Gruppe an. Machen Sie Pausen, um darüber nachzudenken, wer Gott ist und was er in Ihrem Leben tut.

Fähigkeiten

➡ Gemeinsame Unternehmungen

1. Essen Sie gemeinsam.
2. Treiben Sie gemeinsam Sport.
3. Machen Sie eine Gruppenfreizeit.
4. Gehen Sie in einen Freizeitpark.
5. Besuchen Sie gemeinsam ein Konzert.
6. Gehen Sie für einen Tag an einen See/zum Strand zum Baden.
7. Besuchen Sie zur Weihnachtszeit einen Weihnachtsmarkt oder eine besondere Veranstaltung.
8. Veranstalten Sie ein Herbst-/Erntedankfest.
9. Schauen Sie zusammen ein Video an und diskutieren darüber.
10. Machen Sie zusammen Popcorn, Eis oder eine Pizza.
11. Überlegen Sie in der Gruppe, was Ihnen Spaß machen würde zu tun.

➡ Evangelisation

1. Beten Sie dafür, dass jemand den leeren Stuhl füllt.
2. Beten Sie für verschiedene Teile der Welt, die Gottes Hilfe benötigen.
3. Beten Sie für die Missionare Ihrer Gemeinde.
4. Planen Sie einen Einsatz in der Innenstadt.
5. Sammeln Sie zusammen Material und Geschenke, die Sie an ein Hilfswerk weitergeben.
6. Veranstalten Sie ein Abendessen, zu dem Sie Gäste einladen.
7. Veranstalten Sie eine Party und laden Sie Ihre Nachbarn dazu ein.
8. »Adoptieren« Sie ein Patenkind und unterstützen Sie es finanziell.
9. Planen Sie, wie Sie Freunde zu einem Offenen Gottesdienst einladen können.
10. Arbeiten Sie gemeinsam den Kurs »So wird Ihr Christsein ansteckend« durch. (Wiesbaden: Projektion J Verlag, 1996)

Denken Sie bei all diesen Übungen daran:

- Rufen Sie sich Ihre Vision ins Gedächtnis.
- Berücksichtigen Sie die Größe Ihrer Gruppe und bilden Sie gegebenenfalls Untergruppen.
- Geben Sie allen genügend Zeit und kürzen Sie die erforderliche Zeit nicht ab.
- Der Leiter muß sich genauso wie alle anderen beteiligen.
- Lassen Sie den Heiligen Geist wirken und stellen Sie sich ihm nicht in den Weg. Erkennen Sie, wann Sie vorwärts gehen, die Richtung ändern oder einfach still sein sollen. Berücksichtigen Sie den Austausch von Gefühlen.

Tips für den Umgang mit Störungen

Einen sicheren Raum zu schaffen, in dem Lebensumgestaltung optimal möglich ist, ist nicht einfach. Manchmal ist es beruhigend zu wissen, dass die meisten Gruppen mit Problemen auf der Beziehungsebene kämpfen müssen. Wenn die Mitglieder einer Gruppe das Ziel haben zu wachsen, dann müssen sich Menschen verletzlich machen. Jeder, der irgendwann einmal Leiter oder Mitglied in einer Selbsthilfegruppe war, wird Ihnen erzählen, dass Probleme am ehesten an die Oberfläche kommen, wenn Menschen emotional transparent sind. Wenn das geschieht, ist es die Aufgabe des Leiters, der Gruppe zu helfen, die richtige Richtung einzuschlagen.

Zwei Prinzipien müssen den Leiter bei seinen Versuchen zur erfolgreichen Problemlösung leiten. Erstens muß jede Lösung die Gesundheit und das Wohlbefinden des Einzelnen fördern. Und zweitens muß jede Lösung auch die Gesundheit und das Wohlbefinden der ganzen Gruppe fördern.

Die folgenden Tips zum Umgang mit Störungen wurden in der Diskussion mit Leitern entwickelt. Sie sollen Ihrer Gruppe dabei helfen, voller Gnade und Weisheit mit Problemsituationen umzugehen. Denken Sie daran, dass keine Technik hundertprozentige Problemlösung garantieren kann. Aber wenn Sie aufmerksam, sensibel und liebevoll miteinander umgehen, wenn Sie einen oder mehrere dieser Tips verwenden, dann hat Ihre Gruppe eine gute Chance, nicht nur diese eine spezielle Barriere zu durchbrechen, sondern auch im Gegenzug wahre Gemeinschaft und Reife zu erben.

➡ Fall 1: Die Plaudertasche

Was oft tröpfchenweise beginnt, kann sich zu einer wahren Flut von Worten entwickeln, wenn es nicht in die richtigen Bahnen gelenkt wird. Der Redner ist selten schüchtern und fühlt sich in langen Schweigeminuten unwohl. Typischerweise steht hinter diesem Bedürfnis, alle Pausen zu füllen, die Angst vor Vertrautheit oder persönlicher Nähe. Die Plaudertasche neigt dazu, das Thema zu wechseln, und kann leicht das Tempo der Gruppe bestimmen, wenn niemand behutsam einschreitet. Hier finden Sie einige Hinweise, die Ihnen vielleicht helfen können.

Setzen Sie Grundregeln für Ihre Gruppe fest

- Setzen Sie die Regel fest, dass keiner ein zweites Mal sprechen darf, bevor nicht alle anderen, die sich zu Wort gemeldet haben, ihre Meinung geäußert haben. Oft schweigt der scheinbar introvertierte Ehepartner des Vielredners. Nutzen Sie die Situation zu Ihrem Vorteil. Jeder darf ein zweites Mal sprechen, wenn der Ehepartner zuvor die Gelegenheit zum Sprechen hatte. Sie werden sich über die positiven Reaktionen übergangener Ehepartner wundern.
- Legen Sie fest, dass man den anderen ausreden lässt, bevor man selbst spricht.
- Gehen Sie die Gruppe systematisch durch und geben Sie so jedem die Chance, etwas zu sagen. Nehmen Sie Rücksicht auf Leute, die entweder nicht gewohnt sind, in einer Gruppe zu sprechen, oder sich unwohl dabei fühlen.
- Versichern Sie der Plaudertasche in einem persönlichen Gespräch, dass Sie seine/ihre Beiträge schätzen, dass Sie jedoch auch die Kommentare der anderen hören möchten. Vor der ganzen Gruppe können Sie sagen, dass Sie nach dem Treffen intensiver mit ihm/ihr über dieses Thema sprechen möchten.
- Sagen Sie zu Beginn des Treffens, dass Sie einige Punkte auf das Ende verschieben wollen, wenn alle anderen Punkte besprochen worden sind. (Das funktioniert nur, wenn Sie bereits gemerkt haben, dass die Plaudertasche wiederholt auf bestimmte Themen zurückkommt.)
- Und hier eine kreative Lösung: Werfen Sie einen Fußball oder einen anderen Gegenstand durch den Raum. Nur die Person, die diesen Gegenstand in der Hand hält, hat auch das Recht zu sprechen.
- Werfen Sie während einer Diskussion einfach eine Frage dazwischen und geben Sie diese an eine andere Person weiter.

Suchen Sie das persönliche Gespräch

- Verbringen Sie privat Zeit mit dem Vielredner. Versuchen Sie herauszufinden, warum er/sie das Bedürfnis hat, die Gruppentreffen zu dominieren.
- Konfrontieren Sie ihn damit taktvoll, aber nachdrücklich auf privater Ebene. Beginnen Sie mit einer Aufzählung der positiven Beiträge dieser Person. Gehen Sie dann auf das Bedürfnis der anderen ein, eine Chance für einen ähnlichen Einfluß zu bekommen. Nutzen Sie die Zeit der Konfrontation gleichzeitig als wichtigen Moment der Bestätigung.
- Bitten Sie die Plaudertasche um Hilfe, wenn Sie andere, schweigsame Mitglieder aus der Reserve locken möchten. Schlagen Sie vor, dass er/sie seine Beiträge mit einer Frage beschließt wie: »Und was denken die anderen dazu?«

➡ Fall 2: Der Allwissende

Zu viele Jahre wurden unter Christen geistliche Erfolge fälschlicherweise daran gemessen, wieviel Wissen man vorzuweisen hatte. Dieses Maß steht in scharfem Kontrast zu der biblischen Definition, dass die Frucht eines Christen das ist, was man tut und was man ist. Wegen dieser Fehlinterpretation der Lehre Jesu drängte sich das Wissen auf der Liste der herausragenden christlichen Tugenden vor das Handeln. So ist es nicht schwer zu verstehen, warum viele treue Gruppenmitglieder nichts Falsches daran sehen, mit einfachen Antworten um sich zu werfen, einfach einen Bibelvers zu zitieren oder theologische Trivialitäten in den Raum zu stellen, die mit der momentanen Gruppendiskussion nicht das Geringste zu tun haben. Solche Gruppenmitglieder sind oft streitsüchtig und zeigen wenig Toleranz gegenüber anderen Interpretationen von Gefühlen oder Bibelstellen. Sie holen oft weit aus, um sicherzustellen, dass ihre Meinung gehört und wertgeschätzt wird.

Allwissende Menschen demontieren nur allzu schnell geschützte Orte. Andere Mitglieder sollten solche fehlende Aufmerksamkeit, verurteilende Haltung und streitsüchtigen Geist nicht erleben müssen. Hier finden Sie einige hilfreiche Möglichkeiten, wie Sie die Bedürfnisse des Allwissenden erfüllen und gleichzeitig die Gruppe auf dem richtigen Kurs halten können.

Übernehmen Sie eine aktive Rolle während des Treffens

- Führen Sie zum ursprünglichen Gedanken oder zur Ausgangsfrage zurück.
- Lenken Sie den Blick wieder auf die Textpassage oder das Material, das Sie verwenden, und sammeln Sie mehr Informationen von allen Teilnehmern. Fassen Sie dann zusammen.

- Lenken Sie die Diskussion liebevoll an andere Gruppenmitglieder weiter: »Was denken die anderen zu diesem Textabschnitt?« oder: »Welche Gefühle haben die anderen dabei?«
- Bestätigen Sie das, was an den Antworten des Allwissenden richtig ist, aber schauen Sie auch nach anderen Sichtweisen.
- Geben Sie selbst ein Beispiel für echte Einfühlsamkeit, damit der Allwissende Wege erkennt, wie er anderen besser helfen kann.
- Erinnern Sie die Gruppe daran, wie wichtig es ist, Gesprächspausen auszuhalten.
- Vermeiden Sie es, darüber zu diskutieren, was richtig oder falsch ist.
- Machen Sie vor dem Treffen deutlich, welche Gefühle platte oder vereinfachende Antworten bei anderen auslösen können. Bitten Sie die Gruppe, sich selbst zu beobachten. Zögern Sie nicht, Gruppenmitglieder darauf anzusprechen, nachdem Sie die Grundregeln festgelegt haben.
- Laden Sie zu einer Gebetsgemeinschaft ein.

Führen Sie ein persönliches Gespräch mit dem Allwissenden

- Wenn das Problem ständig auftritt, sollten Sie mit der Person außerhalb der Gruppe sprechen. Erklären Sie ihr, was Beiträge dieser Art bei der Gruppe auslösen. Konfrontieren Sie ihn liebevoll mit der Wahrheit.
- Bestätigen Sie der Person ihr großes Wissen, erklären Sie ihr aber auch, dass dies für die Diskussion nicht immer angebracht oder notwendig ist.
- Erklären Sie der Person, dass sie lernen muß, die Beiträge der anderen zu akzeptieren, ohne sofort darüber zu urteilen oder sie zu korrigieren.
- Bitten Sie dieses unsensible Mitglied, lieber Gefühle statt Gedanken mit den anderen Personen zu teilen (»Ich denke ...«).
- Bitten Sie die Person, Ihnen dabei zu helfen, die Diskussion zu verdeutlichen und zusammenzufassen.
- Versuchen Sie herauszufinden, warum diese Person das Bedürfnis hat, immer im Vordergrund zu stehen.

➡ Fall 3: Das Mitglied mit dem Programm

Jeder von uns kämpft von Zeit zu Zeit damit, vollständige Kontrolle über Bereiche unseres Lebens haben zu wollen. Gruppen können der Ort werden, an dem wir unsere Machtkämpfe austragen. Manche Menschen neigen besonders dazu, sich selbst zu beweisen und manche Bereiche des Gruppenlebens nach ihren Vorstellungen zu lenken, einfach nur um ihre persönlichen Vorlieben verwirklichen zu können.

Verräterische Redewendungen entlarven jedoch meist einen solchen Menschen. Achten Sie auf Wendungen wie »ja, aber« oder »na ja, ich denke«. Oft steht diese Person dem Gruppenprozess kritisch gegenüber, auch bei Dingen, die die ganze Gruppe beschlossen hat. Hier einige Hinweise für den Umgang mit solchen Menschen:

Wiederholen Sie Gruppenübereinkünfte, wenn Sie alle zusammen sind

- Bestätigen, wiederholen, vermitteln, herausfordern, neu definieren – ungeachtet, welches Wort Sie verwenden: Erinnern Sie alle in der Gruppe an die gemeinsam beschlossenen Richtlinien für das Gruppenleben.
- Diskutieren Sie diese Richtlinien mit allen, um Ziel und Werte des Gruppentreffens zu bestätigen.

Sprechen Sie persönlich mit dem Mitglied mit Programm

- Konfrontieren Sie diese Person in einem persönlichen Gespräch und versuchen Sie das zu Grunde liegende Problem herauszufinden.
- Schlagen Sie dieser Person vor, mit den anderen Mitgliedern zusammenzuarbeiten, um eine probate Lösung zu finden, die das Problem löst, ohne die Grenzen, die die Gruppe festgelegt hat, zu verletzen.

➡ Fall 4: Oberflächliche Diskussionen

Am Beginn von neuen Beziehungen neigt man meist dazu, sich eher über Fakten als über Gefühle auszutauschen. Man möchte kein emotionales Risiko eingehen, und deswegen erreicht man in diesem Stadium nicht viel. Am Anfang ist oberflächliche Kommunikation normal und kein Grund zur Besorgnis.

Oft aber kämpft eine Gruppe selbst noch nach vielen Treffen damit, das Eis der Oberflächlichkeit zu durchbrechen und in die Tiefe zu gehen. Dieses Zögern kann das Ergebnis des Leitungsstils sein oder daran liegen, dass ein Mitglied der Gruppe den Fortschritt behindert. Egal, was Ihre Gruppe »einfriert«, Sie können sich ganz leicht darauf vorbereiten, mit diesem Problem umzugehen.

Oberflächliche Kommunikation kann auch ein Zeichen dafür sein, dass Sie zu schnell in die Tiefe gehen. Finden Sie heraus, ob dies zutrifft. Wenn Sie das Gefühl haben, dass Sie zu schnell waren, geben Sie Ihren Fehler zu und versuchen Sie, ein realistischeres Tempo einzuschlagen. Damit geben Sie ein Beispiel für Verletzlichkeit. Das ist wirkungsvoller, als sich über die »Chemie« innerhalb der Gruppe zu beschweren. Ihre Offenheit wird das Ziel erneut in den Mittelpunkt rücken und die Teilnehmer wieder vereinen.

Einheit 5

Fähigkeiten

Verbessern Sie Ihre Fragen

- Die beste Möglichkeit, eine Gruppe dazu zu bringen, sich zu öffnen, ist das eigene Beispiel. Das Tempo des Leiters bestimmt das Tempo der Gruppe – dies könnte das Postulat einer Kleingruppe sein. Die Faustregel ist, so in die Tiefe zu gehen und so offen zu sein, wie Sie es auch von den anderen erwarten.
- Stellen Sie konkrete Fragen und Anwendungsfragen. Scheuen Sie sich nicht, die Gruppe herauszufordern.
- Stellen Sie Fragen, die auf die Gefühle abzielen, nicht nur auf Fakten oder Meinungen.
- Seien Sie direktiver an den Stellen, an denen es angemessen ist. Gelegentlich können geschlossene Fragen viel konkretere Antworten auslösen als offene Fragen.
- Wiederholen Sie Ihre Fragen mit anderen Worten. Oft bedeutet Schweigen, dass die Mitglieder der Gruppe einfach unsicher sind, wonach Sie gefragt haben. (Schweigen kann auch bedeuten, dass sie nachdenken, nicht, dass sie zögern.)

Schaffen Sie ein sichereres Klima

- Erinnern Sie die Mitglieder Ihrer Gruppe in den ersten Minuten des Treffens an die Regeln für vertrauliche Gespräche.
- Wenn Ihre Gruppe zu groß ist, bilden Sie Untergruppen.
- Nehmen Sie außerhalb der Gruppentreffen mit den einzelnen Mitgliedern Kontakt auf, um in persönlichen Gesprächen herauszufinden, ob diese mit Ihrer Art der Leiterschaft zufrieden sind oder ob Sie andere Fragestellungen wählen sollten.

Einheit 5

Nachbereitung der Treffen

Feed-back für Ihren Dienst erhalten

Das Ziel von Feed-back und Auswertung ist Verbesserung und zunehmende Effektivität in Ihrem Dienst. Rückmeldung von anderen über Ihre Leitung und Ihre Gruppe dient dazu, Ihnen zu helfen, Ihre Stärken auszubauen und Ihre Schwächen auszugleichen.

Wir haben drei Hilfsmittel konzipiert, die Ihnen helfen sollen, Ihren Kleingruppendienst auszuwerten und zu verbessern. Diese Hilfsmittel (und praktischen Beispiele) werden in der folgenden Tabelle beschrieben.

Hilfsmittel für die Auswertung Ihres Dienstes

Formblatt	Ziel	notwendig/optional	Zuständigkeitsbereich	Häufigkeit
Auswertungsbogen für Treffen (Seite 162)	Zur Zusammenfassung der Treffen, um die Entwicklung des Azubis, Zukunftspläne, besondere Gebetsanliegen und Feiern festzuhalten.	unbedingt	Azubi und/oder Leiter	monatlich
Feed-back-Bogen für Leiter (Seite 163)	Leitern zu helfen, ihre Stärken auszubauen und die Bereiche zu verbessern, in denen sie ihre Fertigkeiten noch entwickeln müssen.	möglich	Azubi, Mitglieder, Coach	nach Wunsch (wenigstens zweimal jährlich)
Planung zur Lebensumgestaltung (Gruppe) (Seite 165)	Der Gruppe zu helfen, ihr Wachstum und ihre Reife als Gruppe zu diskutieren.	möglich	Leiter und Gruppe zusammen	halbjährlich

Nachbereitung der Treffen

Auswertungsbogen für Kleingruppentreffen

Leiter ______________________________ Monat ________ Jahr ______________________________

Azubi-Leiter (1) ______________________ Coach ______________________________

Azubi-Leiter (2) ______________________ Dienst-/Bereichsleiter ______________________________

Anleitung: Bitte füllen Sie als Leiter diesen Bogen jeden Monat aus. Behalten Sie eine Kopie für sich und geben Sie eine Kopie an Ihren Coach oder Dienstleiter weiter.

Besucherstatistik

Treffen:	Datum 1	Datum 2	Datum 3	Datum 4	Summe	Durchschnitt (Summe/Anzahl Treffen)
Teilnehmer insg. (je Treffen)						
Regelmäßige Teilnehmer						
Erstbesucher						
Gäste (Coach, andere Leiter, Freunde etc.)						
Fehlende regelmäßige Teilnehmer						

Hat in den letzten Monaten jemand Ihre Gruppe verlassen? Wenn JA, geben Sie bitte Namen und Grund für den Weggang an.

Name: Begründung:

______________________________ ______________________________

______________________________ ______________________________

Inhaltliche Zusammenfassung (Beschreiben Sie kurz, womit sich Ihre Gruppe in diesem Monat beschäftigt hat. Dazu zählen Aktivitäten in der Gruppe, außerhalb der Gruppe und persönliche Treffen.)

Nächste Schritte (Wie sehen die Pläne für Ihre Gruppe für den nächsten Monat aus? In welchem Bereich möchten Sie Ihre(n) Azubi(s) weiter ausbilden? Haben Sie potenzielle Azubis gefunden?)

Nur zur Information … (Gibt es etwas, das Sie feiern möchten? Haben Sie Probleme, Gebetsanliegen oder Fragen? Wichtig: Bei dringenden Problemen oder Gebetsanliegen rufen Sie bitte Ihren Coach oder Dienstleiter an.)

Nachbereitung der Treffen

Feed-back-Bogen für Leiter (Teil 1)

Von: ____

(*Bitte beachten Sie:* Dieser Feed-back-Bogen wurde entwickelt, um Sie zu ermutigen, nicht um über Sie zu richten oder Sie zu verurteilen.)

Leitung während der Treffen

1. Kennzeichnen Sie mit einem »X« auf der folgenden Skala, wie Sie den Kommunikationsstil des Leiters bewerten würden.

____

Schwerpunkt Lehre — *Schwerpunkt Diskussion*

Notieren Sie auf der obigen Skala mit einem »O«, wie Sie sich Ihren Leiter wünschen.

2. Kennzeichnen Sie mit einem »X« auf der folgenden Skala,wie Sie das Maß an Kontrolle beschreiben würden, das der Leiter über den Verlauf der Treffen hat.

____

Autorität/Starke Kontrolle — *Demokratisch/Gelassen*

Notieren Sie auf der obigen Skala mit einem »O«, wie Sie sich Ihren Leiter wünschen.

3. Kennzeichnen Sie mit einem »X« auf der folgenden Skala,wie Sie die allgemeine Beteiligung der Gruppenmitglieder an den Diskussionen bewerten würden.

____

Beteiligung einer Minderheit — *Ausgewogene Beteiligung*

Was, wenn überhaupt, kann der Leiter dazu tun, um eine ausgewogenere Beteiligung zu fördern?

4. Wie hat der Leiter bestimmte Elemente des Treffens gehandhabt?

- Pünktlich beginnen
- Besprechung der »Hausaufgaben« (wenn angemessen)
- Auslegung eines Bibeltextes oder Lehre
- Diskussionsabschnitte
- Bei der persönlichen Umsetzung helfen
- Pünktlich schließen

Nachbereitung der Treffen

Leiterschaft außerhalb der Treffen (Feed-back-Bogen – Fortsetzung)

1. Welche Erfahrungen, die Sie außerhalb der regulären Treffen mit Ihrem Leiter gemacht haben, waren besonders wertvoll für Sie?
2. Welche Bereiche im Leben Ihres Leiters müssen oder möchten Sie genauer kennenlernen, damit Sie ein gottgefälliges Beispiel vor Augen haben?
3. Welche konkreten Schritte könnte Ihr Leiter außerhalb der regulären Gruppentreffen unternehmen, um Ihr persönliches Wachstum zu fördern?
4. Bewerten Sie Ihren Leiter in den folgenden Bereichen:
   - Verfügbarkeit außerhalb der Gruppentreffen
   - Zugänglichkeit und Interesse
   - Inwiefern fordert und fördert er mich verantwortlich und ist, wenn nötig, eine Stütze?
   - Sensibilität und Hingabe
   - Fühlt er sich für mich verantwortlich?
5. Gibt es noch etwas anderes, was Sie Ihrem Leiter als Feed-back geben möchten?
6. Gibt es Punkte, die noch nicht gelöst sind oder die besondere Aufmerksamkeit des Leiters erfordern?
7. Welche Bestätigung können Sie Ihrem Leiter geben? Welche Aspekte Ihrer Erfahrung mit der Kleingruppe waren besonders wertvoll für Sie?
8. Wie werden Sie für Ihren Leiter beten?

Nachbereitung der Treffen

Planung zur Lebensumgestaltung

Datum: ________________

Leiter: ________________

Wie geht es uns?

Unsere Gruppe …

Bewertungsskala:
3 – gut, erfreuliche Erfolge
2 – es geht in die richtige Richtung, es gibt Bereiche, in denen wir Fortschritte machen
1 – wir kämpfen, brauchen Hilfe

… nimmt an geistlicher Reife zu

☐ Die Gruppenmitglieder sind geistliche Selbstzünder und bemühen sich aktiv um ihre Beziehung zu Gott. Sie nehmen am Leben der Gemeinde teil, indem sie ihre geistlichen Gaben und Mittel einsetzen.

Kommentare:

… wächst auf der Beziehungsebene

☐ Die Gruppenmitglieder pflegen aktiv die Beziehungen zueinander, sowohl während der Gruppentreffen als auch außerhalb.

Kommentare:

… wird mehr und mehr zu einem sicheren Raum

☐ Die Gruppe stellt einen sicheren Ort dar, an dem die Mitglieder bereit sind, ihre Gedanken und Gefühle offen und transparent miteinander zu teilen.

Kommentare:

… erzeugt Begeisterung

☐ Die Gruppentreffen sind lebendig und energiegeladen. Die Mitglieder freuen sich auf die Treffen und betonen regelmäßig, dass die Gruppentreffen zu den Höhepunkten der Woche gehören.

Kommentare:

… heißt Außenstehende willkommen

☐ Die Gruppenmitglieder laden Menschen ein, die noch keine Verbindung zur Gemeinde haben. Der leere Stuhl wird gebraucht und es kommen mindestens zwei neue regelmäßige Teilnehmer pro vierundzwanzig Gruppentreffen dazu.

Kommentare:

… bereitet sich auf die Geburt einer neuen Gruppe vor

☐ Die Gruppe macht sich den Wert, eine neue Gruppe ins Leben zu rufen, zu Eigen. Neue Leiter (Azubis und Gastgeber) sind gefunden und geschult, um gesunde Tochtergruppen zu garantieren.

Kommentare:

Einheit 5

Anhang

Die häufigsten Fragen zum Thema »Gruppentreffen leiten«

Frage: ***Wie lange sollte ein gutes Treffen dauern?***

Antwort: Lange genug, um die Gruppe zu fesseln, kurz genug, um eine Sehnsucht nach dem nächsten Treffen zu erzeugen. Denken Sie nicht, dass Sie jedes Treffen zu einem perfekten Abschluss bringen müssen. Lassen Sie die Mitglieder ruhig einmal mit unbeantworteten Fragen nach Hause gehen. Das wird ihr Interesse für mehrere Tage wachhalten.

Frage: ***Wo ist der beste Ort für ein Gruppentreffen?***

Antwort: Das hängt von den Zielen der Gruppe ab. Fragen Sie sich selbst: »Wo können wir uns am besten treffen, um eine wertvolle Zeit zu verbringen und um unser Ziel zu erfüllen?« Abwechslung hält eine Gruppe frisch. Eine Veränderung des Treffpunktes hat oft auch eine Veränderung der Aufmerksamkeit, der Beteiligung und der Offenheit zur Folge.

Literaturhinweise

Mechthild Kretz und Ute Dörr, *Neues vom Gruppenleiten* (Bonn: NavPress 1988)
Praxisnah und auf humorvolle Weise werden Hilfen für den Aufbau der Gemeinschaft, die Durchführung von Gruppentreffen, den Umgang mit Konflikten und schwierigen Mitgliedern und die Verarbeitung der Teilung oder Auflösung von Gruppen behandelt.

Neil McBride, *How to Lead Small Groups* (NavPress)
Kapitel 7: »Auswertung Ihrer Gruppe«, bietet einige hilfreiche Informationen und Fragen, die jeder Kleingruppenleiter durchdenken sollte. Auch wenn sich die dort vorgestellten Auswertungsmethoden von unseren unterscheiden, regt das Material sehr zum Weiterdenken an.

Seien Sie ein Hirte für Ihre Gruppe

Einheit 6

Jüngerschaft begleiten

Gruppenorientierte Jüngerschaft

Jüngerschaft wird fälschlicherweise oft als etwas verstanden, das primär in Zweierbeziehungen geschieht. Aber im Neuen Testament war Jüngerschaft immer ein Gruppenereignis. Wie wir in den vergangenen Einheiten bereits festgestellt haben, berichtet die Bibel selten, dass sich Jesus mit weniger als dreien der zwölf Jünger traf. Jüngerschaft in Zweierbeziehungen, die aber gleichzeitig wiederum in eine Gruppe eingebunden ist, bewahrt den neuen Jünger vor einer Fixierung auf ein bestimmtes Gruppenmitglied. Vielmehr ermöglicht der Gruppenkontext den Jüngern ausgewogeneres geistliches Wachstum, wenn sie Unterweisung, Beratung, Liebe, Ermutigung, Ermahnung und die Begabung von vielen Glaubensbrüdern und -schwestern erfahren.

Wann ist dann aber Jüngerschaft in Zweierbeziehungen angebracht? Wenn wir uns die Zweierbegegnungen zwischen Jesus und Petrus, Paulus und Timotheus und Paulus und Silas anschauen, wird deutlich, dass es sich nicht um grundlegende Jüngerschaftsbeziehungen handelt, sondern um Beziehungen, in denen Leiter ausgebildet werden. Es ist wichtig, Zeit mit der Schulung neuer Leiter zu verbringen. Trotzdem können Sie Ihre Ziele im Bereich Jüngerschaft meist durch gruppenorientierte Jüngerschaft erreichen. Dienst in und durch Gruppen reflektiert das Modell des Neuen Testamentes viel angemessener (Mk 3,14; Mt 10,5-42; Apg 13,2; 16,1-5) und schafft eine Umgebung, in der gegenseitige Unterstützung, Dienst, Verbindlichkeit und Schulung gewährleistet sind.

Geistliches Wachstum fördern

Geistliches Wachstum ist ein Prozess, der Zeit und einen willigen Geist erfordert. Es erwächst aus dem Werk des Heiligen Geistes, dem Gehorsam gegenüber dem Wort Gottes, der Vertrautheit mit Christus, aus Erfahrungen (vor allem mit Anfechtungen) und aus verbindlichen Beziehungen in der Gemeinschaft. Als Gruppenleiter verursachen Sie kein geistliches Wachstum, aber Sie können ein Umfeld schaffen, das ein solches Wachstum fördert und erleichtert. Deswegen haben wir betont, wie wichtig es ist, dass Sie sich in Ihrer Gruppe mit der Bibel beschäftigen, dass Sie lehren, wie man betet, dass Sie die Rolle des Heiligen Geistes in Ihrer Gruppe verstehen und das Bedürfnis erkennen, tragfähige Freundschaften zu den Gruppenmitgliedern aufzubauen.

Eine der besten Möglichkeiten zur Förderung des geistlichen Wachstums Ihrer Gruppe, ist die Bewertung des geistlichen Wachstums nach den fünf G. Wie in der ersten Einheit bereits ausgeführt, reflektieren die fünf G – Gnade, Gedeihen/Wachstum, Gruppe, Gaben, Geben – einen Jüngerschaftsprozess.

Einheit 6

Jüngerschaft begleiten

Wir haben für Sie einen »Hirtenplan« entwickelt, mit dessen Hilfe Sie Ihre Gruppe »wachsen lassen« können. Wenn Sie die angegebenen Bibelstellen und Fragen gemeinsam durcharbeiten, kann dieser »Hirtenplan« ein Werkzeug für den Jüngerschaftsprozess sein.

Nutzen Sie das folgende Arbeitsblatt und die Tabelle, um eine Strategie zur Förderung des geistlichen Wachstums Ihrer Gruppenmitglieder zu entwickeln. Setzen Sie sich mit jedem einzelnen Mitglied Ihrer Gruppe zusammen und finden Sie gemeinsam heraus, auf welche Bereiche geistlichen Wachstums Sie Ihr besonderes Augenmerk richten müssen, beispielsweise Bibelstudium, Gebet, Beziehungen, alte Verletzungen, Dienst, Haushalterschaft etc. Wenn Sie sich nach einiger Zeit wieder mit einzelnen Mitgliedern Ihrer Gruppe treffen, nehmen Sie dieses Arbeitsblatt zur Hand und helfen Sie ihnen, sich an die Ziele und Richtlinien für Wachstum in der Gruppe zu erinnern.

Hirtenplan für Kleingruppenleiter

Name des Leiters: ____________________________ Quartal: 1 2 3 4

Plan zur Gruppenentwicklung

		Fragen	Vierteljahresplan
	**Gnade** Erlösende Gnade erfahren und verbreiten. (2 Kor 5,18-19)	• Für welche Menschen können wir beten, dass sie Christus in ihr Leben aufnehmen? • Wie können wir uns gegenseitig ermutigen und unterstützen, dass wir die erlösende Gnade an unsere Familien, Freunde, Arbeitskollegen, Nachbarn und die ganze Welt weiter geben können? • Wie können wir bei unseren evangelistischen Bemühungen stärker als Team zusammenarbeiten?	
	**Gedeihen** Wachsen, um geistlich nach dem Bild Christi geformt zu werden. (Hebr 10,24-25)	• Welche Übungen, Erfahrungen und Beziehungen helfen uns dabei, als Gruppe nach dem Bild Christi verändert zu werden. • Was werden wir studieren, um einander nach dem Bild Christi zu verändern? • Wie können wir gemeinsam die Teilnahme am Gottesdienst fördern?	

Plan zur Gruppenentwicklung (Fortsetzung)

		Fragen	Vierteljahresplan
	**Gruppen** Sich umeinander in liebevollen, authentischen Gemeinschaften kümmern. (Gal 6,2)	• Wie können wir einander mehr lieben, füreinander sorgen und tiefere Gemeinschaft pflegen? • Wie können wir Authentizität, Verletzlichkeit und Offenheit fördern? • Wie sieht der nächste Schritt aus, wenn wir unsere Gemeinschaft ausweiten oder multiplizieren wollen?	
	**Gaben** Unsere geistlichen Gaben entdecken, entwickeln und zum Dienst am Leib Christi einsetzen. (Röm 12,6-8)	• Wie können wir gemeinsam der ganzen Gemeinde besser dienen? • Wie können wir einander helfen, unsere geistlichen Gaben zu entwickeln und einzusetzen? • Welche Aufgaben in unserer Gemeinde können wir als ganze Gruppe übernehmen?	
	**Geben** Unsere Zeit und Mittel für die erlösenden Ziele Gottes mit unserer Gemeinde, Stadt, Nation und Welt gut verwalten. (Mt 25,40)	• Wie können wir einander ermutigen, besser mit unserer Zeit und unseren Mitteln umzugehen? • Wie kann unsere Gruppe ihr Mitgefühl auf die Stadt und die Welt ausweiten? • Welche besonderen persönlichen, geistlichen oder materiellen Mittel haben wir, die wir mit anderen teilen können?	

Gruppenmitglieder ermutigen

»Es liegt in unserer Verantwortung als Christen, uns auf den möglichen Einfluss unserer Worte in jeder Situation einzustellen und nur die Worte auszuwählen, die unsere Sensibilität für die Bedürfnisse anderer widerspiegeln.«

Larry Crabb
Encouragement

Wenn Sie bemerken, dass sich ein Gruppenmitglied in einem geistlichen Tief befindet, ermutigen Sie es, indem Sie ihm Ihre Liebe und Unterstützung zeigen. Jeder hat Ängste, ist enttäuscht oder verwirrt über das, was uns im Leben ständig an Unerklärlichem und scheinbar Unüberwindlichem begegnet. Wenn wir anderen zeigen, dass wir sie wirklich mitten in ihrem Schmerz lieben, dann ermutigen wir sie. Der Verfasser der Sprüche tröstet uns, dass Tod und Leben in der Macht der Zunge liegen (Spr 18,21). Ermutigende Worte bringen Leben; beschämende oder harte Worte bringen den Tod. Ihre Aufgabe als Leiter ist es, Menschen, die emotional den Stachel des Todes spüren, Worte des Lebens zu sagen. Hören Sie auf die Anweisungen Paulus' an die Gemeinde in Ephesus: »Über eure Lippen komme kein böses Wort, sondern nur ein gutes, das den, der es braucht, stärkt, und dem, der es hört, Nutzen bringt« (Eph 4,29). Ermutigung ist gemeinschaftsbildend.

➡ So werden Sie zum ermutigenden Kleingruppenleiter

1. *Hören Sie aufmerksam zu, bevor Sie einen Rat geben* (Spr 12,18; 13,3; Jak 1,19). Eine gute Art, Menschen zu ermutigen, ist, ihnen aufmerksam und anteilnehmend zuzuhören. Versuchen Sie nicht, Dinge vorschnell zu beurteilen oder leichtfertige, platte Antworten auf ihre Probleme oder Fragen zu geben. Hören Sie einfach zu.
2. *Seien Sie sensibel.* Die Bibel erinnert uns daran, dass unsere Rede mit Salz gewürzt sein soll. Unsere Worte sollen mit Gnade gefüllt sein (Eph 4,29) und den Jesus widerspiegeln, der in Gnade und Wahrheit gekommen ist (Joh 1,14).
3. *Seien Sie freundlich, wenn Sie reden.* Freundliche Worte sind wohltuend und liebevoll. Die Wahrheit muß nicht immer mit gezogener Pistole verkündet werden. Wahrheit, die in Liebe ausgesprochen wird, hört man leichter zu und gehorcht ihr auch bereitwilliger.

➡ Diese Fallen sollten Sie als Ermutiger umgehen

1. *Verteidigungshaltung.* Versuchen Sie nicht, sich selbst zu rechtfertigen. Hören Sie einfach zu, was andere sagen, und versuchen Sie, das Gesagte zu klären.

2. *Sarkasmus und Kritik.* Manchmal geht uns die Zunge durch. Denken Sie deshalb daran, dass Menschen schnell durch Worte verletzt werden können (Spr 15,4).

3. *Korrektur.* Sagen Sie Menschen nie, dass ihre Gefühle falsch oder unangemessen sind oder sagen Sie nicht etwas wie: »Sie sollten solche Gefühle nicht haben.« Tatsache ist nun einmal, dass sie genau so fühlen, und an Ihnen liegt es nun herauszufinden, warum sie diese Gefühle haben, die sie gerade erleben.

4. *Ratschläge geben.* Vermeiden Sie es, Antworten zu geben, bevor Sie die Fragen richtig unter die Lupe genommen haben. Ratschläge können bevormundend wirken und die Kommunikation negativ beeinflussen. Schnelle Ratschläge ignorieren oft das eigentliche Problem.

Wirkliche Ermutigung erfordert die Kunst des aktiven Zuhörens. Das heißt, sich völlig auf eine andere Person einzustellen und Anteil an ihrem Schmerz und Frust zu nehmen. Wenn Sie sorgfältig zuhören, sind Sie in der Lage, den Menschen in Ihrer Gruppe Worte der Ermutigung, des Trostes und der Hoffnung zuzusprechen. Denken Sie daran, dass die Bibel voll ist von Ermahnungen und Geboten, einander aufzuerbauen und zu ermutigen. Die folgenden »einander«-Stellen des Neuen Testamentes zeigen das Herz Gottes und seinen Wunsch, dass sich in seinem Volk tiefe, fürsorgliche Beziehungen entwickeln. Wenn Sie diese Verse studieren, denken Sie darüber nach, wie Sie sie im Leben Ihrer Gruppe umsetzen können.

Einheit 6

Jüngerschaft begleiten

Einige »einander«-Stellen im Neuen Testament

Lebt miteinander in Frieden (Mk 9,50)
Liebt einander (Joh 13,34)
Seid einander in brüderlicher Liebe zugetan (Röm 12,10)
Achtet einander (Röm 12,10)
Lebt miteinander in Harmonie (Röm 12,16)
Richtet nicht übereinander (Röm 14,13)
Nehmt einander an (Röm 15,7)
Lehrt einander (Röm 15,14)
Grüßt einander (Röm 16,16)
Dient einander (Gal 5,13)
Einer trage des anderen Last (Gal 6,2)
Seid geduldig und ertragt einander in Liebe (Eph 4,2)
Seid gütig und barmherzig zueinander (Eph 4,32)
Vergebt einander (Eph 4,32)
Ermuntert einander mit Psalmen und Lobliedern (Eph 5,19)
Ordnet euch einander unter in der gemeinsamen Ehrfurcht vor Christus (Eph 5,21)
In Demut schätze einer den anderen höher ein als sich selbst (Phil 2,3)
Lehrt einander (Kol 3,16)
Ermahnt einander (Kol 3,16)
Ermutigt einander (1 Thess 4,18)
Baut einander auf (1 Thess 5,11)
Spornt einander zu Liebe und guten Taten an (Hebr 10,24)
Verleumdet einander nicht (Jak 4,11)
Klagt nicht übereinander (Jak 5,9)
Bekennt einander eure Sünden (Jak 5,16)
Betet füreinander (Jak 5,16)
Begegnet einander in Demut (1 Petr 5,5)

Einheit 6

Fürsorge

Für andere sorgen und Hirte sein

Für andere zu sorgen ist Teil der Hirtenrolle. Gott erwartet von uns, dass wir anderen mit der Art von Fürsorge begegnen, mit der er sich selbst um seine Herde kümmern würde. Dies wird im Buch des Propheten Ezechiel deutlich, der Gottes Tadeln der Führer Israels beschreibt, die sich nicht in angemessener Weise um ihre Herde gekümmert hatten (Ez 34,1-16). Wenn Sie diese Passage durcharbeiten, werden Sie sehen, dass Gott von seinen Hirten erwartet, dass sie

- der Herde Nahrung verschaffen
- sie zu Ruheplätzen führen
- die Verlorengegangenen suchen
- die Verstreuten zurückbringen
- die Gebrochenen verbinden
- die Kranken stärken

Hirte zu sein bringt eine überwältigende Verantwortung mit sich. Deswegen haben wir die Zahl der Menschen, für die ein Leiter verantwortlich ist, so sehr eingeschränkt. Wenn Sie sich um zu viele Menschen kümmern müssen, werden Sie schließlich einen Burn-out erleiden.

In welchem Maß und wie oft kümmern Sie sich um die Ihnen anvertrauten Menschen? Es gibt drei Ebenen von fundamentaler Fürsorge: Primärfürsorge, gegenseitige Fürsorge und unterstützende Fürsorge. Krisen- oder Notfallfürsorge werden wir in der folgenden Einheit besprechen.

Primärfürsorge

Darunter versteht man die normale, regelmäßige Aufmerksamkeit und Unterstützung, die ein Kleingruppenleiter seiner Gruppe zukommen läßt. Manchmal gehören Menschen zu mehr als einer der Problemgruppen. In solchen Fällen sollten Sie sie fragen, wo Sie Primärfürsorge erwarten. Solche Fürsorge beinhaltet Gebetsunterstützung, Telefonanrufe, Ermutigung, Krankenbesuche und die Suche nach Mitteln und Wegen, um die Bedürfnisse der Gruppenmitglieder zu erfüllen.

Einheit 6

Fürsorge

Gegenseitige Fürsorge

Gegenseitige Fürsorge ist das, was Gruppenmitglieder sich gegenseitig geben. Für einen Kleingruppenleiter ist es unmöglich (und wird auch nicht von ihm erwartet), dass er allein alle Mitglieder der Kleingruppe mit der notwendigen Fürsorge bedenkt. Das Ziel einer Kleingruppe ist es, sich umeinander wechselseitig und interaktiv zu kümmern. Dazu gehört es, Familien mit neugeborenen Babys mit Essen zu versorgen, Leute im Krankenhaus zu besuchen, füreinander zu beten und einander zu unterstützen, wenn Hilfe nötig ist. So werden wir in die Lage versetzt, den Rat von Paulus zu erfüllen: »Einer trage des anderen Last; so werdet ihr das Gesetz Christi erfüllen« (Gal 6,2).

Unterstützende Fürsorge

Ihre erste Verteidigungslinie oder Rückendeckung ist Ihr Coach. Wenn Ihr Coach nicht erreichbar ist, nehmen Sie Kontakt mit Ihrem Bereichsleiter oder einem anderen Leiter Ihrer Gemeinde auf. Gemeinsam können Sie eine Strategie ausarbeiten, wie Sie die bestimmten Fürsorgebedürfnisse, mit denen Sie sich konfrontiert sehen, erfüllen können.

Einheit 6

Krisenfürsorge

Von Zeit zu Zeit tritt in einer Kleingruppe eine Krise oder ein Notfall auf. Da Sie ihr Leiter sind, werden die Mitglieder Ihrer Gruppe zuerst von Ihnen Rat und Unterstützung erhoffen.

Umgang mit einer Krise

In Fällen drohender körperlicher Gefahr

Nehmen Sie umgehend Kontakt mit der Polizei auf. Zu solchen Krisen gehören:

- Lebensbedrohliche Situationen
- Schwere Unfälle oder Notfälle
- Selbstmordversuch oder drohender Selbstmord
- Gewaltandrohungen

Auch wenn es relativ unwahrscheinlich ist, dass Sie mit solchen Situationen jemals innerhalb der Gruppen konfrontiert werden (oder mit einem Mitglied Ihrer Gruppe), sollten Sie sich der Möglichkeit bewusst sein und wissen, dass Sie in solchen Fällen umgehend Kontakt mit der Polizei aufnehmen sollten.

Andere ernste Situationen

Wenn Sie sich einer ernsten Situation gegenübersehen, für die Sie weitere Hilfe und Unterstützung benötigen (z. B. Kindesmissbrauch oder -vernachlässigung; Gewalt in der Ehe etc.), sollten Sie umgehend Kontakt mit Ihrem Coach und Ihrer Gemeinde aufnehmen, um gemeinsam zu entscheiden, wie ernst die Krise ist und um den Vorfall gegebenenfalls den zuständigen Stellen zu melden.

Denken Sie daran, dass in den meisten Situationen Ihr Coach die erste Kontaktstelle ist. Wenn Ihr Coach nicht erreichbar ist, nehmen Sie Kontakt mit Ihrem Bereichsleiter oder Dienstleiter auf. Aber rufen Sie umgehend die Polizei an, wenn in irgendeiner Form Gewalt oder Gefahr drohen.

Unterstützung, nicht Seelsorge

Als Kleingruppenleiter wird von Ihnen erwartet, dass Sie die Mitglieder Ihrer Gruppe unterstützen und ermutigen. Aber Sie sind nicht zum professionellen Berater ausgebildet, also sollten Sie eine solche Rolle auch nicht übernehmen. Stattdessen liegt es in Ihrer Verantwortung, den Mitgliedern Ihrer Gruppe die

Möglichkeiten zur persönlichen Versorgung zu geben, die sie benötigen. Folgende Situationen können professionelle Hilfe erfordern:

- Ernsthafte Eheprobleme
- Früherer Missbrauch
- Drogen
- Schwere Persönlichkeitsstörungen
- Mentale Störungen oder Fehlfunktionen

Wenn Sie mit Situationen konfrontiert werden, die den oben aufgeführten ähneln, nehmen Sie Kontakt mit Ihrem Coach auf, um zu erfahren, welche Schritte eingeleitet werden sollten. Gemeinsam können Sie einen Plan entwerfen, wie Sie ein Gruppenmitglied ermutigen können, professionelle Beratung oder sonstige Hilfe in Anspruch zu nehmen. Nehmen Sie in solchen Fällen niemals direkt Kontakt mit der Gemeindeleitung auf und geben Sie nie den Namen des Mitglieds weiter. Es ist unbedingt erforderlich, dass Sie das Vertrauen einer Person nicht verletzen!

Nur weil Sie der Meinung sind, dass ein Mensch Beratung benötigt, bedeutet dies nicht, dass er auch bereit ist, diese in Anspruch zu nehmen. Arbeiten Sie mit Ihrem Coach und mit Bereichsleitern zusammen, um herauszufinden, wie man einem Menschen am besten den Vorschlag nahe legt, professionelle Beratung oder andere Hilfe in Anspruch zu nehmen.

Einheit 6

Anhang

Die häufigsten Fragen zum Thema »Hirte sein«

Frage: ***Was mache ich, wenn ich fühle, dass ich nicht kompetent genug bin, um die Bedürfnisse meiner Gruppe zu erfüllen?***

Antwort: Nur zu oft fühlen Leiter sich verpflichtet, die Bedürfnisse jedes einzelnen Mitglieds zu erfüllen. Wenn sie es dann nicht schaffen, fühlen sie sich schuldig. Sie werden oft die Hilfe Ihres Coaches, der Gemeindeleitung und anderer Gruppenmitglieder benötigen, um die Bedürfnisse der Mitglieder zu erfüllen. Machen Sie es zur Team-Leistung!

Frage: ***Mein Persönlichkeitstyp sträubt sich gegen Konfrontationen. Was soll ich machen?***

Antwort: Auf die eine oder andere Weise müssen Sie sich der Wahrheit stellen. Eine unerfreuliche Situation zu ignorieren, wird sie nur noch verschlimmern. Unterdrückte Gefühle und Emotionen werden schließlich zu einem emotionalen Wutausbruch führen. Besser ist es demnach, sich freiwillig in die Konfrontation zu begeben, Ihre Worte weise zu wählen und die Situation zu retten, bevor sie schlimmer wird.

Frage: ***Unterstützt ein offizielles Programm zur Aufnahme von Gemeindemitgliedern die Kleingruppenarbeit?***

Antwort: Interessanterweise haben wir festgestellt, dass eine Kleingruppenarbeit die Gemeindemitgliedschaft fördert. Kleingruppen sind ein strategisch wertvoller Ort, an dem man Visionen vermitteln und an die gesellschaftliche Aufgabe erinnern kann. In *Willow Creek* haben wir den gesamten Prozess zur Aufnahme von Gemeindemitgliedern dezentralisiert und auf die Kleingruppenleiter und Coaches übertragen, die unter der Aufsicht von Gemeindeältesten stehen. Wir haben entdeckt, dass Kleingruppenmitglieder die hingegebensten Leute in unserer Gemeinde sind, was sich an ihrem Dienst, ihrem Gottesdienstbesuch, ihren Spenden und ihrer aktiven Teilnahme in der Gemeinde zeigt.

Literaturhinweise

Günter Krallmann, *Leidenschaftliche Leiterschaft, Der Auftrag Jesu zur Mission* (Wuppertal: One Way Verlag 1995)

Ralph W. Neighbor, *The Shepherds Guidebook. Spiritual and Practical Foundation for Cell Group Leaders* (Houston: Touch Outreach Ministries, revised edition 1994)
Leiterhandbuch, das gründlich in Fürsorge und Seelsorge für Gruppenmitglieder unterweist. Stark evangelistisch ausgerichtet.

Paul D. Stanley und Robert Clinton, *Mentoring, Wir brauchen geistliche Väter und Mütter* (Greng-Murten, Schweiz: Verlag für kulturbezogenen Gemeindebau 1994)

Wie weiten Sie Ihren Dienst aus?

Gruppenmultiplikation

Gott und der leere Stuhl

Von Anbeginn der Zeit war es Gottes Wunsch, einen Menschen zu schaffen, der mit ihm bis in alle Ewigkeit Gemeinschaft haben würde. Obwohl er als Dreieinigkeit perfekte Gemeinschaft hatte (Vater, Sohn und Heiliger Geist), war es sein Wunsch, diese Gemeinschaft auf alle auszuweiten, die an ihn glauben. Von der Genesis bis zur Offenbarung sehen wir, dass Gottes Herz dafür schlägt, dass Menschen erreicht und in diese neue Gemeinschaft integriert werden:

- Die Verheißung eines Messias (Gen 3,15)
- Die Verheißung an Noah (Gen 9,8-17)
- Die Verheißung an Abraham, ihn zu einer großen Nation zu machen (Gen 12,1-5)
- Gottes Verheißung, die Israeliten zu seinem Volk zu machen (Ex 6,7)
- Gottes Verheißung an David für ein ewiges Königreich und einen Ort, an dem das Volk Gottes wohnen kann (2 Sam 7,1-17)
- Gottes Wunsch, unter allen Völkern der Erde bekannt zu sein (Ps 67)
- Die Einladung an alle zu kommen und Teil von Gottes Gemeinschaft zu sein (Jes 55,1-3)
- Die Verheißung eines Messias, der auf der ganzen Welt bekannt werden würde (Mi 5,2-5)
- Gott wird unter allen Völkern der Erde bekannt werden (Zef 3,8-10.20)
- Die Einladung an alle, zu kommen und Christus anzunehmen (Mt 11,28-30)
- Der Auftrag, alle Nationen zu Jüngern zu machen (Mt 28,18-20)
- Die Verheißung, dass alle, die glauben, Teil einer neuen Gemeinschaft werden (Joh 3,16)
- Die Kraft des Heiligen Geistes wird alle befähigen, Zeugen für Christus zu sein (Apg 1,8)
- Die Welt wird das Evangelium nicht hören, wenn wir es ihr nicht bringen (Röm 10,14-15)

Einheit 7

Gruppenwachstum

Wie Sie sehen, hat Gott seit Jahrhunderten Menschen auf seinen »leeren Stuhl« eingeladen. Das zeigt sich vor allem auf sehr persönliche Weise im Leben Jesu. Jesus nutzte das Konzept des leeren Stuhls, um eine Beziehung zu Nikodemus, zur Frau am Brunnen, zur Ehebrecherin und zu den Jüngern aufzubauen – und seine Einladung gilt auch heute. Andreas hielt den Stuhl für Petrus frei, Barnabas den Stuhl für Paulus und Paulus für Timotheus. Teil der Jüngerschaft ist es, einen Stuhl für die Menschen freizuhalten, die noch nicht zu einer authentischen Gemeinschaft gehören. Dazu gehören Suchende, Christen, die am Rand stehen, oder hingegebene Christen, die Gemeinschaft suchen.

Den leeren Stuhl besetzen

Viele von Ihnen fragen sich sicher: »Wie besetze ich nun aber den leeren Stuhl?« Im Folgenden haben wir einige Schritte aufgeführt, die Sie durchdenken können, und eine Grafik erstellt, die Ihnen helfen wird, Menschen zu finden, die potenziell zu Ihrer Gruppe dazukommen könnten.

Schritt 1: Bevor Sie damit beginnen, neue Mitglieder einzuladen

A. Beziehen Sie jeden in den Prozess mit ein. Jeder in Ihrer Gruppe sollte Leute in die Gruppe einladen.

B. Erklären Sie Ihrer Gruppe das Prinzip des leeren Stuhls.

C. Beten Sie regelmäßig dafür, dass Gott den leeren Stuhl ausfüllt.

D. Erstellen Sie eine Liste potenzieller Mitglieder (verwenden Sie dazu die folgende Grafik).

Schritt 2: So laden Sie neue Mitglieder ein

A. Knüpfen Sie auch unabhängig von Gruppentreffen Beziehungen.

B. Erklären Sie dem potenziellen Mitglied die Vision Ihrer Gruppe.

C. Bitten Sie ihn, genau zu überlegen, ob er zur Gruppe dazustoßen soll.

D. Ermöglichen Sie ihm, andere Mitglieder der Gruppe kennen zu lernen, bevor es zum ersten Mal ein Gruppentreffen besucht.

E. Erlauben Sie ihm, einige Treffen unverbindlich zu besuchen, bevor es eine feste Entscheidung treffen muß.

Schritt 3: Wenn ein neues Mitglied gewonnen wurde

A. Heißen Sie das neue Mitglied offiziell willkommen und bedanken Sie sich bei dem, der es mitgebracht hat.

B. Lassen Sie jeden kurz seine Geschichte erzählen.

C. Feiern Sie mit Ihrer Gruppe.

Gruppenwachstum

D. Nehmen Sie nicht zu schnell zu viele neue Leute auf. Ermöglichen Sie Ihrer Gruppe, sich an neue Mitglieder zu gewöhnen und zusammenzuwachsen, bevor Sie zusätzliche Leute einladen.

Anmerkung: *Das ist der allgemeine Vorgang, wie man Menschen in Gruppen einlädt. Beraten Sie sich mit Ihrem Coach, ob alle Elemente dieses Prozesses zu Ihrer speziellen Gruppe passen. (Gruppen für Suchende würden beispielsweise eine andere Methode wählen, um neue Leute in eine Gruppe einzuladen. Dienstgruppen können besondere Richtlinien entwickeln, die für die Erfüllung ihrer Aufgabe entscheidend sind.)*

Wo finde ich potenzielle Gruppenmitglieder?

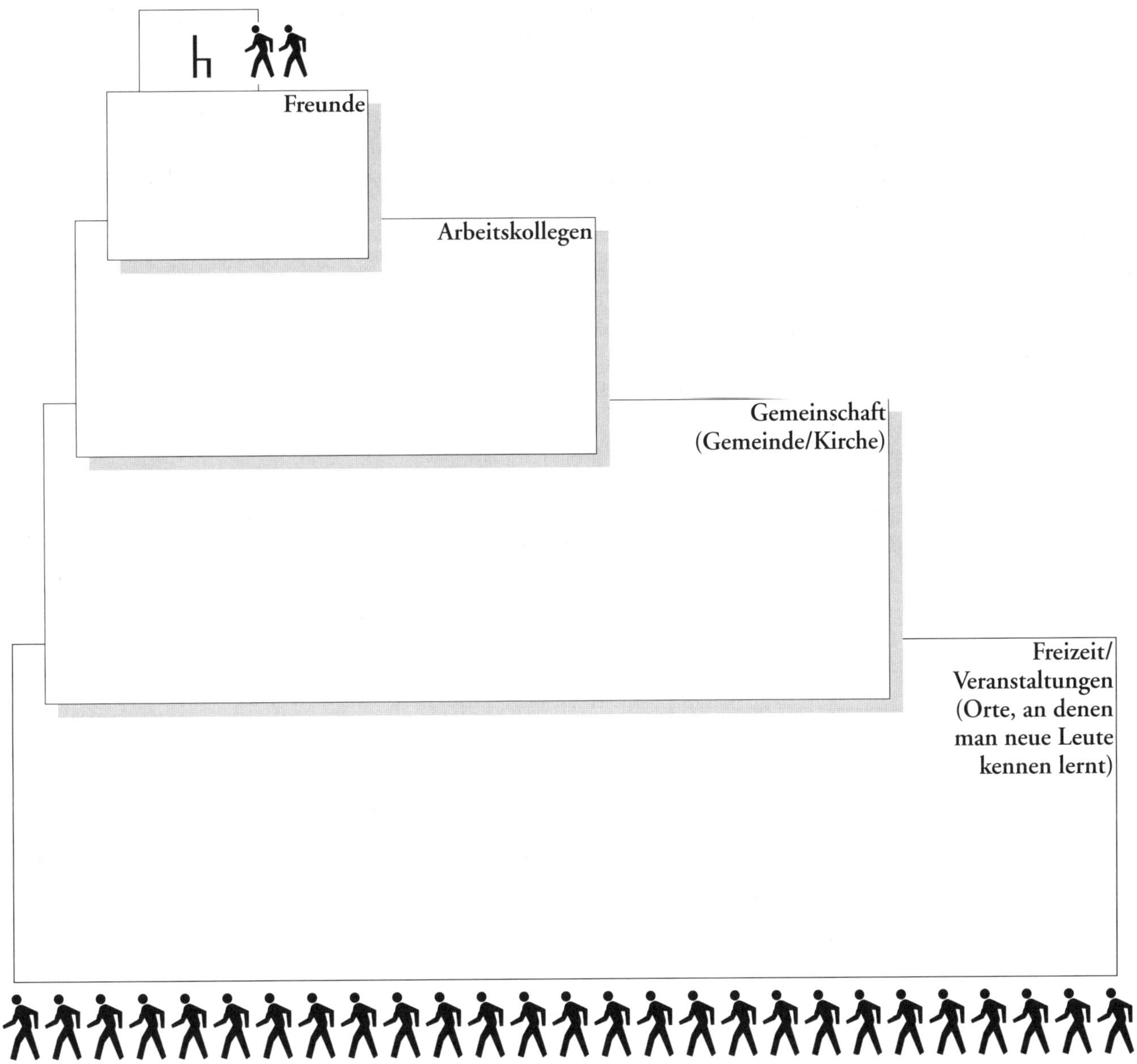

Einheit 7

Gruppenwachstum

➡ Gespräche mit zukünftigen Gruppenmitgliedern

> Affinität *bezieht sich einfach auf »die Dinge, die wir gemeinsam haben und die uns zueinander hinziehen«. Es bedeutet nicht »Ähnlichkeit« – wir halten nicht Ausschau nach Menschen, die genauso sind wie wir. Wir versuchen zu erkennen, ob es irgendwelche gemeinsamen Erfahrungsgrundlagen oder Interessen gibt, auf deren Basis wir gesunde Beziehungen entwickeln können.*

Es ist nicht leicht, jemanden in kurzer Zeit kennen zu lernen. Auch Menschen, die ihre Zeit überwiegend mit solchen Dingen verbringen, werden Ihnen sagen, dass es Jahre dauert, die Fähigkeiten zu entwickeln, die man benötigt, um exakt die Stärken und Schwächen der Menschen benennen zu können, die man kennen zu lernen versucht. In einer Kleingruppe hängt der Erfolg der Gruppe ganz stark von der Fähigkeit ab, Affinitäten unter den Mitgliedern zu entwickeln, und nicht davon, ob die Leute »gute Leute« sind. Meistens können wir gefühlsmäßig feststellen, ob jemand in unsere Gruppe passt. Es gibt jedoch einige Fragen, mit deren Hilfe man dies besser herausfinden kann. Diese Fragen lassen sich in vier Bereiche einteilen:

1. Herkunft
2. Beruf und Familie
3. Interessen und Hobbys
4. Geistlicher Appetit

Im Folgenden finden Sie einige Beispiele. Wenn Sie sich mit potenziellen Mitgliedern für Ihre Gruppe treffen, fühlen Sie sich nicht gezwungen, all diese Fragen stellen zu müssen. Wählen Sie diejenigen aus, mit denen Sie sich wohl fühlen oder die am besten zu Ihren Bedürfnissen passen. Vielleicht möchten Sie auch Ihre eigenen Fragen formulieren oder diese Fragen in Ihren eigenen Worten ausdrücken.

Herkunft

1. Wie sind Sie in unsere Gemeinde gekommen?
2. Welche Gemeinde haben Sie besucht, bevor Sie hierher gekommen sind?
3. Stammen Sie aus dieser Gegend? Wo haben Sie die Schule besucht?
4. Welche geistlichen Grundlagen hatte die Gemeinde, in der Sie aufgewachsen sind?

Einheit 7

Gruppenwachstum

Beruf und Familie

1. Womit verdienen Sie Ihren Lebensunterhalt? Was haben Sie davor gemacht?
2. Sind Sie mit Ihrer momentanen Position zufrieden? Wenn nicht, was wäre Ihr Traumberuf?
3. Wie sieht Ihr Terminkalender aus? Wie stark nimmt Sie Ihr Beruf in Anspruch?
4. Wie lange sind Sie schon verheiratet? Haben Sie Kinder? Wie viele?
5. Wie würden Sie die Beziehung zu Ihrem Ehepartner beschreiben? Haben Sie Zeiten reserviert, in denen Sie sich mit Ihrem Partner über Ereignisse, Probleme etc. unterhalten?
6. Was war für Sie bisher die größte Herausforderung Ihrer Ehe (oder Ihres Singledaseins)?
7. Was fordert Sie in Ihrer Ehe am meisten heraus (an Ihrem Singledasein)?
8. Erzählen Sie mir etwas über Ihre Familie. Treffen Sie Ihre Eltern oft? Wie viele Brüder und Schwestern haben Sie?

Interessen und Hobbys

1. Wie verbringen Sie Ihre Freizeit? Haben Sie irgendwelche Hobbys?
2. Was machen Sie am liebsten, wenn Sie ausgehen?
3. Was machen Sie, um sich zu entspannen?
4. Gibt es irgendeine Sportart, eine Aktivität oder ein Hobby, das Sie noch gerne lernen würden?

Geistlicher Appetit

1. Waren Sie vorher schon einmal in einer Kleingruppe, hier oder in einer anderen Gemeinde? Was hat Ihnen daran gefallen?
2. Warum möchten Sie Mitglied einer Kleingruppe werden?
3. Wie sieht Ihr geistliches Leben aus? Wie sieht Ihr Weg mit Gott aus?
4. Was, denken Sie, können Sie den anderen in der Kleingruppe geben?
5. Welche Erwartungen haben Sie an die Gruppe? Welche sollten erfüllt werden?
6. Welches geistliche Ziel möchten Sie am Ende dieser Gruppe erreichen?

Gruppenwachstum

Bitte beachten Sie die Konzeption und die Tiefe der Fragen. Direkte Nachfragen zu speziellen geistlichen Punkten oder zum Weg eines Menschen mit Gott können bedrohlich wirken. Fangen Sie konsequenterweise also mit einfachen Fragen an. Solche Fragen werden sowohl Ihren Gesprächspartner als auch Sie selbst locker machen!

Wenn die Unterhaltung in Gang kommt, versuchen Sie, Ihre Gefühle über das Gespräch und die Inhalte wahrzunehmen. Die Körperhaltung Ihres Gegenübers, die Stimmlage, Mimik oder Blicke zum Ehepartner, all das löst Reaktionen in Ihnen aus, die Ihnen helfen zu erkennen, ob eine Affinität besteht. Manche Menschen, die andere kennen lernen, machen den Fehler, vorschnell über diese zu urteilen, und hören folglich nicht mehr auf das, was der andere sagt. Andere vernachlässigen ihr Urteil und erkennen ihre wahren Gefühle nicht an, möglicherweise lassen sie die Tatsache außer Acht, dass sie sich nicht unbedingt um die Leute kümmern müssen. Aber auch bei Menschen, die viel gemeinsam haben, entstehen Beziehungsprobleme (Denken Sie nur an sich und Ihren Ehepartner!). Denken Sie nicht, dass Sie »exklusiv« (im negativen Sinn) sind, wenn Sie Menschen in Ihre Gruppe bringen, zu denen Sie eine Verbundenheit spüren.

Suchende/Kirchendistanzierte Menschen in die Gruppe einladen

Nicht alle Gruppen sind darauf vorbereitet, suchende Menschen aufzunehmen. Entweder das Material, mit dem sie sich beschäftigen, oder die Persönlichkeit von Gruppenmitgliedern halten sie davon ab, Suchende wirklich willkommen zu heißen. Wenn Ihre Gruppe einen suchenden Menschen einladen möchte, arbeiten Sie bitte mit Ihrem Coach zusammen, um Ihre Gruppe auf diesen Prozess vorzubereiten. Sie sollten beispielsweise in den folgenden Bereichen sensibel sein, wenn Sie suchende Menschen zu einem Gruppentreffen oder zu einer Veranstaltung einladen:

- Richten Sie sich nach den Bedürfnissen des Suchenden, nicht nach Ihrem Programm.
- Wenn Sie einen Bibeltext besprechen, sollten Sie eine Sucher freundliche Bibelübersetzung verwenden.
- Vermeiden Sie religiöse Sprache oder Klischees wie »Halleluja«, »Amen, Bruder!« oder Begriffe wie »Lamm Gottes« oder »Ich vertraue auf das Blut«. Solche Kanaanismen sind für Suchende ungewohnt und können sie abschrecken, weil das Gefühl entstehen kann, dass sie nicht in die Gruppe passen.
- Konzentrieren Sie sich auf das Wesentliche. Verlieren Sie sich nicht in theologischer Argumentation oder Spitzfindigkeiten. Halten Sie sich an die Grundwahrheiten der Bibel.

- Gestatten Sie Suchenden, Kommentare abzugeben, die stark oder rechthaberisch scheinen. Streiten Sie nicht mit ihnen. Danken Sie ihnen für ihren Beitrag, und helfen Sie der Gruppe, die Fragen oder Sichtweisen eines Suchenden zu respektieren. Legen Sie den Schwerpunkt auf das Zuhören, nicht auf das Reden!
- Formulieren Sie Gebete einfach. Verwenden Sie normale Umgangssprache, wenn Sie mit Gott reden. Helfen Sie einem Suchenden zu verstehen, dass Beten einfach Reden mit Gott ist und nicht von irgendeinem religiösen Jargon abhängt.

Das sind nur einige Hinweise, um Ihnen eine Vorstellung davon zu geben, wie sensibel Sie gegenüber Suchenden sein müssen. Manche Suchende sind wegen ihrer Fragen besser in einer Sucher-orientierten Kleingruppe aufgehoben. Andere könnten in eine typische Gemeinschaftsgruppe eingeladen werden. Bevor Sie Suchende in irgendeine Gruppe einladen, sollten Sie zuerst mit Ihrem Bereichsleiter sprechen und eine Strategie entwickeln, wie Sie am besten den Suchenden und der Gruppe gerecht werden können.

»Immer wenn ich die Gelegenheit habe, mit einem Menschen zu sprechen, der auf der Suche ist, bin ich mir bewußt, welches Vorrecht, welches Abenteuer, welch hoher Einsatz es ist, Menschen, die geistlich durcheinander sind, an Gottes Wahrheiten Anteil haben zu lassen. Sie sind Gott wichtig. Mögen Sie auch dieser Kirche immer wichtig sein.«

Bill Hybels
Ins Kino gegangen und Gott getroffen

Einheit 7

Geburt

»Geburt« ist der Begriff, der für den Prozess der Multiplikation einer Gruppe verwendet wird. Die Analogie zur Geburt ist treffend. Zu einer Geburt gehören Schmerz, Trennung und ein gewisses Verlustgefühl. Aber dazu gehören auch Feiern, Freude und Begeisterung über das neue Leben, das entstanden ist und um das man sich bemüht hat.

Tips zur Geburtsvorbereitung

1. Vermitteln Sie der Gruppe von Beginn an die Vision für die Geburt.
2. Bereiten Sie den Azubi auf die Gruppenleitung vor.
3. Helfen Sie der Gruppe zu verstehen, dass es der Zweck einer solchen Gemeinschaft ist, weitere Kleingruppen ins Leben zu rufen.
4. Helfen Sie der Gruppe, Visionen für die Menschen zu entwickeln, die noch nicht zur christlichen Gemeinschaft gehören.
5. Beginnen Sie mehrere Monate vor der Geburt, Untergruppen zu bilden. Das heißt, dass sich der Azubi-Leiter und der Leiter jeweils mit einigen Mitgliedern der Kleingruppe privat treffen. Es hilft den Mitgliedern der Kleingruppe dabei, sich an das Gefühl der Trennung von anderen Gruppenmitgliedern oder vom Azubi zu gewöhnen.
6. Der Leiter und der Azubi sollten beide neue Azubis suchen, um sich für die Geburt vorzubereiten.
7. Neue Azubis und Mitglieder sollten in Untergruppen aufgeteilt werden.
8. Beginnen Sie, die gesamte Kleingruppenzeit in Untergruppen zu verbringen.
9. Feiern Sie den Start einer neuen Gruppe.

Geburtstag

Wie jeder Geburtstag ist auch der Start einer neuen Gruppe ein Grund zum Feiern. Wenn sich die neue Gruppe endlich von der bestehenden Gruppe löst, ist es Zeit, um zusammenzukommen und das neue Leben zu feiern. Hier finden Sie einige Möglichkeiten, wie Sie die Freude feiern und die Trauer bewältigen können, die bei der Geburt einer Gruppe entstehen.

1. Nehmen Sie sich Zeit, um die Geburt zu feiern.
2. Nehmen Sie sich Zeit, um zu beten, wenn Sie die neue Gruppe aussenden und unter Gottes Segen stellen.

3. Bestätigen und setzen Sie die Leitung der neuen Gruppe ein.
4. Geben Sie den Mitgliedern die Möglichkeit, ihre Gefühle der Freude oder der Trauer auszudrücken.
5. Planen Sie, wann die beiden Gruppen wieder einmal zusammenkommen werden (vielleicht in vier bis sechs Wochen).
6. Nehmen Sie sich eine Zeit für Gemeinschaft und tauschen Sie sich über die Siege und Segnungen der vorhergehenden Gruppe aus.
7. Beten Sie für die Zukunft der beiden Gruppen. Beten Sie dafür, dass Gott beiden hilft, geistlich und zahlenmäßig zu wachsen.
8. Lassen Sie jedes Mitglied einen Brief an den Rest der Gruppe schreiben, indem es seine Dankbarkeit und seine Wertschätzung ausdrückt.
9. Machen Sie Fotos oder Videos von Ihrer Gruppe, während Sie sich auf die Geburt vorbereiten.
10. Planen Sie gemeinsame Treffen in der Zukunft, sodass sich die Gruppen in regelmäßigen Abständen wieder vereinen.

Verschiedene Geburtsarten

Auf der folgenden Seite finden Sie eine Grafik, die Ihnen vier mögliche Geburtsarten von Kleingruppen vorstellt.

Einheit 7

Geburt

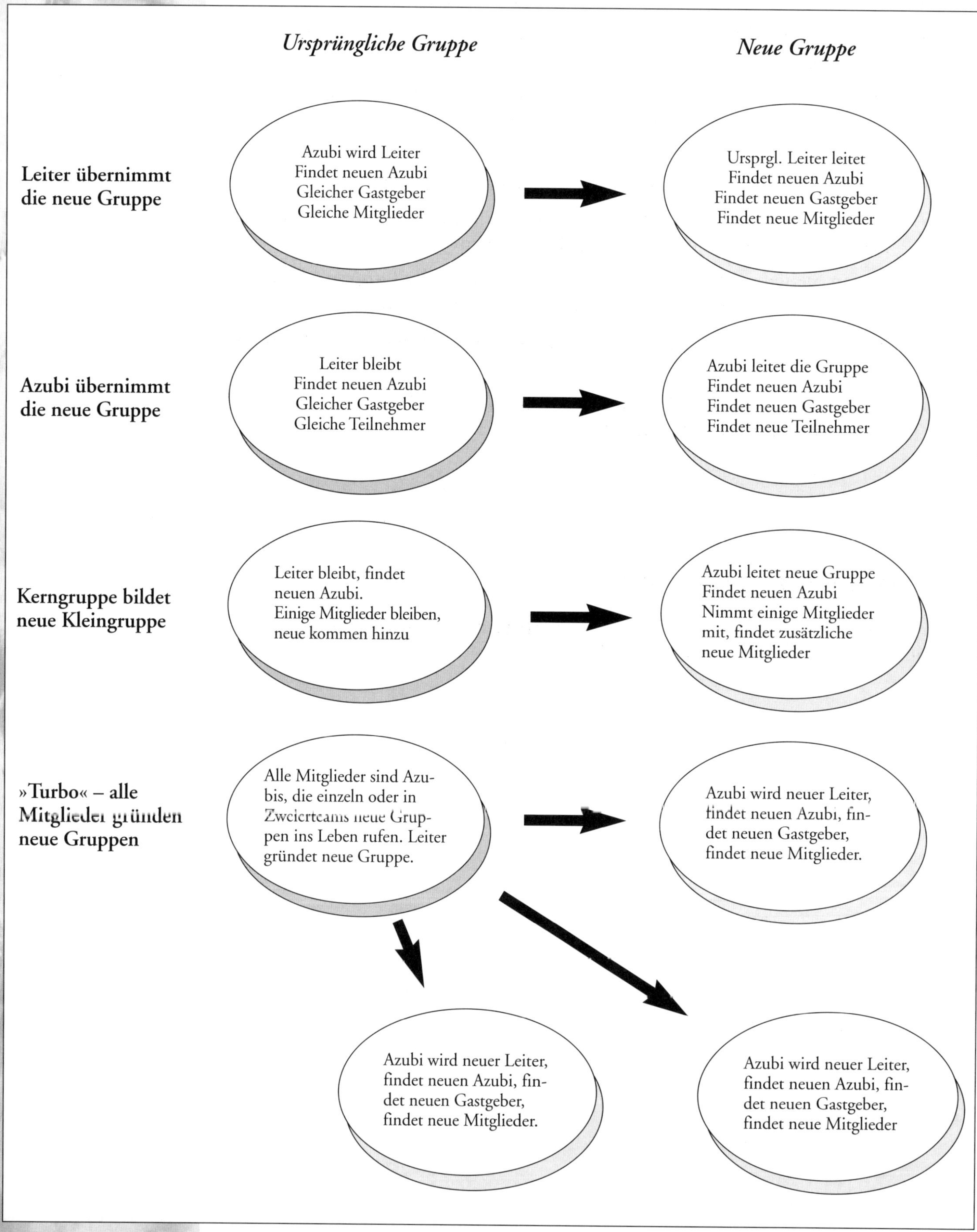

Das Geburtstrauma minimieren

Um das Geburtstrauma gering zu halten, sollten Sie folgendes beachten:

1. Sprechen Sie von Anfang an über das Ziel, eine neue Gruppe ins Leben zu rufen. Sprechen Sie davon oft und optimistisch. Wenn Sie eine Gruppe mit dieser Idee überfallen, wird sie sich weigern.
2. Verschaffen Sie dem Azubi Erfolgserlebnisse, indem Sie ihm die Gelegenheit geben, Leitung auszuüben.
3. Respektieren Sie Kerneinheiten von zwei oder drei Leuten, die sich nicht aufteilen lassen.
4. Erlauben Sie dem »Baby« während der »Schwangerschaft«, eine eigene Identität zu entwickeln, indem Sie sich für einige Zeit im selben Haus in getrennten Räumen treffen.
5. Feiern Sie die Geburt mit einer Geburtstagsparty.
6. Halten Sie die »Stillzeit« ein: Treffen Sie sich nach der Geburt von Zeit zu Zeit mit beiden Gruppen.
7. Ermutigen Sie dazu, die Trauer zu verarbeiten.
8. Bereiten Sie sich darauf vor, strategisch neue Mitglieder in die Gruppe aufzunehmen.
9. Feiern Sie »Enkelkinder« – Gruppen, die aus der Gruppe entstehen, die Sie ins Leben gerufen haben.
10. Kleingruppenleiter sollten sich nach der Geburt einer neuen Gruppe einzeln mit den Mitgliedern ihrer Gruppe treffen, um den Geburtsprozess auf einer persönlichen Ebene zu verarbeiten.

Nachbereitung der Geburt

Wenn eine neue Gruppe aus einer bestehenden Gruppe heraus entstanden ist, sollte die bestehende Gruppe ein oder zwei Treffen damit verbringen, das Geschehene zu verarbeiten. Das wird der Gruppe dabei helfen, sich offiziell zu trennen und doch Gefühle und Trauer über den Geburtsprozess zu äußern. Sie sollten auch damit beginnen, für neue Mitglieder in Ihrer eigenen Gruppe zu beten. Nehmen Sie sich ein paar Treffen Zeit, um sich als Gruppe neu zu orientieren, aber aktivieren Sie dann wieder den leeren Stuhl und laden Sie neue Leute in die Gruppe ein. Denken Sie daran, dass diese Gruppe nun eine neue Gruppe ist, weil sie nicht mehr dieselbe wie zuvor ist. Leiter müssen während dieser Zeit besonders auf Ihre Gruppenmitglieder achten, weil diese Gefühle wie Trauer, Frustration oder Verlust erleben.

Einheit 7

Anhang

Die häufigsten Fragen zum Thema »Multiplikation«

Frage: ***Wie lange sollte meine Gruppe bis zur Geburt benötigen?***

Antwort: Dies ist individuell von Ihrer Gruppe abhängig. Der Schlüssel für die Geburt einer neuen Gruppe ist weniger die Anzahl der Treffen als die Vorbereitung des Azubi-Leiters. Gruppen sind bereit für die Geburt, wenn Azubis bereit sind zu leiten und neue Azubis gefunden sind. Im Durchschnitt sollte sich eine Gruppe nach zwölf bis achtzehn Monaten multiplizieren. Aber das variiert in den unterschiedlichen Diensten und hängt davon ab, wie oft sich die Gruppe trifft, wie weit der Azubi ist und wie der Dienst aussieht.

Frage: ***Was ist, wenn unsere Geburt nicht erfolgreich verläuft?***

Antwort: Von Zeit zu Zeit geschieht es, dass eine Geburt nicht erfolgreich verläuft und die neue Gruppe Startschwierigkeiten hat. In solchen Fällen sollten Sie eng mit Ihrem Coach zusammenarbeiten und die beste Lösung finden. Im Leben funktionieren nicht immer alle Dinge perfekt und das gilt auch für das Leben von Kleingruppen. Bitten Sie Gott im Gebet um Weisheit für diese Situation.

Frage: ***Was mache ich, wenn ich gerne Suchende in der Gruppe hätte, aber die Gruppe dagegen ist?***

Antwort: Wenn Sie eine Gruppe zerstören wollen, schaffen Sie das am sichersten, wenn Sie Suchende in die Gruppe bringen und die Gruppe nicht darauf vorbereitet ist. Das kann außerdem einen verheerenden Einfluss auf die Meinung von Suchenden über den christlichen Glauben haben. Wenn Sie sich als Leiter sehr gedrängt fühlen, mit Suchenden zu arbeiten (und sich auf diesem Gebiet begabt fühlen), dann sollten Sie darüber nachdenken, einen Azubi auszubilden, der Ihre Gruppe übernehmen kann, während Sie eine Sucher-orientierte Gruppe ins Leben rufen.

Anhang

Frage: ***Wie wichtig ist Evangelisation für Kleingruppen?***

Antwort: Evangelisation ist ein wichtiger Teil des christlichen Lebens und deswegen auch ein wichtiger Bereich für Kleingruppen. Das heißt nicht, dass jede Gruppe eine evangelistische Kleingruppe sein muss. Wie oben erwähnt, sind manche Gruppen besonders gut dafür geeignet, Suchende einzuladen, und können sie mit der angemessenen Sorgfalt und Umsicht behandeln. Andere Gruppen sind darauf nicht vorbereitet. Das Entscheidende ist, dass jedes Mitglied der Kleingruppe weiß, wie es das Evangelium erklären kann, und sich den Wert von Evangelisation zu Eigen macht. Die Gruppe kann ganz einfach beschließen zu beten und einander in persönlichen evangelistischen Bemühungen bei Nachbarn oder Arbeitskollegen zu unterstützen. Arbeiten Sie den Trainingskurs »So wird Ihr Christsein ansteckend« durch und lernen Sie, wie Sie die Botschaft des christlichen Glaubens auf der Grundlage von Persönlichkeit und Gaben verbreiten können.

Frage: ***Was mache ich, wenn ich keine Mitglieder für meine Kleingruppe finde?***

Antwort: Sprechen Sie zuerst mit Ihrem Bereichsleiter. Ihr Bereich bietet vielleicht Veranstaltungen an, wo sich Menschen treffen, die Anschluss an eine Gruppe suchen. Wenn Sie sich der Mühe unterziehen, dorthin zu gehen, haben Sie eine gute Chance, Menschen zu treffen, die in Ihre Gruppe passen würden. Nutzen Sie solche Veranstaltungen Ihres Dienstes, um neue Leute kennen zu lernen. Zusätzlich können Sie mit Ihrem Bereichsleiter sprechen und ihn fragen, ob Leute Kontakt mit ihm aufgenommen haben und an einer Kleingruppe interessiert sind.

Frage: ***Was ist mit den Menschen, die Probleme haben, sich der Gemeinde anzuschließen, und scheinbar keine Gemeinsamkeiten mit anderen haben?***

Antwort: Es gibt immer einige Menschen, die Schwierigkeiten haben, Beziehungen aufzubauen. Das kann verschiedene Gründe haben. Vielleicht kennen sie niemanden, weil sie erst kürzlich in die Gegend gezogen sind, vielleicht haben sie Probleme mit sozialem Verhalten oder sind stark introvertiert. Das heißt nicht, dass sie nicht Teil einer Kleingruppe werden können. Sprechen Sie mit Ihrem Bereichsleiter, um Möglichkeiten zu finden, wie man solche Menschen in Ihre Gruppe integrieren kann. Als Gemeinde sollten Sie versuchen, genügend Veranstaltungen und Aktivitäten in jedem Dienstbereich anzubieten, damit möglichst viele Menschen einen

Platz finden, zu dem sie sich zugehörig fühlen. Sie möchten ja nicht, dass jemand durch das Netz fällt. Wenn Sie eine Person kennen, der Schwierigkeiten hat, sich einer Kleingruppe anzuschließen, entwickeln Sie zusammen mit Ihren Bereichsleitern eine Strategie, um ihm bei der Integration zu helfen.

Literaturhinweise

Carl George, *Gemeindemodell für die Zukunft: Die Meta-Gemeinde. Wie eine Gemeinde wächst und doch familiär bleibt* (Frankfurt/M.: Aquila Verlag 1994)
Der Autor diskutiert in den Kapiteln 5 und 9 das Thema »Multiplikation« von Diensten und gibt eine gute Beschreibung des Geburtsvorgangs. Hilfreich für alle Gruppen, die sich auf die Geburt vorbereiten.

Bill Hybels und Mark Mittelberg, *Bekehre nicht – lebe! (Textbuch); So wird Ihr Christsein ansteckend (Trainingsmaterial)* (Wiesbaden: Projektion J Verlag 1996)

Bill Hybels, *Ins Kino gegangen und Gott getroffen* (Wiesbaden: Projektion J Verlag 1996)

Jim Peterson, *Der lebende Beweis. Evangelisation als Lebensstil* (Marburg: Francke 1992)

Dieses Buch hilft Menschen dabei, zwischenmenschliche Fähigkeiten für Freundschaftsevangelisation zu entwickeln. Das Buch beschreibt einen Prozess, der Menschen helfen soll, Beziehungen aufzubauen, in denen sie schließlich über ihren Glauben reden können.

Rebecca Pippert, *Heraus aus dem Salzfaß. Wie pack' ich's an – Menschen gewinnen* (Liebenzell: Verlag Liebenzeller Mission 1996)
Dieses Buch beschreibt, wie man Salz und Licht in der Welt sein kann, um Menschen mit dem Evangelium in Berührung zu bringen.

Einheit 8

Eine Kleingruppen-arbeit in Ihrer Gemeinde aufbauen

Einheit 8

Startklar

»Wie fangen wir an?« Diese Frage stellen sich viele Leute, wenn Sie gesehen haben, wie wertvoll gemeinsamer Dienst in Gruppen ist. Es ist nicht schwierig, ein paar Kleingruppen ins Leben zu rufen, aber man benötigt Weisheit und gute Planung, um sie auf Erfolg vorzuprogrammieren. Viele Dienste planen nicht auf den Erfolg hin. Die Frage, die Sie sich stellen müssen, lautet: »Was machen Sie, wenn die Kleingruppen funktionieren und mehr Leute aufgenommen werden wollen und die Leiter zusätzliches Training brauchen?«

Es ist ein großer Unterschied, ob man »Kleingruppen« oder eine »Kleingruppengemeinde« ins Leben ruft. Blättern Sie zurück in die Einführung, um sich den Unterschied zwischen einer Gemeinde mit Kleingruppen und einer Gemeinde, die aus Kleingruppen besteht, wieder ins Gedächtnis zu rufen.

Wenn Sie eine einzelne Kleingruppe gründen wollen, lesen Sie in Einheit 4 nach, in der wir die wichtigsten Grundlagen für eine Gruppe besprochen haben: Vision entwickeln, Ziele setzen, Gruppenvereinbarung formulieren und gemeinsame Werte finden. Einheit 7 wird Ihnen helfen, neue Mitglieder zu finden, und in Einheit 3 erfahren Sie, wie Sie einen Azubi-Leiter finden, also jemanden, den Sie zum Leiter ausbilden können.

Aber wenn Sie eine Gemeinde oder einen ganzen Dienstbereich aufbauen und dabei Kleingruppen als Grundlage und hauptsächliches Mittel zur Erfüllung Ihrer Mission einsetzen wollen, müssen Sie eine Reihe weiterer Dinge beachten.

Acht Schlüsselfragen

Gemeinden neigen oft dazu, einen neuen Dienst nur im Hinblick auf die Zukunft zu konzipieren – Vision, Ergebnis, Mitarbeiter, Finanzierung, Material und alles andere, was nötig ist, um die Aufgabe erfüllen zu können. Aber bevor Sie nach vorne schauen und darüber nachdenken, wie Ihre Gemeinde nach Ihren Vorstellungen aussehen könnte, ist es wichtig, deutlich vor Augen zu haben, wie Ihre Gemeinde im Moment aussieht. Über acht Schlüsselfragen sollten Sie sich Gedanken machen:

➡ Woher kommen wir?

Verfolgen Sie die Spuren Ihrer Geschichte, um Ihr Erbe zu klären, frühere Werte, Besucherstatistiken und die Phasen, die Ihr Dienst in den vergangenen

Jahren erlebt hat. Nehmen Sie sich Zeit, um Ihre Geschichte im Licht einiger der folgenden Bereiche zu betrachten:

- Predigtschwerpunkte
- Veränderungen im Mitarbeiterstab
- Wichtige Ereignisse in der Gemeinde
- Wichtige Ereignisse in der Umgebung
- Demographische Veränderungen
- Krisen und Tragödien
- Dienststil
- Finanzen
- Frühere Reaktionen auf Veränderungen
- Begonnene und beendete Dienste

Diese Übung wird Ihnen von großem Nutzen sein, wenn Sie die Identität Ihrer Gemeinde zu verstehen versuchen, weil Sie einen wichtigen Überblick über die Vergangenheit bekommen, von den Erfolgen und Fehlern lernen können und neuere Mitglieder zum selben Tempo wie schon etwas betagtere Veteranen anspornen können. Außerdem haben Sie die Möglichkeit zu feiern, was Gott schon getan hat, und können beginnen, für das zu beten, was er in der Zukunft tun wird. Bitten Sie ältere Mitglieder, Ihnen Geschichten aus jeder der Phase, die Ihre Gemeinde erlebt hat, zu erzählen. So achten Sie Ihre Vergangenheit und schaffen ein größeres Bewusstsein für Einheit.

➡ Wo stehen wir heute?

Nun beginnen Sie damit, sich über bestehende Dienste, Visionen, Mitarbeiter und die Effektivität Gedanken zu machen. Das ist einfach eine Ausweitung der vorhergehenden Übung. Was machen Sie als Gemeinde zur Zeit und wie messen Sie, wie erfolgreich Sie darin sind, das zu tun, was Gott von Ihnen möchte? Wie sieht die gegenwärtige Struktur Ihrer Gemeinde oder das Gemeindemodell aus (große Versammlung zum Gottesdienst, Sonntagsschule, Bibelgruppen für Erwachsene, Kleingruppen, Seminare, informelle Gruppen, Netzwerke, Jugendarbeit etc.)? Warum haben Sie jeden dieser Dienste? Sind sie effektiv?

➡ Was sind unsere zentralen Werte?

Jede Gemeinde hat bestimmte Werte, nach denen sie funktioniert. Manchmal sind diese Werte allgemein verstanden und schriftlich formuliert; in anderen Gemeinden sind sie ungeschrieben, werden aber zumindest von Insidern verstanden. Wenn Sie in Ihrer Gemeinde ein Kleingruppenmodell einführen wollen, müssen Sie zunächst bestimmen, welche Werte für Ihre Gemeinde zentral sind. Dann können Sie entscheiden, ob Kleingruppen diese Werte verstärken werden.

Folgende Werte verdienen es, von Ihren Leitern diskutiert zu werden:

- **Beziehungen aufbauen:** Sich um andere kümmern, versuchen sie kennen zu lernen und zu verstehen.
- **Menschen lieben, die Gott noch nicht kennen:** Da alle Menschen Gott wichtig sind, sind die Menschen, die ihn nicht kennen, seinem Herzen besonders nah.
- **Wahrhaftigkeit:** Einander liebevoll die Wahrheit sagen, nichts verheimlichen, keine Gefühle zurückhalten, keinen Klatsch verbreiten und gesundem Konflikt nicht aus dem Weg gehen.
- **Gegenseitiger Dienst:** Jeder beteiligt sich am Dienst, nicht nur ein paar bezahlte Hauptamtliche.
- **Verbindlichkeit:** Gegenseitige Anteilnahme und Hingabe aneinander, um sich gegenseitig das Recht zuzubilligen, nach persönlichen Entwicklungen und Fortschritten zu fragen und sich immer wieder gegenseitig an seine Verantwortung für Freunde, Familie und Gemeinde zu erinnern.
- **Hingabe:** Sich den Missionsauftrag zu Eigen machen und verfolgen.

Ungeachtet welche Grundwerte Sie für Ihre Gemeinde auswählen: Überzeugen Sie sich, dass sie biblisch fundiert, gut formuliert, von der Gemeindeleitung unterstützt, gelehrt und vorgelebt werden.

Nun können Sie überlegen, ob ein Dienst auf der Basis von Kleingruppen Ihnen helfen wird, solche Werte zu verstärken und aufrechtzuerhalten.

➡ Wer beeinflusst in unserer Gemeinde die Entscheidungsfindung?

Da die Kleingruppenarbeit ein wichtiger Bereich Ihrer Gemeinde werden wird, sollten Sie sich überzeugen, dass die Vision und die Werte von so vielen Schlüsselpersonen wie möglich verstanden und verinnerlicht werden. Dazu gehören alle Menschen, nach deren Rat und Urteil bei wichtigen Entscheidungen in der Gemeinde gefragt wird. In manchen Fällen werden Sie deren Einverständnis benötigen (Älteste, Ausschüsse, Vorstände). In anderen Fällen deren Zustimmung (wichtige Mitarbeiter, Spender, langjährige Mitglieder).

Vorsicht: Es geht hier nicht um Politik. Aber Sie müssen weise mit Veränderungen und der Umsetzung umgehen. Wenn bestimmte Leute dazu neigen, Entscheidungen, Richtungen und Strategien in der Gemeinde zu beeinflussen, ist es wichtig, mit ihnen zu sprechen, sie zu respektieren und zu versuchen, ihren Segen für Ihre Bemühungen zu erhalten. Dabei müssen Sie absolut integer vorgehen.

Manche dieser Leute haben keine offiziellen Positionen innerhalb der Gemeinde, sind jedoch eventuell mit Positionsträgern verheiratet. Oder vielleicht haben Sie durch großzügige Spenden die Gründung der Gemeinde ermöglicht und sind nun sehr an der Richtung interessiert, die die Gemeinde einschlägt. Beziehen Sie diese Menschen in den Entscheidungsfindungsprozess als Berater mit ein. Suchen Sie ihren Rat, hören Sie auf ihre Bedenken, schenken Sie den Problemen Beachtung, die sie aufwerfen, danken Sie ihnen, dass sie sich solche Mühe geben und gewisse Dinge mit Ihnen durcharbeiten.

Realisieren Sie auch, dass manche Leute einfach nicht an Bord gehen wollen, egal, was Sie machen. Seien Sie sicher, dass Gott Sie und andere dazu beruft, sich mit Kleingruppen zu beschäftigen, denn wenn Sie sich nicht sicher sind, werden Sie im Angesicht von Ablehnung oder Feindseligkeit aufgeben. Wenn sich die Gemeindeleitung einig ist voranzugehen, dann tun Sie es. Zeigen Sie denen, die Ihre Bemühungen nicht unterstützen, weiterhin Ihre Liebe und reden Sie mit ihnen. Bitten Sie sie um ihre Kritik. Aber bemühen Sie sich weiter darum, den Auftrag zu erfüllen, den Gott Ihnen gegeben hat. Veränderungen bringen immer ein gewisses Maß an Konflikt oder Ablehnung mit sich. Erwarten Sie es, bereiten Sie sich darauf vor, beten Sie dafür und gehen Sie weise voran.

➡ Wie werden wir unseren wichtigsten Leitern die Vision verständlich machen?

Wenn Sie erst einmal Übereinstimmung über die allgemeine Richtung und die Werte haben, sollten Sie Ihre Vision schriftlich niederlegen. Auf diese Weise bleiben Sie zielgerichtet und bekommen gleichzeitig ein Mittel in die Hand, mit dem Sie die Vision denen, die Sie leiten, vermitteln können. Beziehen Sie auch die biblische Grundlage für Ihre Vision und Werte ein. Sie können die Visionsaussage von *Willow Creek*, die in Einheit 1 erklärt wurde, als Vorlage nehmen. Lassen Sie sich die nötige Zeit, um Ihre Vision auszuformulieren. Beziehen Sie die Beiträge und das Feed-back von vielen Leuten ein. Sie möchten schließlich die Übereinstimmung von einer großen Gruppe von Leitern, damit sich so viele Leute wie möglich die Vision zu Eigen machen.

Wenn Sie diesen Prozess durchlaufen, denken Sie daran, was Sie vermeiden und was Sie erhalten wollen, bevor Sie sich mit Ihren Zielen beschäftigen. Menschen sprechen lieber über die Zukunft, wenn Sie ihnen vorher versichern, dass Sie lohnende Werte aus der Vergangenheit beibehalten wollen und darauf bedacht sind, unnötige Probleme in der Zukunft zu vermeiden.

➡ Wo finden sich potenzielle Ressourcen und mögliche Hindernisse?

Welche Ressourcen stehen Ihnen zur Verfügung, um Kleingruppen einzuführen? Manche müssen vielleicht erst unterwegs entwickelt werden, aber im Folgenden finden Sie einige Bereiche, über die Sie nachdenken sollten. Jeder dieser Bereiche kann sowohl ein Hilfsmittel als auch ein Hindernis sein, je nachdem, ob Sie darüber ausreichend verfügen oder nicht.

- Leiter oder potenzielle Leiter
- Finanzen – Gemeindeetat oder Spenden
- Schulung und Materialien
- Audiovisuelle Ausstattung für Schulung und Präsentationen
- Mitarbeiter – Zeit, die jeder Mitarbeiter zum Aufbau von Gruppen zur Verfügung stellen kann
- Berater – Experten aus der Gemeinde und von außerhalb
- Ein Forum für Dialog und Austausch – ein regelmäßiges Treffen zur Auswertung von Ergebnissen und zum Umgang mit Schwierigkeiten
- Räumlichkeiten für Schulung und Treffen – am besten außerhalb der Gemeinde, aber manche Gruppen müssen sich in den Gemeinderäumen treffen

➡ Wie sollen wir bestehende Treffen umfunktionieren oder verändern, um das Gruppenleben zu integrieren?

Je nachdem, wie Ihre bestehenden Treffen und Ihr Gemeindeplan aussehen, möchten Sie diese Treffen vielleicht für Training und Visionsvermittlung nutzen. Viele Ihrer ehrenamtlichen Mitarbeiter und Leiter sind der Gemeinde bereits durch verschiedene Aktivitäten verpflichtet. Zusätzliche Termine für Schulungsveranstaltungen und weitere Treffen könnten Sie überfordern.
Hier ein paar Vorschläge, die Ihnen in dieser Situation helfen können:

1. Fügen Sie kurze Schulungseinheiten oder Treffen an bestehende Termine an. Bitten Sie die Mitarbeiter, die für die Kinderbetreuung zuständig sind, an einem Sonntagmorgen pro Monat zwanzig bis dreißig Minuten länger nach dem Gottesdienst zu arbeiten. Bieten Sie während dieser Zeit Schulung für Kleingruppenleiter an. Auf diese Weise können Sie sehr zielgerichtete, spezifische Schulung anbieten und Ihren Kleingruppenleitern wichtige Informationen weitergeben, ohne dass Sie Ihre Leiter bitten müssen, dafür extra noch einmal in die Gemeinde zu kommen.

2. Verändern Sie die Ausrichtung einiger Gottesdienste oder Bibelstunden, um Themen für Kleingruppen und Leiter aufzugreifen. Eine Predigtreihe könnte sich mit einem der folgenden Themen beschäftigen:
   - Dauerhafte Beziehungen aufbauen
   - Die Wahrheit sagen
   - Mit Konflikten umgehen
   - Menschen zu ganz hingegebenen Nachfolgern machen
   - Gaben zum Nutzen für andere einsetzen
   - Die »einander«-Verse im Neuen Testament
   - Fürbittgebet

   Diese Themen werden der ganzen Gemeinde gut tun, aber Leiter können diese Themen aufnehmen und auf die Situation ihrer Gruppen anwenden. Im Wesentlichen geht es hier um Fertigkeitstraining. Erstellen Sie für Leiter ein Arbeitsblatt, das sie in der folgenden Woche in ihrer Gruppe verwenden können.
3. Funktionieren Sie einige Gemeindetreffen um und bieten Sie dort Training für Leiter an. Lassen Sie Leiter potenzielle neue Leiter mit in diese Treffen bringen. Kombinieren Sie hier eine Art Modellgruppe mit Lehre und Training. Der Einfluß dieses Treffens kann gesteigert werden, wenn von Zeit zu Zeit der Pastor oder wichtige Gemeindeleiter den Unterricht übernehmen.
4. Integrieren Sie in bestehende Vorstands- oder Ausschuss-Sitzungen eine Zeit für gemeinschaftsfördernde Aktivitäten. Auf diese Weise kann die Gemeindeleitung ein Vorbild für Gruppenleben geben, die Gemeinde auf den Geschmack bringen und gleichzeitig zu einem stärkeren Team zusammenwachsen. Wenn diese Männer und Frauen den Wert eines Lebens in der Gruppe erleben und sehen, wie es ihre Bemühungen fördert, werden sie die Gemeinde eher dabei unterstützen, Gruppen als Basis für Dienste einzuführen.

➡ Welche Neuerungen kommen auf die Bereichsleiter zu?

Wenn sich eine Gemeinde dazu entschließt, eine kleingruppenorientierte Gemeinde zu werden, wird zunächst einmal jeder Bereichsleiter Zeit und Energie darauf verwenden müssen, um die Gemeinde in diese Richtung zu bringen. Das kann nur dadurch geschehen, indem die Gemeinde in Kleingruppendienste hinein*wächst* und nicht hinein*geht.*

Einheit 8

Startklar

Ergänzen Sie jedes Jahr im Verlauf von etwa drei bis fünf Jahren die Aufgabenbeschreibungen für Bereichsleiter um die Verantwortung für die Entwicklung von Kleingruppen. Dies könnte zum Beispiel folgendermaßen aussehen:

1. Jahr: 80 % wie bisher, 20 % Gruppen
2. Jahr: 60 % wie bisher, 40 % Gruppen
3. Jahr: 40 % wie bisher, 60 % Gruppen

Dieses Muster ermöglicht es, dass jeder Bereichsleiter schrittweise in die Kleingruppenarbeit hineinwächst. Dazu müssen noch einige Voraussetzungen erfüllt sein:

- Zwanzig Prozent der laufenden Verpflichtungen müssen ausgesetzt werden, damit die Zeit für den Aufbau von Gruppen genutzt werden kann. Um das zu bewerkstelligen, müssen Sie Ihren Bereichsleitern dabei helfen, die richtigen Prioritäten für ihre Dienste zu setzen.
- Ehrenamtliche Mitarbeiter müssen zum Kreis der hauptamtlichen Mitarbeiter dazukommen. Das erweist sich normalerweise als sehr förderlich, da viele hauptamtliche Mitarbeiter sich selbst als diejenigen sehen, die den Dienst verrichten, statt als diejenigen, die andere zum Dienst freisetzen.
- Wenn die Anzahl der Kleingruppen zunimmt, werden die hauptamtlichen Mitarbeiter erkennen, dass mehr erreicht werden kann, wenn Gruppen in verschiedenen Dienstbereichen aktiv werden, statt dass sie diese Dienste alleine versehen. Gruppen werden die Aufgaben der Gemeinde erfüllen, während sie gleichzeitig zu kleinen Gemeinschaften werden können, in denen Lebensumgestaltung geschieht.

Einheit 8

Entwicklungsphasen

Vier Phasen

Viele Gemeinden, einschließlich *Willow Creek*, haben den Fehler begangen, das Kleingruppenmodell zu schnell einzuführen. Glücklicherweise waren wir in der Lage, entsprechende Korrekturen vorzunehmen. Andere Dienste aber sind gescheitert, weil Gemeinden versucht haben, in das Kleingruppenmodell hineinzugehen statt hineinzuwachsen. Ankündigungen von der Kanzel, die Gründung von zu vielen Gruppen gleichzeitig, keine Planung und nicht genügend Zeit für die Schulung und Ausbildung künftiger Leiter können alle Versuche im Keim ersticken. Wenn möglich ist es daher besser, bewusst verschiedene Phasen zu durchlaufen.

➡ Die Modellphase

In der Modellphase leiten Mitglieder der Gemeindeleitung (im Idealfall auch der Pastor) eine oder zwei Kleingruppen. Diese Gruppen sollten aus weiteren potenziellen Leitern bestehen, aus Menschen, die noch nie Teil einer Kleingruppe waren, und aus einigen, die weniger gute Erfahrungen mit Kleingruppen gemacht haben. Nehmen Sie sich genügend Zeit, um die Vision und die Werte für diese Gruppe deutlich zu vermitteln. Probieren Sie aus, gehen Sie Risiken ein, bitten Sie um Feed-back und nehmen Sie Veränderungen vor. Vielleicht müssen Sie unterwegs mit einigen *Paradigmen* (Leitbildern, Grundsätzen) brechen.

Jeder hat ein anderes Bild vor Augen, wenn er den Begriff »Kleingruppen« hört. Hier einige Beispiele:

1. **Intensives Bibelstudium:** Gruppen mit informationsorientierten Diskussionen über biblische Lehren, Interpretationen der zweiten Wiederkunft Jesu und dem Ziel, Recht zu haben. Eine Menge von Notizheften, Kommentaren, griechischen Studien, Büchern über Wortstudien und andere Materialien prägen diese Gruppen.
2. **Therapiegruppe:** Gruppen, in die Menschen nur kommen, um ihre eigenen Probleme loszuwerden oder zu diskutieren. Wenig Interesse daran, anderen etwas zu geben, die Bibel zu lesen oder geistlich zu wachsen.
3. **Kuschelclub:** Gruppen, in denen Menschen gemeinsam rumhängen, die Snackbar plündern, sich über ein paar Gebetsanliegen austauschen und die

nächste gemeinsame Unternehmung planen. Das Interesse richtet sich auf Bettinas neue Vorhänge, das neue Auto von Thomas, Andreas neue Mitbewohnerin und die neuesten Hits.

4. **Religiöse Diskussion:** Gruppen, in denen Menschen eine Menge religiöser Themen diskutieren, aber nie einen Blick in die Bibel werfen. Es geht um Todeserfahrungen, Engelerscheinungen, um die Gemeinsamkeiten der verschiedenen Religionen und die neueste spirituelle Erfahrung eines Mitgliedes.

Die oben beschriebenen Missverständnisse zeigen, warum die Modellphase so wichtig ist. Unabhängig vom Hintergrund jedes Einzelnen muß jeder genau sehen können, was Sie von einer Kleingruppe erwarten. Betonen Sie die entscheidenden Kriterien, auf die Ihre Gemeinde besonderen Wert legt. Zeigen Sie den Leuten, wie man bestimmte Kleingruppenwerte konkret leben kann, indem Sie ...

- den freien Stuhl füllen, indem Sie neue Leute einladen
- Ihre(n) Azubi-Leiter ausbilden
- versuchen Menschen zu erreichen, die Gott noch nicht kennen
- sich darauf vorbereiten, neue Gruppen aus Ihrer Gruppe heraus ins Leben zu rufen
- mit Konflikten und Problemen umgehen
- Lebensumgestaltung feiern
- Vielfalt in ein Treffen einbringen
- einander dienen

Die Tatsache, dass Sie eine Gruppe aufbauen, wird Ihnen die Achtung der anderen einbringen und das Recht geben, sich für die Vision einzusetzen.

➡ Die Turbophase

Diese Phase ist manchmal mit der Modellphase kombiniert. Der Unterschied besteht darin, dass Turbogruppen fast völlig aus Azubi-Leitern bestehen. Eine Gruppe in der Turbophase ist so antriebsstark, dass sie bewusst Leiter ausbildet und freisetzt, die wiederum verschiedene neue Gruppen gleichzeitig ins Leben rufen. Der Gruppenleiter trainiert Azubi-Leiter eine bestimmte Zeit lang, indem er ihnen die Werte der Gruppe und den Prozess einer Gruppe vorlebt und sie unterrichtet. Am Ende der Turbogruppe gründet jeder seine eigene Gruppe. Diese Phase sollte wenigstens zehn bis fünfzehn Treffen lang dauern. Eine Turbogruppe sollte Azubi-Leitern Folgendes ermöglichen:

- praktische Anwendung von Leiterfähigkeiten
- eigene Azubis zu finden
- neue Leute in die Gruppe einzuladen
- Untergruppen von drei bis fünf Leuten für Gebet und zur Entwicklung von Leiterfähigkeiten zu bilden
- gesunde Gruppenprozesse zu beobachten und zu praktizieren

Turbogruppen eignen sich sehr gut zur Beschleunigung des Prozesses der Leiterausbildung. Aber nehmen Sie sich wirklich die Zeit, die nötig ist, um diese potenziellen Leiter gründlich auszubilden und ihnen die Erfahrungen zu ermöglichen, die sie später auf ihrem Weg brauchen. Wenn Sie diesen Prozess zu schnell abschließen, können Sie große Probleme bekommen, wenn Sie diese Leiter selbstständig arbeiten lassen. Denken Sie daran, dass das geistliche Leben einer Menge zukünftiger Gruppenmitglieder auf dem Spiel steht. Wenn Sie sich Zeit nehmen, am Anfang Ihre Leiter ausreichend zu schulen, wird Ihnen dies später eine Menge Probleme ersparen.

➡ Die Pilotphase

In der Pilotphase sind sich alle Gruppenmitglieder bewusst, dass sie Teil eines Pilotprojektes sind. Sie beginnen, indem Sie ein paar gut geschulte Leiter bitten, Kleingruppen für etwa zwölf bis sechzehn Treffen zu leiten. (Es ist gut, zwölf bis sechzehn Treffen anzuberaumen, weil die Gruppen so über das Stadium der Flitterwochen hinauskommen und schon Konflikte erleben können.) Nach dem letzten Treffen pausieren die Gruppen, werten die Zeit aus und geben Feed-back. Pilotgruppen sollen immer noch die Grundwerte, die Sie festgelegt haben, vorleben und lehren, aber sie sind nicht darauf ausgerichtet, neue Gruppen ins Leben zu rufen, bis nicht das Feed-back ausgewertet wurde.

Die Pilotphase bietet gute Gelegenheiten zum Experimentieren. Sie haben die Erlaubnis, Fehler zu machen, weil jeder weiß, dass es ein Pilotprojekt ist und dass man großen Einfluss auf alle erforderlichen Veränderungen hat. Während dieser Phase möchten Sie sich vielleicht sehr regelmäßig mit Ihren Leitern treffen. Und die Leiter müssen bereit sein, ihre Gruppen ein bisschen anzutreiben. Da die Zahl der Treffen beschränkt ist, sollten Sie sich davon überzeugen, dass die Leiter sie auch gut nutzen.

Entwicklungsphasen

➡ Die Startphase

Wenn eine Gemeinde erst einmal die oben beschriebene Vorarbeit geleistet hat, ist die Zeit gekommen, das Kleingruppenmodell auf breiterer Basis einzuführen. Aber das heißt nicht, dass es Zeit ist, »an die Öffentlichkeit zu gehen«. Eine verfrühte Ankündigung, die jeden dazu einlädt, in eine Kleingruppe zu gehen, ist keine allzu gute Idee. Dadurch würde nicht nur Chaos für die Mitarbeiter entstehen, sondern Sie sähen sich auch gezwungen, Menschen vorzeitig in Leitungsverantwortung zu stellen, und letztlich würden Sie auch Gemeindemitglieder frustrieren, die versuchen, in Gruppen zu kommen, aber keine Gruppe finden, in der noch Platz für sie wäre.

In der Startphase arbeiten Sie immer noch hauptsächlich durch Mundpropaganda, um Werbung für die Kleingruppenarbeit zu machen. Leiter und Azubi-Leiter (die die Turbo- oder Pilotphase miterlebt haben) werden nun gebeten, Mitglieder für ihre Gruppen zu suchen. Jedes Team aus Leiter und Azubi soll wenigstens sechs Leute gefunden haben, bevor es eine Gruppe startet.

Bevor Sie in die Startphase eintreten, sollten Sie sicher sein, dass die Aus- und Weiterbildung von Leitern gewährleistet ist. Wenn nicht, sind Ihre Leiter zum Scheitern verurteilt. Achten Sie auf folgende Dinge:

1. **Ort:** Wo ist der beste Ort für kreative und dynamische Schulungseinheiten?
2. **Zeit:** Was ist die beste Zeit für Ihre Leiter? Wollen Sie viele verschiedene Einheiten anbieten, aus denen sie auswählen können?
3. **Materialien:** Geben Sie Ihren Leitern keine Materialien in armseliger Qualität zum Austeilen. Wenn Sie von ihnen das Beste erwarten, geben Sie ihnen auch Ihr Bestes. Verwenden Sie einen guten Drucker und Kopierer, auch wenn Sie dadurch außerhalb der Gemeinde drucken oder kopieren müssten.
4. **Dauer:** Das hängt davon ab, wie häufig sich Leiter zu Schulungszwecken treffen. Wenn Sie sich alle sechs Wochen treffen, rechnen Sie zwei Stunden, bieten Sie eine Erfrischung an und integrieren Sie Austauschzeit mit den Coaches oder Bereichsleitern. Wenn Sie sich wöchentlich treffen, genügen 30 bis 40 Minuten.
5. **Gemeindeleitung:** Beziehen Sie den Pastor und die Ältesten regelmäßig mit ein, damit die Leiter wissen, dass sie sich im Zentrum des Geschehens befinden. Zeigen Sie den Kleingruppenleitern Ihre Wertschätzung, indem Sie sich in sie investieren und sie laufend mit aktuellen Informationen über die Gemeinde und die Fortschritte ihres Dienstes versorgen.
6. **Coaches:** Beginnen Sie, potenzielle »Hirten für die Hirten« zu suchen, die sich dann um die Leiter kümmern, wenn der Dienstbereich wächst. Vernachlässigen Sie diesen Bereich nicht; Sie werden sonst bald zu viele Leiter haben, um die sich zu wenige Leute kümmern.

An die Öffentlichkeit gehen

Wenn Sie die Phasen erfolgreich abgeschlossen haben und dabei sind, Coaches für Ihre Leiter auszubilden, dann sind Sie so weit, dass Sie mit Ihrem Dienst an die Öffentlichkeit gehen können. Sicher wissen schon viele davon. (Hoffentlich haben Sie Geschichten von Pilotgruppen und Kleingruppenleitern gehört und brennen jetzt darauf, in eine Gruppe zu gehen!) Bevor Sie ankündigen, dass die Gemeinde sich in einen Kleingruppendienst stürzt, der die gesamte Gemeinde betrifft, sollten Sie sich vergewissern, dass Sie an folgende Punkte gedacht haben:

1. Gibt es in den bestehenden Gruppen genug leere Stühle, um neue Leute aufzunehmen?
2. Sind Sie auf der Suche nach Coaches, die sich um Kleingruppenleiter kümmern und sie unterstützen? Denken Sie daran, dass sich jeder Coach nur um eine bestimmte Anzahl von Leuten kümmern kann. Sie brauchen einen Coach für je fünf Kleingruppen. Hauptamtliche Mitarbeiter und Älteste können anfangs als Coaches arbeiten, aber im Idealfall sollten Coaches aus dem System heraus kommen, nachdem sie selbst Gruppen geleitet und neue Gruppen gegründet haben.
3. Sind Sie darauf vorbereitet, sich bei den Gemeindegliedern nach potenziellen Leitern umzuschauen, die Interesse daran zeigen, an einer Kleingruppe teilzunehmen? Viele gute Leiter zögern, Leiterschaftsverantwortung zu übernehmen. Seien Sie bereit, sie herauszufordern.
4. Haben Sie ein Überbrückungsangebot parat, falls Sie von Anfragen für Kleingruppen überrollt werden? Damit meinen wir Gruppen, in denen man Kleingruppenleben erleben kann, bevor man in einer eigentlichen Kleingruppe ist. Diese Gruppen geben Ihnen Zeit, neue Leiter zu finden, und bieten gleichzeitig den Leuten Raum, die in Gruppen gehen möchten.
5. Sind Sie darauf vorbereitet, den Preis zu bezahlen? Ihre Gemeinde wird nie wieder dieselbe sein. Auf Sie werden große Herausforderungen und Veränderungen warten, auf die Sie eingehen müssen (die meisten sind das Produkt des Erfolgs). Bleiben Sie der Vision verpflichtet. Jeder Mitarbeiter in einer Schlüsselposition muß sich die Vision zu Eigen gemacht haben, bevor Sie anfangen.

Einheit 8

Training für Kleingruppenleiter

Das Training von Leitern ist der Schlüssel zum Erfolg einer Kleingruppenarbeit. Ihr Dienst vervielfältigt sich selbst durch die fortwährende Ausbildung von anderen Leitern. Aus diesem Grund müssen erstere so gut wie möglich ausgerüstet werden.

Es gibt primär zwei Möglichkeiten, wie Sie Kleingruppenleiter für ihren Dienst ausbilden können: dezentralisiertes Training außerhalb offizieller Trainingsveranstaltungen und zentralisiertes Training durch offizielle Trainer. Lassen Sie uns diese zwei Möglichkeiten genauer anschauen.

Dezentralisiertes Training

➡ Training-on-the-Job

Azubi-Leiter lernen durch Beobachten und Experimentieren im realen Gruppenleben. Das kann die effektivste Art der Ausbildung sein. Die Effektivität hängt größtenteils davon ab, wie die Beziehung zwischen dem Azubi und seinem Leiter und dem Azubi und seinem Coach aussieht. Coaches, die ihre Gruppen besuchen, können Azubis Tips geben und sie ermutigen, und Leiter können ihren Azubis Feed-back und die Gelegenheit geben, Treffen zu leiten, und sie ermutigen, wenn sie in die Leiterrolle hineinwachsen.

➡ Gruppenorientiertes Training

Erfahrungsaustausch in Leitertreffen ist eine Möglichkeit für Kleingruppenleiter, informelles und bedürfnisorientiertes Training von ihren Coaches zu erhalten. Im Austausch geben Coaches (die meistens kritisches Urteilsvermögen und größere Erfahrung haben) Ratschläge und dienen den Leitern, für die sie zuständig sind, als geistliche Berater. Tips und Ideen können ausgetauscht, Probleme angesprochen und Hilfsmittel zur Verfügung gestellt werden.

➡ Dienstorientiertes Training

In Gemeinden mit verschiedenen Dienstbereichen (Singlearbeit, Jugendarbeit, Musik, Männerarbeit etc.) bieten diese Dienste spezifische Trainingsangebote an, die auf die besonderen Gegebenheiten des Dienstes zugeschnitten sind. Der

Leiter der Jugendarbeit lädt beispielsweise einen Experten aus der Gemeinde oder der Stadt ein, der die Kleingruppenleiter schult, um ihnen die Bedürfnisse und Probleme der Jugendlichen in der heutigen Gesellschaft deutlich zu machen.

➡ Eigenverantwortliche Weiterbildung

Leiter nutzen Kassetten, Bücher und andere Materialien aus einer Leiter-Bibliothek, einem Ort, an dem für sie Informationen und Trainingsmaterial zugänglich ist.

Zentralisiertes Training

Zentralisiertes, von der Gemeindeleitung durchgeführtes Training findet in der Gemeinde statt. Kleingruppenleiter kommen mit der Gemeindeleitung zusammen, um spezifische Instruktionen zu erhalten. Das Umfeld ist ideal für Rollenspiele, für die Demonstration von Fertigkeiten, Visionsvermittlung, Fallstudien und Videovorführungen. Zentralisiertes Training sollte vor allem für neue Leiter eingesetzt werden. Später werden sie sich nach mehr dezentralisierten Methoden zur Weiterbildung umschauen, anhand derer sie selbst auswählen können, was sie lernen wollen oder müssen.

Wenn Sie in Ihrer Gemeinde zentrale Trainingsveranstaltungen anbieten, sollten Sie sich bemühen, eine interessante und dynamische Atmosphäre zu schaffen. Halten Sie Referate so kurz und so effektiv wie möglich. Bemühen Sie sich um interaktives Training.

➡ Diese Fragen sollten Sie beantworten, bevor Sie in Ihrer Gemeinde zentrale Trainingsveranstaltungen anbieten

Ist es persönlich?

Viele Trainingsprogramme sind um einen Lehrplan herum gestaltet. Aber wir in *Willow Creek* vertreten die Meinung, dass Trainingsprogramme vielmehr um den Leiter herum gestaltet sein müssen. Beginnen Sie damit, dass Sie sich ein Bild davon machen, wie ein erfolgreicher Kleingruppenleiter aussehen sollte. Denken Sie sowohl an Charakter als auch an Fähigkeiten. Wenn Sie erst einmal eine Reihe von Charaktermerkmalen und Fähigkeiten zusammengestellt haben, sollten Sie eine Liste von absoluten Minimalanforderungen aufstellen – Fähigkeiten und Eigenschaften, ohne die ein Leiter keine Gruppe leiten kann oder sollte. Dann fangen Sie damit an, Material und Trainingsrichtlinien für diese grundlegenden Fähigkeiten auszuarbeiten und sie in die Form zu bringen, wie Sie sie im Training für alle neuen Leiter einsetzen wollen.

Schlüsselfrage: Nutzt unser Trainingsmaterial dem Lernenden oder dem Lehrenden?

Ist es biblisch?

Da Kleingruppen die Struktur in unserer Gemeinde darstellen, besteht die Versuchung, sich auf gruppendynamische Prozesse und Entwicklung von Fähigkeiten zu konzentrieren. Das ist wesentlich und sollte nie nur als Option betrachtet werden. Aber vergessen Sie darüber nicht die Einbindung von solidem biblischen Material und biblischer Lehre für Ihre Leiter. Die Bibel ist die Grundlage, um Ihren Leitern eine christuszentrierte Vision für ihre Leitung, Beziehungen, Gemeinschaft und Hirtendienst zu vermitteln. Verwenden Sie Schlüsseltexte wie Ezechiel 34, Matthäus 10, Lukas 10 und Johannes 10 für die Verdeutlichung von Hirtendienst und Leiterschaft. Helfen Sie Ihren Leitern, ihre Rolle als Diener des Evangeliums zu verstehen, indem Sie Epheser 4 lesen, und den Bedarf nach Demut und Dienstbereitschaft, indem Sie Johannes 13 und Philipper 2 lesen.

Nutzen Sie die Bibel, um Leiter umzugestalten, nicht einfach nur, um sie zu informieren. Vermitteln Sie eine bibelorientierte Vision für Leiterschaft und zeigen Sie biblische Werte und Richtlinien für den Dienst auf. Kombinieren Sie damit das Training von Fertigkeiten wie Fürsorge, Leitung von lebensverändernden Kleingruppentreffen, Leitung von kreativen Bibeldiskussionen, Zuhören, Fürbittegebet und Gebet in der Gruppe, Entdecken und Einsatz von geistlichen Gaben. Auf diese Weise bekommen Sie ein durchschlagendes Trainingsprogramm.

Schlüsselfrage: Haben Leiter das Gefühl, durch das Wort Gottes ermutigt und gestärkt zu werden?

Ist es entwicklungsfähig?

Gestalten und organisieren Sie Training und Unterricht so, dass die Leiter das Gefühl haben, Fortschritte zu machen. Früher hatte *Willow Creek* ein Trainingsprogramm à la carte. Leiter suchten sich aus, was sie gerade als Hilfe für ihre Gruppen brauchten. Aber es gelang uns nicht, dieses Programm so zu organisieren, dass dadurch nicht nur akute Bedürfnisse gedeckt wurden (wie Lösung eines Konflikts in der Gruppe), sondern die Leiter auch in anderen Bereichen gelehrt werden konnten (beispielsweise wie man zum Hirten wird). Die Methode à la carte kann nur Möglichkeiten anbieten, aber sie hilft einem Leiter nicht dabei, die beste Wahl zu treffen.

Einheit 8

Training für Kleingruppenleiter

Ein entwicklungsfähiger Ansatz bietet nicht nur eine Zusammenstellung von Trainingsmaterialien und Unterstützung, er gibt den Leitern auch einen Plan an die Hand, der ihnen hilft, Ziele und Richtlinien für ihr persönliches Wachstum aufzustellen. Da Menschen individuell verschieden sind, muss dieser Plan flexibel sein und doch möglichst viel Grundlagentraining enthalten, das alle Leiter benötigen. Nach den grundlegenden Trainingseinheiten sollten Sie Ihren Leitern ein Trainingssystem anbieten, das ihnen erlaubt, eine weise Auswahl zu treffen. In *Willow Creek* verlassen wir uns darauf, dass die Kleingruppencoaches mit Ihren Leitern zusammenarbeiten und anhand eines Plans zur Leiterausbildung die erforderlichen Trainingsmöglichkeiten für ihre Leute auswählen. Diese gegenseitige Verbindlichkeit und Unterstützung stellt ein Grundgerüst für Auswahl und Nutzung angemessener Trainingsangebote entsprechend der verschiedenen Phasen in der Entwicklung der Gruppen dar.

Schlüsselfrage: Wie werden unsere Leiter durch dieses Training wachsen?

Ist es inspirierend?

Manchmal kann eine Trainingsveranstaltung so angenehm sein wie der Gang zum Zahnarzt. Es ist schwierig, es dauert lange und man geht eigentlich nur hin, weil man muss. (Ihre Zähne würden wahrscheinlich ausfallen, wenn Sie nicht hingehen würden.) Ich persönlich gehe mittlerweile gerne zu meinem Zahnarzt. Er ist freundlich, nimmt sich bewusst Zeit für mich, gibt mir vernünftige Hinweise, wie ich meine Zähne gesund halten kann, fragt mich, wie es mir und meiner Familie geht, und begrüßt mich immer begeistert. Training kann genauso sein.

Denken Sie daran, dass die meisten Leute, die Gruppen leiten, schon in irgendeiner Form Training erhalten haben. Und die meisten werden dabei an eine Veranstaltung denken, in der sie mit Informationen und einer Menge Arbeitsblättern für drei Ringordner überschüttet werden, die zu Hause auf einem Regal verstauben (neben neun Ordnern von anderen Trainingsprogrammen). Deswegen hat Training oft einen etwas langweiligen Beigeschmack.

Aber stellen Sie sich vor, Sie kommen in einen Raum, der gut beleuchtet und kreativ mit buntem Papier oder Luftballons dekoriert ist. Auf den Tischen stehen Schokolade, Bonbons und Erfrischungen. Seien Sie genauso kreativ bei Ihrer Präsentation. Statt einfach hinter einem Stehpult oder vor einer Tafel zu stehen, versuchen Sie es doch einfach einmal mit einem Tisch, auf dem Ihre Materialien liegen. Verwenden Sie Overheadfolien, Videos, Flipcharts und Dias. Sie sollen Spaß dabei haben. Integrieren Sie einige kreative Eisbrecher und beziehungsfördernde Spiele. Sprechen Sie voller Begeisterung und Leidenschaft. All das wird Ihnen dabei helfen, eine inspirierende und motivierende Atmosphäre zu schaffen, die vermittelt, dass dies nicht »business as usual« ist.

Schlüsselfrage: Werden Leiter durch das Training motiviert?

Ist es auf Beziehung ausgerichtet?

Die meisten Trainingsmethoden sind nach höheren erzieherischen Lernmodellen ausgerichtet, vor allem nach der Klassenzimmererfahrung. Training, das auf Beziehung ausgerichtet ist, integriert aktives Lernen. Gruppen und Teams werden stärker durch experimentelles Lernen gefördert, das den Lernenden erlaubt, neue Fertigkeiten auszuprobieren, Feed-back zu bekommen, Informationen mit anderen Lernenden zu verarbeiten und gleichrangige Beziehungen zu anderen Leitern aufzubauen. Es ist zwar arbeitsintensiver, gruppenorientiertes Training durchzuführen, aber es lohnt sich.

Schlüsselfrage: Ist unser Trainingsmodell interaktiv und ermöglicht Lernen in der Gruppe?

Ist es umsetzbar?

Führt die Trainingserfahrung zu einer unmittelbar und fruchtbringenden Anwendung im nächsten Gruppentreffen? Denken Sie daran, dass Leiter oft die Punkte im Blick haben, die ihre Gruppe gerade betreffen. Wie die meisten erwachsenen Lernenden sind sie nicht daran interessiert, etwas zu lernen, das ihnen vielleicht in acht Monaten etwas bringen wird. Es muss für das aktuelle Gruppenleben anwendbar sein oder es scheint nicht relevant.

In grundlegenden oder einführenden Trainingseinheiten ist es gut, Leiter mit einem breiten Spektrum an Grundlagen zu versorgen. Aber konzentrieren Sie sich wirklich auf die wesentlichen Dinge, und überschütten Sie sie nicht gleich in der ersten Einführung mit allem Training, das sie jemals brauchen werden.

Schlüsselfrage: Können die Leiter damit in dieser Woche etwas anfangen?

Schafft es Veränderung?

Viele Trainingsmodelle konzentrieren sich auf den Erwerb von Fertigkeiten oder die Vermittlung von Informationen. Aber das eigentliche Ziel jeden Trainings ist es, dass es den Leiter verändert, und ihn nicht nur zu einem Leiter macht, der mehr Fähigkeiten aufzuweisen hat oder mehr weiß. Trainingsprozesse und -veranstaltungen müssen das Herz eines Leiters verändern, sodass er zum Agenten Gottes wird. Wenn Sie die vorhergehenden sechs Fragen erfolgreich beantworten konnten, muß sich die Frage nach der Veränderung von selbst beantworten. Mit anderen Worten, wenn das Training persönlich, biblisch, entwicklungsfähig, inspirierend, auf Beziehungen ausgerichtet und umsetzbar ist, dann wird es auch Leben verändern.

Das Ziel des Trainers ist es, ein Feed-back-System zu entwickeln, mit dessen Hilfe er erkennen kann, ob sich Veränderungen ergeben haben. Das kann auf unterschiedliche Weise geschehen. Wenn Coaches oder Beobachter Gruppen besuchen und mit Kleingruppenleitern arbeiten, können sie vielleicht Veränderungen im Verhalten oder der Einstellung erkennen, die in direktem Zusammenhang mit einer Trainingserfahrung stehen. Unmittelbares persönliches Feed-back kann eine Veränderung anzeigen oder ein einfacher Feed-back-Bogen kann diesen Zweck erfüllen. Auch Versuchsgruppen können hierbei eine Hilfe sein. Setzen Sie sechs bis zehn Treffen nach der Trainingserfahrung Versuchsgruppen ein und fragen Sie die Teilnehmer nach ihren Erfahrungen. Auf diese Weise bekommen Sie auch ein Gefühl dafür, wie viel Material oder Fertigkeitstraining Ihre Leiter momentan brauchen. Alle diese Arten von Feed-back werden Ihre Trainingsveranstaltungen für Ihre Leiter wesentlich verbessern.

Schlüsselfrage: Verändert sich das Verhalten oder die Einstellung der Leiter als direkte Folge des Trainings?

An diese Punkte sollten Sie denken:

- Konzentrieren Sie sich in Trainingseinheiten auf eine oder zwei Fertigkeiten.
- Nutzen Sie alle kreativen Möglichkeiten, die Ihnen zur Verfügung stehen.
- Beginnen und schließen Sie immer pünktlich.
- Bitten Sie die Lernenden um Feed-back.
- Gestalten Sie das Training leicht zugänglich und so, dass es Spaß macht.

Wenn Sie diese Prinzipien und Richtlinien umsetzen, werden Sie bald ein qualitativ hochwertiges und effektives Trainingsprogramm haben.

Einheit 8

Auswertung

Kontrollpunkte entlang des Weges

Jeder Dienst muß einmal Pause machen und sich folgende Fragen stellen: »Sind wir effektiv? Hat unser Dienst irgendeinen Einfluss? Verwalten wir die Mittel, die Gott uns gegeben hat, wirklich weise? Werden unsere Leute Christus immer ähnlicher und handeln so, wie Christus an ihrer Stelle gehandelt hätte?«

➡ Wie geht es meiner Gruppe?

Wenn man einen Dienst ins Leben ruft und weiterentwickelt, der Kleingruppen als Hauptschiene für Fürsorge, Wahrheit und Dienst am Leib Christi hat, gibt es einige Hilfsmittel, mit denen man Wachstum und Fortschritte bei Mitgliedern und Leitern auswerten kann.

In *Willow Creek* haben wir zum Beispiel den »Hirtenplan« entwickelt, der in Einheit 6 dieses Buches abgedruckt ist. Der Hirtenplan dient zur Förderung von Leitung und Jüngerschaft. Die fünf Gs (Gnade, Gedeihen, Gruppen, Gaben, Geben) geben ein Raster für Feed-back für die Gruppenmitglieder. Wir stellen die Frage, wie es unserer Gruppe in jedem dieser Bereiche geht. Wenn wir den Hirtenplan vierteljährlich ausfüllen, bekommen wir eine ganz gute Momentaufnahme unserer Gruppe und können unsere Mitglieder mit fundiertem Feed-back über ihr Wachstum in Christus versorgen. Sie können diesen Hirtenplan in persönlichen Gesprächen, aber auch zur Bewertung Ihrer ganzen Gruppe verwenden.

➡ Wie gut bin ich als Leiter?

In Einheit 5 dieses Buches finden Sie Formulare, mit deren Hilfe Sie Kleingruppenleitern Feed-back geben können. Sie können Ihren eigenen Feed-back-Bogen entwerfen oder einfach unsere Vorlagen verwenden. Wenn Sie Pastor oder Gemeindeleiter sind und wirklich wissen wollen, wie gut Ihre Leiter sind, dann machen Sie zwei Dinge:

1. Besuchen Sie Ihre Gruppen drei- bis fünfmal jährlich.
2. Geben Sie Gruppenmitgliedern den Feed-back-Bogen für Leiter und bitten Sie sie, den Leitern konstruktives Feed-back zu geben.

Einheit 8

Auswertung

Für viele Menschen ist dieser Prozess der Auswertung und des Feed-backs schrecklich. Es ist daher wichtig, solche Leute zu überzeugen, dass Ihr Ziel die Weiterentwicklung, nicht die Kritik ist. Wenn Gruppen selbst in der Lage sind, sich kritisch Feed-back zu geben, werden sie dadurch eine gemeinschaftsbildende Erfahrung machen. Leiter hören, was funktioniert und worauf sie achten müssen. Sie können bestätigt und herausgefordert werden. Leiter sollten das Feed-back mit ihrem Coach diskutieren, der ihnen konkrete Ratschläge geben und sie ermutigen kann.

➡ Wie gut sind unsere Gruppentreffen?

In *Willow Creek* verwenden wir ein weiteres Formular zu Auswertung unserer Gruppentreffen (in Einheit 5 dieses Buches). Auch hierfür möchten Sie vielleicht Ihr eigenes Formular entwerfen. Diese Art von Formular wird Ihnen und den Mitarbeitern Ihrer Gemeinde einen umfassenden Überblick über die Dienste Ihrer Gemeinde in einem bestimmten Monat oder Quartal geben. Bitten Sie Ihre Leiter, dieses Formular jeden Monat auszufüllen und ihrem Coach zu geben. So bekommen Sie im Lauf der Zeit ein Tagebuch Ihrer Kleingruppe, fast so etwas wie ein Geschichtsbuch. Die Informationen über die einzelnen Gruppen können zusammengestellt ein gutes Bild für den gesamten Dienst zu jeder beliebigen Zeit abgeben. Auch wenn nicht alle die ganze Geschichte erzählen, können sie ein wichtiger Indikator für die Gesundheit und den Fortschritt einer Gruppe sein. Außerdem wird dieses Formular Trends in diesem Dienst aufzeigen. Wurden genug Azubis ausgebildet? Wie oft wurden die Gruppen besucht? Wie oft haben Gruppen das Prinzip des freien Stuhls eingesetzt und neue Leute eingeladen? Wie viele Gruppen haben aufgehört und warum?

Zusätzlich zu diesen Formblättern bieten wir ein- oder zweimal pro Jahr ein Diskussionsforum an. Laden Sie aus jeder Ihrer Kleingruppen ein paar Leute ein, und bitten Sie sie zu erzählen, wie die Dinge laufen. Überzeugen Sie sich davon, dass die Diskussion von jemandem geleitet wird, der nicht der Gemeindeleitung angehört. Menschen sind oft offener, wenn kein offizieller Leiter oder der Leiter ihrer Kleingruppe anwesend ist. Außerdem möchten Sie vielleicht Leiter und deren Coaches in Gruppen zusammenfassen. Sie werden Sie mit wertvollem Feed-back versorgen und Ihnen ein klares Bild der Realität zeichnen. Geben Sie ihnen Gelegenheiten in ihren Gruppen oder Treffen, auch die heiklen Punkte anzusprechen. Hören Sie ihnen zu, ohne sofort in die Defensive zu gehen oder zu verurteilen. Bemühen Sie sich, sie gut zu verstehen und Klarheit zu gewinnen.

Ganz wichtig ist, dass Sie aufgrund von Feed-back Veränderungen oder Verbesserungen vornehmen und Ihre Leiter davon in Kenntnis setzen! Manchmal fällt es leicht, Daten und Informationen zu sammeln und den Leuten nie zu sagen, was Sie damit machen. Bei einem solchen Verhalten fühlen sich Leute abgewertet und unverstanden. Aber wenn Sie ihnen zeigen können, dass Sie ihre Vorschläge wirklich ernst nehmen, werden Sie ihren Respekt und ihre Loyalität gewinnen. Ihre Leiter erwarten von Ihnen nicht, dass Sie perfekt sind, aber sie erwarten von Ihnen, dass Sie zuhören und daran arbeiten, sie zu fördern.

Wenn Sie sich nicht die Zeit nehmen, um sich diese Fragen zu stellen, werden Sie niemals erfahren, wie es Ihrem Dienst wirklich geht. Im schlimmsten Fall gehen Sie davon aus, dass alles gut läuft. Das Ergebnis wird sein, dass Ihre Gruppen weniger effektiv arbeiten, dass neue Leute keinen Anschluss finden, Menschen nicht zu Jüngern gemacht werden und keine Lebensveränderung stattfindet. Letztlich ist die Gemeinde Christi unangemessen versorgt. Und das alles, nur weil wir nicht bereit sind, uns unangenehme Fragen zu stellen und die nötigen Veränderungen vorzunehmen.

Einheit 8

Anhang

Die häufigsten Fragen zum Thema »Eine Kleingruppenarbeit aufbauen«

Frage: ***Wie viel kostet es, diesen Dienst ins Leben zu rufen?***

Antwort: Das hängt davon ab, ob Sie Ihre ganze Gemeinde auf dem Kleingruppenmodell aufbauen oder Ihr bestehendes Programm einfach durch Kleingruppen ergänzen wollen. Wir haben gesehen, dass sich die Investition lohnt, um gute Mittel für Training, Ausbildung und Wachstum von Gruppenleben innerhalb der Gemeinde zur Verfügung zu stellen. Bereiten Sie sich darauf vor, dass sich Ihre Finanzen, Mitarbeiter und Unterstützungssysteme umstellen müssen, damit Ihre Kleingruppen produktiv arbeiten können.

Literaturhinweise

Neal F. McBride, *How to Build a Small Group Ministry* (Colorado Springs, Co.: NavPress 1995)
Der Autor stellt alle notwendigen Schritte dar, um in einer bestehenden Gemeinde ein Kleingruppenprogramm zu planen, vorzubereiten, einzuführen und weiterzuentwickeln.

Ralph Neighbor, *Wie geht es weiter? Ein Leitfaden für die Zellen-Gemeinde* (Kreuzlingen: Dynamis Verlag 1996)
Ein Leitfaden für Gemeinden, die sich mit Hilfe von Kleingruppen aufbauen oder erneuern wollen. Der Autor beschreibt sowohl Gemeindepflanzung als auch die Schritte, um Kleingruppen in eine traditionelle Kirchengemeinde einzuführen.

Russel D. Robinson, *An Introduction to Helping Adults Learn and Change* (Bible Study Press)
Ein gutes, konkretes Buch für den Aufbau von Programmen zur Erwachsenenbildung. Enthält alles von Tips zur Wissensvermittlung über Raumgestaltung bis hin zu Prinzipien der Motivation.

Index

INTERAktion

»INTERAKTION« ist das Ergebnis der Jahre langen Erfahrungen von *Willow Creek* mit Kleingruppen. In dieser Reihe sind acht Themenhefte erschienen mit Anregungen und Hilfsmitteln für eine erfolgreiche Kleingruppenarbeit auch in Ihrer Gemeinde.

Authentizität
ISBN 3-89490-179-9
Gh., 140 Seiten

Gemeinschaft
ISBN 3-89490-177-2
Gh., 100 Seiten

Ehe
ISBN 3-89490-180-2
Gh., 128 Seiten

Hingabe
ISBN 3-89490-184-5
Gh., 112 Seiten

Elternschaft
ISBN 3-89490-181-0
Gh., 112 Seiten

Lieben lernen
ISBN 3-89490-182-9
Gh., 112 Seiten

Evangelisation
ISBN 3-89490-183-7
Gh., 108 Seiten

Wer bin ich?
ISBN 3-89490-178-0
Gh., 92 Seiten

Begabungen erkennen
Leidenschaft entwickeln
Gemeinde gestalten

D.I.E.N.S.T.-Teilnehmerbuch
Ein ausgezeichnetes Arbeitsbuch, das jeden Schulungsteilnehmer auf seinem ganz persönlichen Weg durch die D.I.E.N.S.T.-Einheiten begleitet.

D.I.E.N.S.T.-Gaben-Berater-Arbeitsheft
Ein praktischer Leitfaden für zukünftige Berater Ihrer Gemeinde zur Vermittlung der D.I.E.N.S.T.-Seminarteilnehmer in die passenden Aufgaben der Gemeinde.

D.I.E.N.S.T.-Leitfaden zur Umsetzung
Zeigt Ihnen Schritt für Schritt, wie Sie D.I.E.N.S.T. in Ihrer Gemeinde umsetzen können.

D.I.E.N.S.T.-Leiter Handbuch
Ein übersichtlicher und praxisnaher Leitfaden für Sie und alle, die D.I.E.N.S.T.-Seminare durchführen.

D.I.E.N.S.T.-Schulungsvideo
Stellt die wichtigsten Schulungsinhalte anschaulich und motivierend dar.

D.I.E.N.S.T.-Berater-Trainingsvideo
Führt in das D.I.E.N.S.T.-Konzept ein und hilft Ihnen dabei, D.I.E.N.S.T.-Berater für den Beratungsprozess auszubilden.

D.I.E.N.S.T.-Paket
Ein Exemplar aller oben genannten Bücher und Videos inkl. Kopiervorlagen für Overhead-Folien für die D.I.E.N.S.T.-Schulungen.

Bruce Bugbee, Auf mich kannst du bauen
Mein Dienst in der Gemeinde im Einklang von Neigungen, Stärken und Talenten.
Ein motivierendes Einführungsbuch, das Ihnen dabei helfen wird, andere in der Gemeinde für die Idee von D.I.E.N.S.T. zu gewinnen.

Zu beziehen in Ihrer Buchhandlung oder direkt bei:
Projektion J Verlag, Postfach 11 49, D-35607 Asslar
Bestell-Telefon: (0 64 43) 68 33 / Bestell-Fax: (0 64 43) 68 34